ARRISCANDO A PRÓPRIA PELE

Nassim Nicholas Taleb

Arriscando a própria pele
Assimetrias ocultas no cotidiano

TRADUÇÃO
Renato Brett

12ª reimpressão

Copyright © 2018 by Nassim Nicholas Taleb.
Todos os direitos reservados.

Grafia atualizada segundo o Acordo Ortográfico da Língua Portuguesa de 1990, que entrou em vigor no Brasil em 2009.

Título original
Skin in the Game: Hidden Asymmetries in Daily Life

Capa
Eric White

Preparação
Carolina Vaz

Índice remissivo
Probo Poletti

Revisão
Thaís Totino Richter
Marise Leal

Dados Internacionais de Catalogação na Publicação (CIP)
(Câmara Brasileira do Livro, SP, Brasil)

Taleb, Nassim Nicholas
   Arriscando a própria pele : assimetrias ocultas no cotidiano / Nassim Nicholas Taleb ; tradução Renato Brett. – 1ª ed. – Rio de Janeiro : Objetiva, 2018.

   Título original: Skin in the Game: Hidden Asymmetries in Daily Life.
   ISBN 978-85-470-0070-7

   1. Administração de risco – Aspectos sociais 2. Risco – Aspectos sociais I. Título.

18-18201   CDD-302.12

Índice para catálogo sistemático:
1. Risco : Psicologia social : Sociologia   302.12

Iolanda Rodrigues Biode – Bibliotecária – CRB-8/10014

Todos os direitos desta edição reservados à
EDITORA SCHWARCZ S.A.
Praça Floriano, 19, sala 3001 — Cinelândia
20031-050 — Rio de Janeiro — RJ
Telefone: (21) 3993-7510
www.companhiadasletras.com.br
www.blogdacompanhia.com.br
facebook.com/editoraobjetiva
instagram.com/editora_objetiva
twitter.com/edobjetiva

Dois homens de coragem:
Ron Paul,
um romano entre os gregos;
Ralph Nader,
santo greco-fenício

Sumário

LIVRO I: INTRODUÇÃO

Prólogo, Parte 1: Anteu assassinado 17
Prólogo, Parte 2: Um breve passeio pela simetria 28
Prólogo, Parte 3: As costelas do projeto *Incerto* 57
Apêndice: Assimetria na vida e nas coisas 65

LIVRO II: UM PRIMEIRO OLHAR SOBRE A AGÊNCIA

1. Por que cada um deve comer as próprias tartarugas: igualdade na incerteza 69

LIVRO III: A MAIOR DAS ASSIMETRIAS

2. O mais intolerante vence: o domínio da minoria teimosa 91
Apêndice do livro III: Mais algumas coisas contraintuitivas sobre o coletivo 114

LIVRO IV: LOBOS ENTRE CÃES

3. Como ser dono de outra pessoa legalmente 121
4. Arriscando a pele dos outros 138

LIVRO V: ESTAR VIVO SIGNIFICA ASSUMIR CERTOS RISCOS

5. A vida na máquina de simulação 149
6. O intelectual porém idiota 154
7. Igualdade e arriscar a própria pele 160
8. Uma especialista chamada Lindy 175

LIVRO VI: AGÊNCIA ADENTRO

9. Cirurgiões não deveriam ter aparência de cirurgiões 191
10. Somente os ricos são envenenados: as preferências dos outros 205
11. *Facta non Verba* (Agir antes de falar) 210
12. Os fatos são verdadeiros, a notícia é falsa 217
13. A mercantilização da virtude 223
14. Paz, nem tinta nem sangue 231

LIVRO VII: RELIGIÃO, CRENÇA E ARRISCAR A PRÓPRIA PELE

15. Eles não sabem do que estão falando quando falam de religião 241
16. Não há adoração sem que se arrisque a própria pele 246
17. O papa é ateu? 251

LIVRO VIII: RISCO E RACIONALIDADE

18. Como ser racional sobre a racionalidade 257
19. A lógica de correr riscos 267
Epílogo: O que Lindy me ensinou 281

Agradecimentos 283
Glossário 285
Notas 291
Referências bibliográficas 295
Índice remissivo 299

Livro I

Introdução

Este livro, embora possa ser lido de forma independente, é uma continuação do projeto *Incerto*, que é uma combinação de a) discussões práticas, b) relatos filosóficos, e c) comentários científicos e analíticos sobre os problemas da aleatoriedade e sobre como viver, comer, dormir, discutir, lutar, fazer amigos, trabalhar, divertir-se e tomar decisões sob o domínio da incerteza. Ainda que acessível a uma boa gama de leitores, não se deixe enganar: o *Incerto* é um ensaio, e não uma popularização de obras entediantes publicadas em outros lugares (deixando de lado o manual técnico do *Incerto*).

Arriscando a própria pele trata de quatro tópicos em um: a) incerteza e confiabilidade do conhecimento (tanto prático como científico, pressupondo que haja essa diferença), ou, em palavras menos refinadas, detecção de baboseira e papo furado, b) simetria em assuntos humanos, isto é, imparcialidade, justiça, responsabilidade e reciprocidade, c) compartilhamento de informações em transações e negociações, e d) racionalidade em sistemas complexos e no mundo real. Que esses quatro não podem ser trabalhados separadamente é algo que se torna óbvio quando uma pessoa... arrisca a própria pele.*

---

* Para entender por que na vida real não é possível separar facilmente ética, obrigações morais e habilidades individuais, leve em consideração o seguinte. Quando você diz a alguém em uma posição de responsabilidade — o seu contador, por exemplo —: "Eu confio em você", você quer dizer que 1) você confia na ética dele (ele não desviará seu dinheiro para o Panamá), 2) você

Não é apenas o fato de que se arriscar é necessário para promover a justiça, alcançar a eficiência comercial e um melhor gerenciamento de risco: dar a cara a tapa é essencial para entender o mundo.

Em primeiro lugar, este livro é sobre a importância de identificar e filtrar a baboseira, o papo furado, isto é, a diferença entre teoria e prática, conhecimento verdadeiro e cosmético, entre o mundo acadêmico (no pior sentido da palavra) e o mundo real. Para expressar na forma de um reflexivo ensinamento típico de Yogi Berra: *na academia não existe diferença entre o mundo acadêmico e o mundo real; no mundo real, existe.*

Em segundo lugar, trata-se das distorções da simetria e da reciprocidade na vida: se você obtém as recompensas, deve também correr alguns riscos, e não permitir que outros paguem o preço pelos seus erros. Se você inflige riscos a outras pessoas, e elas são prejudicadas, você deve pagar um preço por isso. Assim como deve tratar as outras pessoas da maneira como gostaria de ser tratado, você gostaria de compartilhar, sem má-fé, parcialidade e desigualdade, a responsabilidade pelos eventos.

Se você dá uma opinião, e alguém a segue, você é moralmente obrigado a ser exposto às consequências do que falou. Caso esteja emitindo pontos de vista sobre economia:

Não me diga o que você "pensa", apenas me diga o que está em seu portfólio.

Em terceiro lugar, é sobre a quantidade de informação que uma pessoa deve compartilhar em termos práticos com os outros, o que um vendedor de carros usados deveria — ou não deveria — dizer sobre o veículo no qual você está prestes a gastar um pedaço substancial de suas economias.

Em quarto lugar, o livro gira em torno da racionalidade e do teste do tempo. No mundo real a racionalidade não tem a ver com o que faz sentido para o seu jornalista da revista *New Yorker* ou algum psicólogo usando modelos ingênuos de lógica de primeira ordem, mas algo muito mais profundo e estatístico, vinculado à sua própria sobrevivência.

---

confia na eficiência do trabalho dele ou 3) ambos? A questão central deste livro é que, no mundo real, é difícil desvencilhar os dois aspectos e colocar de um lado a ética e, do outro, o conhecimento e a competência.

Não confunda arriscar a própria pele — na definição dada neste livro e aqui usada — com um mero problema de incentivo, tendo apenas uma parcela dos benefícios (o que é um entendimento comum nas finanças). Não. Trata-se de simetria, só que mais no sentido de arcar com parte do dano, pagando um preço se algo der errado. A mesma ideia estabelece o vínculo entre as noções de incentivos, compra de carros usados, ética, teoria do contrato, aprendizagem (vida real versus comunidade acadêmica), imperativo kantiano, poder municipal, ciência do risco, contato entre intelectuais e realidade, a responsabilidade dos burocratas, justiça social probabilística, teoria das opções, comportamento íntegro, vendedores e fornecedores papos-furados, teologia... Por enquanto, paro por aqui.

OS ASPECTOS MENOS ÓBVIOS DE ARRISCAR A PRÓPRIA PELE

Um título mais correto (embora mais canhestro) para o livro teria sido: *Os aspectos menos óbvios de arriscar a própria pele: as assimetrias ocultas e suas consequências*. Pois eu simplesmente não gosto de ler livros que me informem o óbvio. Gosto de me surpreender. Assim, de acordo com a reciprocidade do estilo-de-quem-arrisca-a-própria-pele, não vou conduzir o leitor através de uma jornada previsível tipo-palestra-de-faculdade, mas sim guiá-lo em meio ao tipo de aventura para a qual eu gostaria de ser levado.

Para tanto, o livro está organizado da seguinte maneira: não demora mais que cerca de sessenta páginas para que o leitor entenda a importância, a preponderância e ubiquidade de arriscar a própria pele (ou seja, simetria) na maior parte de seus aspectos. Mas nunca se prenda a explicações excessivamente detalhadas de *por que* algo importante é importante: justificar incessantemente um princípio é degradá-lo.

A rota não tediosa acarreta enfatizar o segundo passo: as implicações surpreendentes — aquelas assimetrias ocultas que não vêm de imediato à mente —, bem como as consequências menos óbvias, algumas das quais são bastante desconfortáveis, e muitas outras inesperadamente úteis. Compreender os mecanismos de arriscar a própria pele nos permite compreender sérios enigmas subjacentes a uma matriz de realidade de granulação fina.

Por exemplo:

Como é que as minorias tremendamente intolerantes mandam no mundo e nos impõem o seu gosto? Como o universalismo destrói as próprias pessoas que pretende ajudar? Como é possível que existam mais escravizados hoje do que durante o Império Romano? Por que os cirurgiões não deveriam ter a aparência de cirurgiões? Por que a teologia cristã continuou insistindo em um lado humano para Jesus Cristo que é necessariamente distinto do divino? Como os historiadores nos confundem ao fazer o relato da guerra e não da paz? Como é que a sinalização barata (sem qualquer risco) fracassa tanto nos ambientes econômico e religioso? Como os candidatos a cargos políticos com óbvias falhas de caráter parecem mais reais do que burocratas com credenciais impecáveis? Por que idolatramos Aníbal? Como as empresas vão à falência no momento em que contratam gerentes profissionais interessados em trabalhar direito e fazer o bem? Como o paganismo é mais simétrico de uma população para outra? Como as relações exteriores deveriam ser conduzidas? Por que nunca se deve doar dinheiro a instituições de caridade organizadas a menos que elas operem de forma altamente distributiva (o que no jargão moderno se chama "uberização")? Por que os genes e os idiomas se espalham de forma diferente? Por que a escala das comunidades é importante (uma comunidade de pescadores se converte de colaborativa a concorrente assim que alguém move, minimamente, a escala, ou seja, o número de pessoas envolvidas)? Por que a economia comportamental não tem nada a ver com o estudo do comportamento dos indivíduos — e os mercados têm pouco a ver com as propensões e predisposições dos participantes? Como a racionalidade é sobrevivência e somente sobrevivência? Qual é a lógica fundamental da administração de riscos?

Mas, para este autor, arriscar a própria pele diz respeito principalmente a justiça, honra e sacrifício, coisas que são fundamentais para a própria existência dos seres humanos.

Arriscar a própria pele, aplicado como regra, reduz os efeitos das seguintes divergências que se desenvolveram com a civilização: aquelas entre a ação e a conversa fiada (*papo furado*), a consequência e a intenção, a prática e a teoria, a honra e a reputação, a expertise e o charlatanismo, o concreto e o abstrato, o ético e o legal, o genuíno e o cosmético, o comerciante e o burocrata, o empreendedor e o executivo-chefe, a força e a exibição, o amor genuíno e o interesse, Coventry e Bruxelas, Omaha e Washington, DC, os seres humanos e os economistas, os autores e os editores, as bolsas de estudo e o mundo acadêmico, a democracia e a governança, a ciência e o cientificismo, a política e os políticos, o amor e o dinheiro, o espírito e a letra, Catão, o Velho e Barack Obama, a qualidade e a publicidade, o comprometimento e a sinalização e, de modo decisivo, o coletivo e o individual.

Vamos primeiro ligar alguns pontos dos itens na lista acima com duas vinhetas, apenas para dar um gostinho de como a ideia transcende categorias.

Prólogo, Parte 1
Anteu assassinado

Nunca se afaste da sua mãe — Continuo encontrando senhores da guerra — Bob Rubin e seu negócio — Sistemas são como acidentes de carro

Anteu era um gigante, ou melhor, um semigigante, filho da Mãe-Terra, Gaia, e Poseidon, o deus do mar. Tinha uma estranha ocupação, que consistia em obrigar as pessoas que passavam por sua terra, a Antiga Líbia, a lutar com ele, sendo que tais combates invariavelmente terminavam com a morte do adversário; o passatempo de Anteu era prender as vítimas contra o chão e esmagá-las. Essa atividade macabra era, aparentemente, a expressão de uma devoção filial: Anteu tinha como objetivo erguer um templo em homenagem ao pai, Poseidon, usando os crânios de suas vítimas como matéria-prima.

Anteu era considerado invencível, mas ele tinha um segredo. O gigante extraía sua força do contato com sua mãe, a terra. Extremamente forte quando estava em contato com o chão, Anteu perdia seus poderes se fosse erguido no ar. Hércules, como parte de seus doze trabalhos (em uma variação da lenda), recebeu a incumbência de derrotar Anteu. O herói conseguiu levantar Anteu do chão, esmagando-o até a morte enquanto os pés do gigante permaneciam afastados de sua mãe.

O que aprendemos com essa primeira vinheta é que, assim como Anteu, não se pode separar o conhecimento do contato com o chão. Na verdade, não se pode separar coisa alguma do contato com o chão. E o contato com o mundo real é feito arriscando a própria pele — expondo-se ao mundo real e pagando um preço pelas consequências, sejam elas boas ou ruins, dessa exposição. As feridas resultantes de tais experiências orientam a aprendizagem e descoberta, um mecanismo de sinalização orgânica que os gregos chamavam de *pathemata mathemata* ("norteie seu aprendizado por meio da dor", algo que mães de crianças pequenas conhecem muito bem). Em meu livro *Antifrágil**, mostrei que a maioria das coisas que acreditamos terem sido "inventadas" por universidades foram na verdade descobertas por improviso e depois legitimadas por algum tipo de formalização. O conhecimento que obtemos por meio da improvisação, fuçando e bisbilhotando, via tentativa e erro, experiência e repetição — em outras palavras, *o contato com a terra* — é imensamente superior àquele obtido por meio do raciocínio, algo que instituições egoístas têm se dedicado a esconder de nós.

A seguir, aplicaremos isso ao que é erroneamente conhecido como "elaboração de políticas".

A LÍBIA DEPOIS DE ANTEU

Segunda vinheta. Enquanto escrevo estas linhas, alguns milhares de anos depois, a Líbia, a suposta terra de Anteu, agora comercializa escravos, como resultado de uma fracassada tentativa do que é chamado de "mudança de regime" a fim de "destituir um ditador". Sim, em 2017, mercados de escravos improvisados em estacionamentos, onde africanos subsaarianos capturados são vendidos a quem fizer a maior oferta.

Um conjunto de pessoas classificadas como intervencionistas (para dar nome aos bois: Bill Kristol, Thomas Friedman e outros)** e que promoveram a invasão ao Iraque em 2003, bem como a deposição do líder líbio em 2011, estão defendendo a imposição dessa mudança de regime em uma outra porção de países, incluindo a Síria, porque lá há um "ditador".

---

* *Antifrágil: coisas que se beneficiam com o caos*. Trad. Eduardo Rieche. Rio de Janeiro: Best Business, 2015. (N. T.)
** Os intervencionistas têm em comum um atributo principal: geralmente não são halterofilistas.

Os intervencionistas e seus amigos no Departamento de Estado dos Estados Unidos ajudaram a criar, treinar e apoiar rebeldes islâmicos, então "moderados", mas que acabaram se tornando parte da Al-Qaeda, a mesmíssima Al-Qaeda que explodiu as torres da cidade de Nova York durante os eventos do Onze de Setembro. Curiosamente, eles pareceram ter se esquecido de que a própria Al-Qaeda era composta de "rebeldes moderados" criados (ou fomentados) pelos Estados Unidos para ajudar a combater a Rússia soviética. Como veremos, o raciocínio dessas pessoas instruídas não implica tais recorrências.

Então, tentamos *aquela coisa* chamada mudança de regime no Iraque, e fracassamos miseravelmente. Tentamos *aquela coisa* de novo na Líbia, e lá agora há tráfico de escravizados. Mas satisfizemos o objetivo de "destituir um ditador". Seguindo o mesmo raciocínio, um médico injetaria células cancerígenas "moderadas" em um paciente a fim de melhorar suas taxas de colesterol e, cantaria vitória alegremente depois que o paciente morresse, em especial se o exame post-mortem mostrasse excelentes taxas de colesterol. Mas sabemos que médicos não infligem "curas" fatais aos pacientes, ou pelo menos não de maneira tão descarada, e há uma razão para isso. Os médicos costumam arriscar uma quantidade módica da própria pele, têm uma vaga compreensão de sistemas complexos e mais do que um par de milênios de valores éticos em constante evolução determinando sua conduta.

E nem é preciso abrir mão da lógica, do intelecto e da educação: um raciocínio lógico rígido, mas de ordem superior, mostraria que, a menos que se encontre alguma maneira de rejeitar toda a evidência empírica, defender mudanças de regime implica defender *também* a escravidão ou alguma degradação semelhante do país (uma vez que essas têm sido resultados típicos). Portanto, esses intervencionistas não só carecem de senso prático e jamais aprendem com a história, como deixam a desejar até mesmo quanto ao raciocínio puro, que eles abafam em um rebuscado e semiabstrato discurso carregado de modismos e jargão técnico.

Suas três falhas: 1) eles pensam em estáticas, não em dinâmicas, 2) pensam em dimensões baixas, não altas, 3) pensam em termos de ações, nunca interações. Ao longo do livro examinaremos com maior profundidade esse defeito do raciocínio mental por parte de idiotas instruídos (ou, antes, trouxas semiletrados). Por enquanto, posso substanciar os aspectos essenciais dos três defeitos.

A primeira falha é que eles são incapazes de pensar em segundas etapas e desconhecem sua necessidade — e praticamente todos os camponeses da Mongólia, todos os garçons de Madri e todos os mecânicos de oficinas automotivas em San Francisco sabem que na vida há segundas, terceiras, quartas, n etapas. A segunda falha é que também são incapazes de perceber a diferença entre problemas multidimensionais e suas representações unidimensionais — como distinguir a saúde, que é multidimensional, de sua redução à medição de taxas de colesterol. Eles não conseguem entender a ideia de que, empiricamente, sistemas complexos não têm óbvios e unidimensionais mecanismos de causa e efeito, e que, sob a opacidade, não se mexe com um sistema desses. Uma extensão desse defeito: comparam as ações do "ditador" às do primeiro-ministro da Noruega ou da Suécia, e não às da alternativa local. A terceira falha é que não são capazes de antever a evolução por que passam aqueles que são ajudados por meio de ataques, ou o crescimento que uma pessoa obtém a partir de feedback.

LUDIS DE ALIENO CORIO*

E, quando ocorre uma explosão, eles invocam a incerteza, algo chamado de Cisne Negro (um evento improvável de alto impacto) em homenagem ao livro de um sujeito (muito) teimoso,** sem perceber que não se deve alterar um sistema se os resultados estiverem rodeados de incerteza ou, em termos mais gerais, deve-se evitar ações com consequências desvantajosas se não tiver certeza dos resultados. O ponto crucial é que a desvantagem não afeta o intervencionista. Ele continua sua prática no conforto de sua casinha termicamente regulada no subúrbio, com uma garagem para dois carros, um cachorro e um pequeno quintal com grama livre de pesticidas onde brincam seus 2,2 filhos mimados.

Imagine pessoas com deficiências mentais semelhantes, pessoas que não entendem a assimetria, pilotando aviões. Comandantes incompetentes inca-

---

* Brincando com a vida de outrem.
** O autor se refere a seu livro A lógica do Cisne Negro: O impacto do altamente improvável. Rio de Janeiro: Best Seller, 2008. (N. T.)

pazes de aprender com as experiências, ou que não se importam de correr riscos que não compreendem, podem acabar matando muita gente. Mas eles mesmos acabarão no fundo, digamos, do Triângulo das Bermudas, e deixarão de representar uma ameaça para os outros e para a humanidade. Esse não é o caso aqui.

Então, acabamos por povoar o que chamamos de *intelligentsia* com pessoas delirantes e mentalmente perturbadas (literalmente) apenas porque nunca precisam pagar pelas consequências das próprias ações, repetindo slogans modernistas desprovidos de qualquer profundidade (por exemplo, continuam usando o termo "democracia" ao mesmo tempo em que incentivam degoladores; democracia é algo sobre o qual eles leem em cursos de pós-graduação). Em geral, quando se ouve alguém invocando noções modernistas abstratas, pode-se pressupor que se trata de uma pessoa que recebeu alguma educação formal (mas não o suficiente, ou na disciplina errada), porém não precisa se responsabilizar por nada.

Por isso, algumas pessoas inocentes — iazidis, minorias cristãs no Oriente Próximo (e Médio), mandeístas, sírios, iraquianos e líbios — tiveram que pagar o preço pelos erros de intervencionistas sentados em seus confortáveis escritórios com ar-condicionado. Veremos mais adiante que isso viola a própria noção de justiça desde a sua origem pré-bíblica, babilônica — bem como a estrutura ética, essa matriz subjacente graças à qual a humanidade sobreviveu.

O princípio da intervenção, como o juramento de Hipócrates, é, *em primeiro lugar, nunca causar mal ou dano a alguém* (*primum non nocere*); e mais ainda, conforme argumentaremos, aqueles que não se expõem a riscos nunca deveriam se envolver na tomada de decisões.

Ademais,

> *Sempre fomos loucos, mas não tínhamos experiência e capacidade suficientes para destruir o mundo. Agora podemos.*

Voltaremos aos intervencionistas "pacificadores" e examinaremos como seus processos de paz criam impasses, a exemplo do problema israelense-palestino.

OS SENHORES DA GUERRA AINDA ESTÃO POR AÍ

A ideia de arriscar a própria pele permeia a história: tradicionalmente, todos os senhores da guerra e belicistas eram eles próprios guerreiros e, com poucas e curiosas exceções, as sociedades eram administradas por quem corria riscos e não por quem transferia riscos.

Pessoas importantes e em posições de destaque corriam riscos, muitas vezes até mais do que os cidadãos comuns. O imperador romano Juliano, o Apóstata, morreu no campo de batalha lutando uma guerra sem fim na fronteira persa enquanto *ainda era imperador*. Pode-se apenas especular sobre Júlio César, Alexandre, O Grande, e Napoleão, que muito se deve à usual fabricação de lendas por parte dos historiadores, mas nesse caso a prova é robusta. Não existe melhor evidência histórica de um imperador assumindo uma posição na linha de frente da batalha do que uma lança persa alojada no peito de Juliano (que não usava armadura). Um dos seus predecessores, Valeriano, foi capturado na mesma fronteira, e reza a lenda que foi usado como um escabelo humano sobre o qual o xá Shapur se apoiava ao montar seu cavalo. E o último imperador bizantino, Constantino XI Paleólogo, foi visto pela última vez quando removeu sua toga roxa e se juntou a Ioannis Dalmatus e seu primo Teófilo Paleólogo para atacar as tropas turcas, brandindo suas espadas, orgulhosamente rumando para a morte. A lenda diz que Constantino recebeu a oferta de um acordo caso se rendesse. Mas esse tipo de negociação não é para reis de respeito.

Esses relatos não são isolados. O autor que vos escreve está bastante convencido sobre as estatísticas: menos de um terço dos imperadores romanos morreu na cama. Pode-se argumentar que, uma vez que pouquíssimos deles morreram de velhice, se tivessem vivido mais tempo teriam sido derrubados por um golpe de Estado ou sucumbiriam em batalha.

Até hoje, monarcas derivam sua legitimidade de um contrato social que exige assumir riscos físicos. A família real britânica fez questão de que um dos seus herdeiros, o príncipe Andrew, corresse mais riscos do que os "plebeus" durante a Guerra das Malvinas de 1982, com seu helicóptero estando na linha de frente. Por quê? Porque *noblesse oblige* (a nobreza obriga); o próprio status de um lorde tradicionalmente derivava do ato de proteger outros, trocando risco pessoal por posição de poder — e parece que a família real britânica ainda se lembra desse contrato. Uma pessoa não pode ser um lorde se não for um lorde.

NEGÓCIO ESTILO BOB RUBIN

Alguns pensam que nos livrarmos de líderes guerreiros significa civilização e progresso. Não é bem assim. Enquanto isso,

A burocracia é uma construção pela qual uma pessoa é convenientemente separada das consequências de suas ações.

E, talvez alguém pergunte, o que podemos fazer, já que um sistema centralizado necessariamente precisará de pessoas que não estão diretamente expostas às consequências dos erros?

Bem, para que haja menos desses tomadores de decisões não temos outra escolha senão descentralizar ou, em termos mais refinados, localizar.

A descentralização é baseada na noção simples de que a macrobaboseira é mais fácil do que a microbaboseira.

A descentralização reduz as grandes assimetrias estruturais.

Mas não se preocupe, se não descentralizarmos e não distribuirmos responsabilidades, isso acontecerá por si só e do jeito mais difícil: um sistema que não nos permite arriscar a própria pele, com um acúmulo de desequilíbrios, no fim das contas acabará indo pelos ares e estará fadado a autorregenerar-se dessa maneira. Se sobreviver.

Por exemplo, a crise de 2008, em que várias instituições financeiras quebraram, ocorreu devido ao acúmulo de riscos ocultos e assimétricos no sistema: banqueiros, mestres na transferência de risco, poderiam ganhar um bom dinheiro a partir de um tipo de riscos explosivos ocultos, usar modelos acadêmicos de risco que só funcionam no papel (porque acadêmicos não sabem praticamente nada sobre riscos) e então invocar a incerteza depois da falência (aquele mesmo Cisne Negro invisível e imprevisível e aquele messíssimo autor muito, muito teimoso) e manter a renda — o que eu chamei de negócio estilo Bob Rubin.

Que história é essa de negócio estilo Bob Rubin? Robert Rubin, ex--secretário do Tesouro dos Estados Unidos, e um dos que assinam o nome na cédula que você acabou de usar para pagar pelo café, arrecadou mais de 120 milhões de dólares em indenização do Citibank na década anterior à crise de 2008. Quando o banco, literalmente insolvente, foi resgatado pelo contribuinte, ele não preencheu cheque algum, apenas invocou a incerteza como uma desculpa. Cara, ele ganha; coroa, ele berra "Cisne negro!". Rubin tampouco reconheceu que transferia o risco para os contribuintes: especialistas em gramática da língua espanhola, professores-assistentes do ensino fundamental, supervisores em fábricas de latinhas de alumínio, consultores de nutrição vegetariana e escriturários de assistentes de promotores de justiça estavam "prevenindo as perdas dele", isto é, assumindo os riscos de Rubin e pagando por seus prejuízos. Mas a pior desgraça foram os livres mercados, à medida que o público, já propenso a odiar os financistas, começou a confundir os livres mercados e as formas superiores de corrupção — fisiologismo, nepotismo e compadrio —, quando na verdade é exatamente o oposto: é o governo, não os mercados, que propicia essas coisas por meio dos mecanismos de ajuda econômica aos bancos. Não são apenas as intervenções públicas no setor financeiro: a interferência do governo em geral tende a eliminar o fator "arriscar a própria pele".

A boa notícia é que, apesar dos esforços da administração Obama — cúmplice em proteger o sistema e os banqueiros *rent-seeking** —, o negócio dos investimentos de alto risco começou a se deslocar na direção de pequenas estruturas independentes conhecidas como fundos hedge.** A mudança ocorreu principalmente por conta da excessiva burocratização, à medida que funcionários (cuja ideia de trabalho é principalmente exigir carimbos em papéis) fazem imperar a dificuldade e a morosidade em função do excesso de documentação e de intermediários envolvidos na resolução de processos,

---

* *Rent-seeking* é tentar usar regulamentos (ou "direitos") de proteção para obter renda sem adicionar nada à atividade econômica, sem aumentar a riqueza dos outros. Como Tony Gordo (que entrará em cena algumas páginas mais adiante) definiria, é como ser forçado a pagar à máfia em troca de proteção sem obter os benefícios econômicos da proteção.

** Associado a investimentos especulativos e de alto risco, o conceito de fundos hedge (fundos de cobertura ou de proteção de risco) pode ser definido como fundos multimercados que adotam um número de estratégias que não podem ser postas em prática por fundos tradicionais de investimento (como a Bolsa de Valores, renda fixa e investimento em ações) — como regras menos exigentes que as aplicáveis aos fundos de investimento harmonizados. (N. T.)

sobrecarregando os bancos de regras — mas, de alguma forma, nas milhares de páginas de regulamentos adicionais, *eles evitaram levar em consideração o fator "arriscar a própria pele"*. No descentralizado espaço dos fundos hedge, por outro lado, os proprietários-operadores têm pelo menos metade do seu patrimônio líquido nos fundos, o que os torna relativamente mais expostos do que qualquer um de seus clientes, e eles afundam com o navio.

OS SISTEMAS APRENDEM POR ELIMINAÇÃO

Agora, se você vai realçar apenas uma única seção deste livro, é esta aqui. O caso intervencionista é fundamental para nossa história porque mostra como não colocar em risco a própria pele tem tanto efeitos éticos como epistemológicos (isto é, relacionados ao conhecimento). Vimos que os intervencionistas não aprendem *porque não sofrem consequências por seus erros*, e, conforme apontamos com o *pathemata mathemata*:

> *O mecanismo de transferência de risco também impede a aprendizagem.*

Em termos mais práticos,

> *Você jamais convencerá completamente uma pessoa de que ela está errada; somente a realidade é capaz disso.*

Na verdade, para ser preciso, a realidade não dá a mínima para vencer discussões: a sobrevivência é o que importa.
Pois

> *A maldição da modernidade é que estamos cercados por uma classe de pessoas que são melhores para explicar do que para entender,*

ou melhores em explicar do que em fazer.
Então, *aprendizagem* não é exatamente o que ensinamos aos presos trancafiados nos presídios de segurança máxima chamados escolas. Na biologia, a aprendizagem é algo que, por meio do filtro da seleção intergeracional, fica

impresso a nível celular — e posso afirmar: arriscar a própria pele está mais para um filtro do que para um impedimento. A evolução só pode acontecer se o risco de extinção estiver presente. Além disso,

Não há evolução sem que se arrisque a própria pele.

Este último ponto é bem óbvio, mas continuo vendo acadêmicos que não dão a cara a tapa defender a evolução, ao mesmo tempo em que rejeitam a ideia de arriscar a própria pele e o compartilhamento de risco. Eles recusam a noção de *propósito* por parte de um criador onisciente, enquanto querem impor o *desígnio* humano como se soubessem de todas as suas consequências. Em geral, quanto mais as pessoas veneram o sacrossanto Estado (ou, de forma equivalente, as grandes corporações), mais odeiam a ideia de arriscar a própria pele. Quanto mais acreditam em sua capacidade de prever, mais odeiam arriscar a própria pele. Quanto mais usam ternos e gravatas, mais odeiam arriscar a própria pele.

Voltando aos intervencionistas, vimos que as pessoas não aprendem tanto com boa parte de seus erros — e com os erros de outras pessoas; pelo contrário, é o sistema que aprende, selecionando pessoas menos propensas a cometer *uma certa classe* de erros e eliminando outras.

Os sistemas aprendem eliminando peças, usando a via negativa.*

Muitos pilotos ruins, como já mencionamos anteriormente, estão atualmente no fundo do oceano Atlântico; muitos motoristas perigosos e incompetentes estão no tranquilo cemitério local, com belas e agradáveis aleias margeadas por árvores. O transporte não ficou mais seguro apenas porque as pessoas *aprendem* com os erros, mas porque o sistema aprende. A experiência do sistema é diferente da dos indivíduos; é fundamentada na filtragem.

---

* *Via negativa* é o princípio de que sabemos o que está errado com mais clareza do que o que está certo, e esse conhecimento cresce por subtração. Além disso, é mais fácil saber que algo está errado do que encontrar uma solução para o problema. As ações que eliminam são mais robustas do que as que adicionam, pois a adição pode ter complicados e invisíveis circuitos cíclicos de reações negativas. Isso é discutido com alguma profundidade em *Antifrágil*.

Para resumir até aqui,

Arriscar a própria pele mantém a soberba humana sob controle.

Vamos agora nos aprofundar na segunda parte do prólogo e examinar a noção de simetria.

Prólogo, Parte 2
Um breve passeio pela simetria

Metaespecialistas julgados por metametaespecialistas — Prostitutas, não prostitutas e amadoras — Os franceses são obcecados por Hamurabi — Dumas é sempre exceção

I. DE HAMURABI A KANT

Até a recente intelectualização da vida, a simetria ao estilo-de-quem-arrisca-a-própria-pele tinha sido implicitamente considerada a principal regra para a sociedade organizada, até mesmo para qualquer forma de vida coletiva na qual um indivíduo encontra ou lida com outro mais de uma vez. A regra teve inclusive que preceder o assentamento humano, uma vez que prevalece em uma forma bastante sofisticada no reino animal. Ou, em outras palavras, *teve* de prevalecer, caso contrário a vida teria sido extinta — a transferência de risco destrói os sistemas. E a própria ideia de lei, divina ou terrena, reside em corrigir desequilíbrios e remediar tais assimetrias.

Vamos fazer um apanhado sucinto de Hamurabi até Kant e mostrar que as regras foram sendo refinadas junto com a civilização.

Hamurabi em Paris

O Código de Hamurabi foi entalhado em uma estela de basalto há cerca de 3800 anos, posicionada em um lugar público de destaque na Babilônia, de modo que toda pessoa alfabetizada pudesse ler as decisões legais nela inscritas ou, em vez disso, lê-las para outros que não soubessem ler. Esse compêndio de precedentes legais contém 282 leis e é considerado o primeiro conjunto ou codificação existente de normas e regras escritas. O código tem um tema central: estabelece simetrias entre as pessoas em uma transação comercial, para que ninguém possa transferir *riscos de cauda* ocultos, ou riscos ao estilo Bob Rubin. Sim, o negócio de Bob Rubin tem 3800 anos de idade, é tão antigo quanto a civilização, assim como as regras para impedi-lo.

O que é uma cauda? Por ora, consideremos que seja um evento extremo altamente improvável. É chamado de "cauda" porque, em gráficos de frequências em curva, localiza-se na extrema esquerda ou direita (sendo altamente improvável), e, por alguma razão além do meu entendimento imediato, as pessoas começaram a chamar isso de "cauda" e o termo pegou.

A injunção mais conhecida de Hamurabi é a seguinte: "Se um construtor edifica uma casa mas não reforça seu trabalho e a casa que ele construiu desaba e causa a morte do proprietário, esse construtor deverá ser condenado à morte".

Pois, como acontece com os traders, o melhor lugar para esconder riscos é "nos cantos", enterrando vulnerabilidades em eventos raros que somente o arquiteto (ou o trader) é capaz de detectar — a ideia é estar longe no tempo e no espaço quando as falências começarem a acontecer. Como um antigo banqueiro inglês alcoólatra e de rosto inchado me contou quando me formei na faculdade, oferecendo-me de forma espontânea um conselho profissional: "Só concedo empréstimos de *longo* prazo. Quando eles vencerem, quero estar a uma *longa* distância". Ele trabalhava para bancos internacionais e sobreviveu executando seu truque, mudando-se de país a cada cinco anos, e, pelo que lembro, também trocava de esposa a cada dez anos e de banco a cada doze. Mas nunca teve de ir muito longe para se esconder, tampouco foi obrigado a se refugiar nas profundezas subterrâneas: até recentemente ninguém exigia reembolso* (ou seja, ninguém reivindicava) dos bônus de banqueiros quando alguma coisa dava errado. E, o que não é nem um pouco inesperado, foram os suíços que começaram a pôr em prática esses mecanismos de recuperação, em 2008.

A famosa *lex talionis*, a Lei de Talião, "olho por olho", vem do Código de Hamurabi. É um princípio metafórico, não literal: na verdade ninguém precisa arrancar o olho do outro, e a regra é muito mais flexível do que parece à primeira vista. Pois, em uma famosa discussão talmúdica (no *Bava Kamma*), um rabino argumenta que, se a lei fosse seguida à risca, a pessoa de um único olho pagaria apenas metade da punição caso cegasse uma pessoa de dois olhos, e o cego sairia impune. E se uma pessoa insignificante matar um herói? Do mesmo modo, ninguém precisa amputar a perna de um médico imprudente que cortou a perna errada do paciente: o sistema de responsabilidade civil, por meio dos tribunais, e não da regulamentação, graças aos esforços de Ralph Nader**, *imporá* alguma penalidade que proteja os consumidores e os cidadãos de instituições poderosas. Claramente, o sistema legal pode produzir alguns irritantes (particularmente com atos ilícitos civis) e tem sua classe de praticantes de *rent-seeking*, mas é muito melhor reclamarmos de advogados do que reclamar sobre não ter advogados.

Em termos mais práticos, alguns economistas têm tentado me culpar por querer reverter a proteção de falência oferecida nos tempos modernos; alguns chegaram inclusive a me acusar de querer trazer de volta a guilhotina para os banqueiros. Eu não sou *tão* literal assim: é apenas uma questão de infligir *alguma* penalidade, apenas o suficiente para tornar menos atraente o negócio de Bob Rubin e proteger o público.

---

* No original, o autor utiliza a expressão "*claw back*", ou cláusula de reversão, conceito relacionado à recuperação de fundos por meio de taxação ou penalidade; no Direito do Trabalho, por exemplo, *clawback clauses* ou *clawback provisions* são mecanismos de reembolso e cláusulas de regresso, que consistem em previsões contratuais que obrigam altos executivos a, quando em sua gestão for caracterizada fraude, imprudência grave na condução dos negócios ou pedido de demissão para trabalhar em empresa concorrente, restituir ao empregador os bônus que recebeu antecipadamente. (N. T.)

** Nascido em 1934, Nader é um advogado e político norte-americano diplomado pelas universidades Harvard e Princeton. Célebre por suas campanhas a favor dos direitos dos consumidores nos anos 1960, nas últimas décadas ele promoveu a discussão de temas como os direitos dos consumidores, feminismo, humanismo, ecologia e governança democrática. Ferrenho crítico da política internacional dos EUA, seu ativismo foi de grande importância na criação de ONGs norte-americanas. (N. T.)

Agora, por alguma razão que me escapa, uma dessas coisas estranhas que só se vê na França, o Código de Hamurabi, cunhado num bloco de pedra cinza-escura, reside no Museu do Louvre em Paris. E os franceses, que normalmente sabem um bocado sobre coisas acerca das quais nós não sabemos muito, parecem não saber nada a respeito; a impressão é a de que apenas os turistas coreanos com bastões de selfie ouviram falar do lugar.

Na minha penúltima peregrinação a Paris, acabei dando uma palestra para financistas franceses numa sala de conferências no prédio do museu, ocasião em que discorri sobre as ideias deste livro e a noção de arriscar a própria pele. Falei logo depois do homem que, apesar da aparência (e da personalidade) bastante semelhante às das estátuas mesopotâmicas, simboliza a ausência de dar a cara a tapa: Ben Bernanke, ex-presidente do Federal Reserve (FED), o banco central dos Estados Unidos. Para minha tristeza, quando questionei a plateia, evidenciando a ironia da situação, ou seja, que quase quatro milênios atrás éramos um tanto mais sofisticados a respeito dessas coisas, e que o monumento estava a noventa metros de onde eu proferia minha palestra, ninguém na sala, apesar da alta cultura dos financistas franceses, entendeu do que eu estava falando. Ninguém fazia ideia de quem era Hamurabi além de algum figurão da geopolítica da Mesopotâmia, tampouco suspeitava de sua conexão com os conceitos de arriscar a própria pele e da responsabilidade dos banqueiros.

A Tabela 1 mostra a progressão das regras de simetria desde Hamurabi, então vamos subir a escada.

Tabela 1 • Evolução da simetria moral

Fonte: TALEB e SANDIS, 2016

HAMURABI/ LEI DE TALIÃO	15ª LEI DA SANTIDADE DE JUSTIÇA	REGRA DE PRATA	REGRA DE OURO	FÓRMULA DA LEI UNIVERSAL
"Olho por olho, dente por dente." (Hamurabi, Êxodo 21:24)	"Amarás o teu próximo como a ti mesmo." (Levítico 19:18)		"Em tudo, façam aos outros o que querem que eles façam a vocês." (Mateus 7:12)	"Age somente, segundo uma máxima tal, que possas querer ao mesmo tempo que se torne lei universal." (Kant, 1785: 4:421)

A prata supera o ouro

Examinemos rapidamente as regras à direita de Hamurabi. Levítico é um abrandamento do princípio de Hamurabi. A Regra de Ouro (ou Regra Áurea) é uma máxima moral que diz: *Trate os outros como gostaria de ser tratado.* Mais vigorosa, a Regra de Prata diz: *Não trate os outros da forma como não gostaria de ser tratado.* Mais vigorosa? Como? Por que a Regra de Prata é mais vigorosa?

Para começo de conversa, ela instrui cada um a cuidar da própria vida e não decidir o que é "bom" para os outros. Sabemos com muito mais clareza o que é ruim do que o que é bom. A Regra de Prata pode ser vista como a Regra de Ouro Negativa, e como aprendo a cada três semanas com meu barbeiro calabrês (e que é falante do dialeto calabrês), a *via negativa* (agir por meio da eliminação) é mais poderosa e menos propensa a erros do que a *via positiva* (agir por adição*).

Agora, uma palavra sobre os "outros" na parte "tratar os outros". "Você" pode designar um indivíduo, uma equipe de basquete ou a Associação de Barbeiros Falantes de Calabrês, e o mesmo vale para "outros". A ideia é fractal, no sentido de que funciona em todas as escalas: seres humanos, tribos, sociedades, grupos sociais, países etc., pressupondo-se que cada um é uma unidade autônoma separada e, como tal, pode lidar com outros equivalentes. Assim como os indivíduos devem tratar os outros da maneira pela qual gostariam de ser tratados (ou evitar serem maltratados), as famílias como unidade deveriam tratar outras famílias da mesma maneira. E, algo que torna ainda mais repugnantes os intervencionistas do prólogo (parte 1), os países deveriam agir da mesma forma. Pois Isócrates, o sábio orador ateniense, nos avisou já no século V a.C. que as nações deveriam tratar outras nações de acordo com a Regra de Prata. Ele escreveu: "Trata os Estados mais fracos da mesma forma que gostarias que os Estados mais fortes tratassem a ti".

---

* "Não façais aos outros aquilo que não quereis que vos façam" (Isócrates; Hilel, o Ancião; *Mahabharata*). "O que é odioso para ti, não o faças ao teu próximo: esta é a lei toda, o resto é o comentário; agora vai e aprende." O rabino Hilel, o Ancião, baseado em Levítico 19:18. "Não faças aos demais aquilo que, se a ti for feito, te causará dor. Esta é a essência da moralidade."

Ninguém personifica a noção de simetria melhor que Isócrates, que viveu mais de um século e fez contribuições significativas quando já era nonagenário. Saiu-se inclusive com uma rara versão dinâmica da Regra de Ouro: "Age em relação a teus pais como gostarias que teus filhos agissem em relação a ti". Tivemos que esperar até que o excelente treinador de beisebol Yogi Berra formulasse outra regra tão dinâmica para as relações simétricas: "Eu vou ao funeral das outras pessoas porque quero que elas venham ao meu".

Mais eficaz, é claro, é a direção inversa, uma pessoa tratar os filhos da mesma forma que desejava ter sido tratado pelos pais.*

A própria ideia por trás da Primeira Emenda da Constituição dos Estados Unidos é estabelecer uma simetria similar à Regra de Prata: você pode praticar sua liberdade de religião, desde que me permita praticar a minha; você tem o direito de me contradizer, contanto que eu tenha o direito de contradizê-lo. Efetivamente, não existe democracia sem essa simetria incondicional nos direitos de um indivíduo de se expressar, e a grande ameaça é a bola de neve nas tentativas de limitar a liberdade de expressão com base no argumento de que certas opiniões e pensamentos podem ferir os sentimentos de algumas pessoas. Tais restrições não provêm necessariamente do Estado, mas, em vez disso, do poderoso establishment de uma monocultura intelectual por meio de uma hiperativa *polícia do pensamento* na mídia e na vida cultural.

Deixa o universalismo pra lá

Ao aplicar a simetria às relações entre o indivíduo e o coletivo, obtemos a virtude, a virtude clássica, que agora é chamada de "ética da virtude". Mas há o passo seguinte: lá na ponta direita da Tabela 1 está o imperativo categórico de Immanuel Kant, que eu resumo assim: *Aja como se a sua ação pudesse ser generalizada para o comportamento de todos em todos os lugares, sob todas as*

---

* Um posicionamento contra a violação da simetria aparece na Parábola do Servo Inclemente no Novo Testamento (Mateus 18:23-35). Um servo que tem sua enorme dívida perdoada por um credor compassivo posteriormente pune outro servo que lhe devia uma quantia muito menor. A maioria dos comentaristas parece não perceber que a verdadeira mensagem é a simetria (dinâmica), não o perdão.

condições. O texto original é mais desafiador: "Age somente, segundo uma máxima tal, que possas querer ao mesmo tempo que se torne lei universal", Kant escreveu naquilo que é conhecido como a primeira formulação. E "Age de tal modo que possas usar a humanidade, tanto em tua pessoa como na pessoa de qualquer outro, sempre como um fim ao mesmo tempo e nunca apenas como um meio", naquela que é conhecida como a segunda formulação.

Formulação blá-blá-blá, deixa Kant pra lá: é complicado demais, e as coisas que ficam complicadas são um problema. Por isso, vamos ignorar o enfoque drástico de Kant por um motivo principal:

O comportamento universal é excelente no papel, porém desastroso na prática.

Por quê? Como insistiremos ad nauseam neste livro, somos animais locais e práticos, sensíveis à escala. O pequeno não é o grande; o tangível não é o abstrato; o emocional não é o lógico. Assim como argumentamos que o micro funciona melhor que o macro, é melhor evitar generalizações desnecessárias ao cumprimentar seu manobrista de estacionamento. Devemos nos concentrar no nosso ambiente imediato; precisamos de regras práticas e simples. Pior ainda: o geral e o abstrato tendem a atrair psicopatas pretensiosos e hipócritas semelhantes aos intervencionistas da parte 1 do prólogo.

Em outras palavras, Kant não entendia a noção de escala — contudo, muitos de nós são vítimas do universalismo de Kant (como vimos, a modernidade prefere o abstrato em detrimento do particular; os guerreiros da justiça social foram acusados de "tratar as pessoas como categorias, não indivíduos"). Poucos, fora da religião, realmente compreenderam a noção de escala antes do formidável pensador político Elinor Ostrom, sobre quem falo um pouco no capítulo 1.

Na verdade, a mensagem principal deste livro é o perigo do universalismo levado ao pé da letra — combinando o micro e o macro. Do mesmo modo, a questão fundamental da ideia de *A lógica do Cisne Negro* era a *platonificação*, perdendo elementos centrais, mas ocultos, de uma coisa no processo de transformá-la em um constructo abstrato, por conseguinte causando um colapso.

II. DE KANT A TONY GORDO

Voltemos ao presente, ao presente (altamente) transacional. Em Nova Jersey, a simetria pode significar simplesmente, nos termos de Tony Gordo: *não sacaneie ninguém nem aceite que alguém sacaneie você*. O enfoque mais prático dele é:

Seja agradável com todas as pessoas que você conhecer. Mas se alguém tentar exercer poder sobre você, exerça poder sobre ele.

Quem é Tony Gordo? É um personagem no meu projeto *Incerto* que, em conduta, comportamento, escolhas sob incerteza, conversação, estilo de vida, tamanho da cintura e hábitos alimentares, seria exatamente o oposto do palestrante de economia ou do analista do Departamento de Estado. Ele também é calmo e imperturbável, a menos que alguém encha muito o saco dele. Tony enriqueceu ajudando pessoas que ele chama genericamente de "otários" a se desprender do dinheiro delas (ou, como quase sempre acontece, do capital dos clientes delas, já que essas pessoas muitas vezes jogam com o dinheiro dos outros).

Acontece que essa coisa de simetria conecta-se diretamente à minha própria profissão: trader negociador de opções e derivativos. Em uma opção, uma pessoa (o comprador da opção) contratualmente tem a vantagem (ganhos futuros), o outro (o vendedor) tem a desvantagem da responsabilidade pelo passivo (perdas futuras), por um preço pré-acordado. Funciona como em um contrato de seguro, em que o risco é transferido por uma taxa. Qualquer ruptura significativa de tal simetria — com a transferência de dívidas e compromissos — leva inevitavelmente a uma situação devastadora, como vimos com a crise econômica de 2008.

Essa coisa de simetria também diz respeito ao alinhamento de interesses em uma transação. Vamos relembrar os argumentos anteriores: se os lucros dos banqueiros se acumulam, ao passo que suas perdas são de alguma forma silenciosamente transferidas para a sociedade (os especialistas em gramática da língua espanhola, os professores-assistentes do ensino fundamental...), há um problema crucial no qual os riscos ocultos vão continuar aumentando até a erupção final. As normas e regulamentos, embora pareçam uma bênção no papel, quando muito exacerbam o problema, à medida que facilitam a ocultação dos riscos.

O que nos leva ao que é conhecido como o problema da agência.

Vigarista, tolo, ou ambos

Uma extensão prática da Regra de Prata (à guisa de lembrete, é aquela que diz: *Não faça aos outros o que não gostaria que fizessem a você*):

Evite ouvir conselhos de alguém cujo ganha-pão seja dar conselhos, a menos que haja uma penalidade para esses conselhos.

Lembre-se de que o comentário anterior sobre como "eu confio em você" abarca tanto ética quanto conhecimento. Em questões de incerteza há sempre um elemento de tolos e de vigaristas de aleatoriedade; o primeiro padece de falta de compreensão, o segundo tem incentivos distorcidos. Um, o tolo, corre riscos que não compreende, confundindo sua própria sorte com capacidade e habilidades; o outro, o vigarista, transfere riscos para outros. Os economistas, quando falam sobre arriscar a própria pele, só estão interessados no segundo tipo.

Vamos elucidar a ideia de agência, bem conhecida e estudada por companhias de seguros. Em termos simples, você sabe muito mais sobre sua saúde do que qualquer seguradora. Então você tem um incentivo para contratar uma apólice de seguro quando detecta uma doença antes de qualquer pessoa saber sobre ela. Ao firmar um contrato de seguro quando é mais conveniente, não quando você está saudável, você acaba custando ao sistema mais do que você coloca nele, causando um aumento nos prêmios pagos por todo tipo de pessoas inocentes (incluindo, novamente, os especialistas em gramática da língua espanhola). As seguradoras possuem filtros, como franquias elevadas e outros métodos, para eliminar tais desequilíbrios.

O problema da agência (ou problema do principal-agente) também se manifesta no desalinhamento de interesses nas transações: a parte fornecedora em uma transação imediata não tem seus interesses alinhados com a sua — e por isso pode esconder coisas de você.

Mas a falta de incentivo não é suficiente: o tolo é uma coisa real. Algumas pessoas não conhecem seus próprios interesses — basta pensar nos viciados, workaholics, gente presa em relacionamentos abusivos, pessoas que apoiam um governo paternalista, a imprensa, críticos de livros ou burocratas respeitáveis, todos os que, por algum motivo misterioso, agem contra seu próprio interesse. Então, há esta outra instância em que a filtragem desempenha um papel: os *tolos* da aleatoriedade são expurgados pela realidade de modo que param de prejudicar os outros. Lembre-se de que é na base da evolução que os sistemas se aprimoram por meio da eliminação.

Há uma outra questão: talvez não saibamos de antemão se uma ação é tola, mas a realidade sabe.

*Opacidade causal e preferências reveladas**

Vamos agora levar a dimensão epistemológica de arriscar a própria pele a um nível ainda mais elevado. Arriscar a própria pele tem a ver com o mundo real, não com aparências. De acordo com o lema de Tony Gordo:

Você não quer ganhar uma discussão. Você quer ganhar.

Na verdade, é preciso ganhar tudo aquilo que se deseja, seja o que for: dinheiro, território, o coração de uma especialista em gramática ou um carro conversível (rosa-shocking). Pois concentrar-se apenas em palavras coloca a pessoa numa ladeira muito perigosa, já que

Somos muito melhores em fazer do que em entender.

Há uma diferença entre um charlatão e um membro genuinamente qualificado da sociedade, digamos que seja a mesma diferença entre um "cientista" político especialista em macrobabaseira e um encanador, ou entre um jornalista e um mafioso. O fazedor vence fazendo, não convencendo. Áreas inteiras de conhecimento (economia e outras ciências sociais, por exemplo)

---

* Esta seção é técnica e pode ser pulada na primeira leitura.

tornam-se charlatanescas devido à ausência do fator "arriscar a própria pele" conectando-as de volta ao mundo real (enquanto os participantes discutem sobre "ciência"). O capítulo 9 mostra como tais campos de atuação desenvolverão rituais elaborados, títulos, protocolos e formalidades para esconder esse déficit.

> *Você pode não saber para onde está indo conscientemente, mas sabe isso fazendo.*

Até mesmo a economia é baseada na noção de "preferências reveladas". O que as pessoas "pensam" não é relevante — queremos evitar entrar na disciplina piegas, molenga, redundante e tautológica que é a psicologia. As "explicações" das pessoas para o que elas fazem são apenas palavras, histórias que contam a si mesmas, e não tema de uma ciência genuína. O que elas fazem, por outro lado, é tangível e mensurável, e é isso que devemos enfocar. Esse axioma, talvez até mesmo princípio, é muito poderoso, mas não é levado muito a sério por pesquisadores. Quem melhor compreende o conceito de revelação de preferências é uma noiva: um diamante, particularmente quando é oneroso para o comprador, é um compromisso muito mais convincente (e muito menos reversível) do que uma promessa verbal.

Quanto à previsão, deixa isso pra lá:

A previsão (em palavras) não tem relação com a especulação (em ações).

Conheço pessoalmente péssimos prognosticadores que ganham rios de dinheiro, e "bons" prognosticadores que são pobres. Porque o que importa na vida não é com que frequência uma pessoa está "certa" sobre os resultados, mas quanto ela ganha quando está certa. Estar errado, quando não custa caro, não conta — de forma semelhante aos mecanismos de pesquisa por tentativa e erro.

As exposições na vida real, fora dos jogos, são sempre complicadas demais para serem reduzidas a um "evento" bem definido e fácil de descrever em palavras. Os resultados na vida real não têm nada a ver com uma partida de beisebol, reduzida a um resultado binário de ganhar ou perder, vitória ou derrota. Muitas exposições são altamente não lineares: pode ser benéfico estar exposto à chuva, mas não a enchentes. O argumento exato é explicado nas obras técnicas deste autor. Por ora, fiquemos com a noção de que a previsão, especialmente quando feita com "ciência", é muitas vezes o último refúgio do charlatão, e tem sido assim desde a aurora dos tempos.

Além disso, há algo na matemática chamado *problema inverso*, que é solucionado por — e apenas por — quem arrisca a própria pele. Por enquanto simplificarei da seguinte forma: é mais difícil para nós fazermos engenharia reversa do que engenharia propriamente dita; vemos o resultado de forças evolutivas, mas não somos capazes de reproduzi-las devido à sua opacidade causal. Só podemos executar esses processos para a frente. A própria operação do Tempo (em maiúscula) e sua irreversibilidade requer a filtragem do "arriscar a própria pele".

Arriscar a própria pele ajuda a resolver o problema do Cisne Negro e outros eventos de incerteza ao nível individual e coletivo: aquilo que sobreviveu revelou sua robustez aos eventos do Cisne Negro, e excluir o risco interrompe tais mecanismos de seleção. Sem que se arrisque a própria pele, não se consegue obter a *Inteligência do Tempo* (uma manifestação do *efeito Lindy*, ao qual dediquei um capítulo inteiro, e pelo qual 1) o tempo elimina o frágil e mantém o robusto e 2) a expectativa de vida do não frágil se estende com o tempo). As ideias, indiretamente, também arriscam a própria pele, e as populações que as nutrem também.

Sob essa ótica — a da opacidade (causal) e revelação de preferências —, a *Inteligência do Tempo* — quando associada à ideia de arriscar a própria pele — ajuda até mesmo a definir a racionalidade, além de ser a única definição que encontrei que não desmorona sob o escrutínio lógico. Uma prática pode parecer irracional para um observador excessivamente intelectualizado e ingênuo (mas pontual) que trabalha no Ministério do Planejamento francês, porque os humanos não são inteligentes o suficiente para compreendê-la — mas ela vem funcionando há muito tempo. Ela é racional? Não temos fundamento para rejeitá-la. Mas sabemos o que é absolutamente irracional: o que ameaça a sobrevivência do coletivo primeiro, e a do indivíduo depois. E, de um ponto de vista estatístico, ir contra a natureza (e sua importância estatística) é irracional. Apesar da gritaria financiada por fabricantes de pesticidas e outras empresas de tecnologia, não existe uma definição rigorosa de racionalidade que torne racional a rejeição do "natural"; pelo contrário. Por definição, o que funciona não pode ser irracional; praticamente toda pessoa que conheço que tenha fracassado cronicamente nos negócios compartilha desse bloqueio mental: a incapacidade de perceber que se algo *estúpido* funciona (e faz dinheiro), não pode ser *estúpido*.

Um sistema com requisitos de arriscar-a-própria-pele mantém-se coeso por meio da noção de um sacrifício a fim de proteger o coletivo (ou entidades no topo da hierarquia que precisam sobreviver). "A sobrevivência dá as cartas e o papo furado cai fora." Ou como diria Tony Gordo: "A sobrevivência fala mais alto e o papo furado vaza".* Em outras palavras:

> *Racional é o que permite que o coletivo — as entidades destinadas a existir por um longo tempo — sobreviva.*

Não é o que se chama de "racional" em algum nada rigoroso livro de psicologia ou ciências sociais.** Nesse sentido, ao contrário do que os psicólogos e psicologuinhos dirão, alguma "superestimação" do risco de cauda não é irracional por nenhuma métrica, já que é mais do que necessário para a sobrevivência. Existem alguns riscos que simplesmente não podemos nos dar ao luxo de correr. E existem aqueles (do tipo que os acadêmicos evitam) que não podemos nos dar ao luxo de *não* correr. Essa dimensão, que leva o nome de "ergódica", é desenvolvida no capítulo 19.

---

* No original o autor escreve "*Survival talks and BS walks*", explorando trocadilhos com duas típicas expressões idiomáticas: *walk the talk* ("colocar as palavras para andar" significa realizar o discurso, ou, simplificando, "falar a verdade") e *talk the talk* ("ser coerente com o próprio discurso", "faça o que você diz"). Se uma pessoa *talk the talk but does not walk the walk*, quer dizer que não dá conta do recado, não cumpre o prometido e não pratica ações e atitudes em consonância com tudo aquilo que diz, isto é, não leva em conta que "um exemplo vale mais do que mil palavras". (N. T.)

** Na verdade, aqueles que formalizaram a teoria da racionalidade, como o matemático e o teórico dos jogos Ken Binmore, sobre quem falaremos em breve, insistem que nunca houve qualquer teoria rigorosa e consistente de "racionalidade" que coloque as pessoas em uma camisa de força. Nem na economia neoclássica ortodoxa você encontrará essas afirmações. Grande parte do que lemos sobre o "racional" na literatura verbalística não parece ter qualquer rigor.

Arriscando a própria pele, mas não o tempo todo

Arriscar a própria pele é uma necessidade, mas não vamos nos deixar levar pela tentação de aplicar isso a tudo o que estiver à vista e em todos os detalhes, particularmente quando há consequências. Há uma diferença entre o intervencionista da parte 2 do prólogo fazendo declarações que causam a morte de milhares de pessoas no exterior e uma opinião inofensiva que uma pessoa expressa em uma conversa ou a afirmação de uma vidente usada como terapia em vez de uma tomada de decisão. Nossa mensagem concentra-se naqueles que são *profissionalmente* enviesados, e que causam danos sem serem responsabilizados por isso, pela própria estrutura de sua ocupação.

Pois a pessoa profissionalmente assimétrica é rara, e assim tem sido no decorrer da história, até mesmo no presente. Ela causa um bocado de problemas, mas é rara. Pois a maioria das pessoas com quem nos deparamos na vida real — padeiros, sapateiros, encanadores, motoristas de táxi, contadores, consultores tributários, lixeiros, assistentes de dentistas, operadores de lava-jato (sem contar os especialistas em gramática da língua espanhola) — pagam um preço por seus erros.

III. MODERNISMO

Ainda que se ajuste a antigas e clássicas noções de justiça, este livro, fiando-se nos mesmos argumentos de assimetria, vai na contramão de um século e meio de pensamento modernista — algo que chamaremos aqui de *intelectualismo*. O intelectualismo é a crença de que se pode separar uma ação dos resultados de tal ação, de que se pode separar a teoria da prática, e de que sempre se pode consertar um sistema complexo por enfoques hierárquicos, isto é, de uma maneira (cerimonial) de cima para baixo.

O intelectualismo tem um irmão: o *cientificismo*, uma interpretação ingênua da ciência como complicação e não da ciência como um processo e um empreendimento céticos. Usar a matemática quando ela não é necessária não é ciência, mas cientificismo. Substituir a sua mão, que funciona perfeitamente bem, por algo mais tecnológico, uma mão artificial, por exemplo, *não* é científico. Substituir os processos "naturais", ou seja, processos muito antigos, que sobreviveram a trilhões de estressores de alta dimensão, por algo em um periódico "avaliado por pares" e que talvez não sobreviva à reprodução ou ao escrutínio estatístico não é nem ciência nem boa prática. No momento em que este texto ganhou vida, a ciência foi encampada por vendedores e fornecedores que a usam para comercializar produtos (como margarina ou organismos geneticamente modificados) e, ironicamente, o empreendimento cético está sendo usado para silenciar os céticos.

O desrespeito pelas verdades insípidas complicadas e verbalisticamente derivadas sempre esteve presente na história intelectual, mas é provável que você não perceba isso na seção de ciência do jornal ou no professor da faculdade: o questionamento de ordem superior requer mais confiança intelectual, uma compreensão mais profunda da significação estatística, e um nível mais elevado de rigor e capacidade intelectual — ou, melhor ainda, experimente vender tapetes ou especiarias em um *souk*, um bazar tradicional nos países árabes. Assim, este livro dá continuidade a uma longa tradição de investigação--cética-com-soluções-práticas — os leitores do projeto *Incerto* talvez estejam familiarizados com as escolas de céticos (tema também abordado em *A lógica do Cisne Negro*), em particular a diatribe de vinte e dois séculos atrás de Sexto Empírico *Contra os Professores*.

A regra é:

Aqueles que falam deveriam fazer e somente aqueles que fazem deveriam falar,

isentando-se em alguma medida atividades autônomas como matemática, filosofia rigorosa, poesia e arte, que não fazem declarações explícitas de adequação à realidade. Como afirma Ariel Rubinstein, o grande teórico dos jogos: faça suas teorias ou representações matemáticas, não diga às pessoas no mundo real *como* aplicá-las. Deixe que aqueles que arriscam a própria pele escolham o que elas precisam.

Eis um efeito colateral mais prático do modernismo: à medida que as coisas se tornam mais tecnológicas, há uma separação cada vez maior entre o criador e o usuário.

Como jogar luz sobre um palestrante

Aqueles que dão palestras para plateias numerosas observam que eles — e outros palestrantes — ficam desconfortáveis no palco. O motivo, demorei uma década para descobrir, é que a luz dos holofotes irradia diretamente nos nossos olhos e dificulta a concentração. (É assim que costumavam ser conduzidos interrogatórios policiais: jogue luz sobre o suspeito e é só esperar ele dar com a língua nos dentes). Mas, durante a apresentação, os palestrantes não conseguem identificar qual é o problema, então atribuem a perda de concentração simplesmente ao fato de estar no palco. Por isso a prática continua. Por quê? Porque quem dá palestras para plateias numerosas não trabalha com iluminação, e os engenheiros de iluminação não dão palestras para plateias numerosas.

Outro pequeno exemplo de progresso de cima para baixo: a Metro North, a ferrovia entre a cidade de Nova York e os subúrbios ao norte, renovou seus trens em uma reformulação total. Os trens parecem mais modernos, mais elegantes, têm cores mais vivas e incluem até mesmo comodidades para os passageiros, como tomadas de alimentação para o computador (as quais ninguém usa). Mas, no canto, junto à parede, costumava haver uma borda plana onde se podia apoiar o copo de café: é difícil ler um livro segurando seu café. O designer (que ou não conduz trens ou não viaja de trem, mas certamente não toma café enquanto lê), julgando tratar-se de uma melhoria estética, fez a borda ligeiramente inclinada, de modo que agora é impossível colocar o copo sobre ela.

Isso explica os mais severos problemas do paisagismo e da arquitetura: os arquitetos de hoje em dia concebem projetos de construção para impressionar outros arquitetos, e como resultado acabamos com estruturas estranhas — irreversíveis — que não satisfazem as necessidades de seus moradores; isso exige tempo e um bocado de improvisação progressista. Caso contrário algum especialista sentado no Ministério do Planejamento Urbano, alguém que não mora na comunidade, produzirá o equivalente da borda inclinada — como uma melhoria, só que em uma escala muito maior.

A especialização, continuarei insistindo, vem com efeitos colaterais, um dos quais é a separação entre o trabalho e os frutos do trabalho.

Simplicidade

Agora, arriscar a própria pele traz simplicidade — a irresistível simplicidade das coisas feitas do jeito certo. As pessoas que veem soluções complicadas não têm um incentivo para implementar soluções simplificadas. Como vimos, um sistema burocratizado ficará ainda mais complicado a partir da ação de pessoas que vendem soluções complicadas porque é isso que a sua posição e o seu treinamento as estimulam a fazer.

Tudo que é projetado por pessoas que não arriscam a própria pele tende a ficar cada dia mais complicado (antes de seu colapso final).

Não há absolutamente nenhum benefício para que alguém nessa posição proponha algo simples: quando uma pessoa é recompensada por percepção, não por resultados, ela precisa mostrar sofisticação. Qualquer um que já tenha submetido um artigo "acadêmico" a um periódico sabe que tornar o texto mais complicado que o necessário em geral aumenta a probabilidade de aceitação. Além disso, há efeitos colaterais para problemas que crescem de forma não linear com tais complicações ramificadas. Pior:

As pessoas que não arriscam a própria pele não entendem a simplicidade.

Se não arriscar a própria pele eu fico burro

Voltemos ao *pathemata mathemata* ("norteie seu aprendizado por meio da dor") e examinemos seu inverso: aprender por meio de fortes emoções e prazer. As pessoas têm dois cérebros: um quando arriscam a própria pele, outro quando não o fazem. Arriscar a própria pele pode tornar tarefas enfadonhas menos enfadonhas. Quando você arrisca a própria pele, tarefas entediantes como verificar a segurança de uma aeronave porque você pode ser obrigado a ser um dos passageiros deixa de ser entediante. Se você é investidor em uma empresa, fazer coisas ultramegachatas, como ler as notas de rodapé de um demonstrativo financeiro (onde está a informação de verdade), torna-se uma coisa, bem, quase não tão chata.

Mas há uma dimensão ainda mais essencial. Muitos viciados, que normalmente têm um intelecto medíocre e a agilidade mental de uma couve-flor — ou de um especialista em política externa —, são capazes de arquitetar os truques mais engenhosos para conseguir drogas. Quando passam por um tratamento de reabilitação, muitas vezes são informados de que, se investissem metade da energia mental que desperdiçam tentando obter drogas em ganhar dinheiro, é certo que se tornariam milionários. Mas, em vão. Sem o vício, seus poderes milagrosos desaparecem. Era como uma poção mágica que conferia poderes extraordinários àqueles que a procuravam, mas não aos que a bebiam.

Uma confissão: quando não arrisco minha própria pele, geralmente sou burro. O meu conhecimento de questões técnicas, como risco e probabilidade, não veio inicialmente de livros. Não veio de filosofia e de interesse científico. Nem sequer veio da curiosidade. Veio das fortes emoções e do jorro hormonal que uma pessoa sente quando se arrisca no mercado financeiro. Nunca pensei que a matemática fosse algo interessante até que, quando estava na Wharton, um amigo me contou sobre as opções financeiras que descrevi anteriormente (e sua generalização, derivativos complexos). Decidi de imediato construir uma carreira em cima disso. Era uma combinação de negociação financeira e complicadas probabilidades. O campo era novo e desconhecido. Instintivamente sabia que havia erros nas teorias que usavam a curva convencional e ignoravam o impacto das caudas (eventos extremos). Tinha a intuição de que os acadêmicos não entendiam patavina sobre riscos. Então, para encontrar erros na estimativa desses valores probabilísticos, tive que estudar probabilidade, que de forma misteriosa e instantânea tornou-se divertida, até mesmo cativante.

Quando havia risco em jogo, de repente um segundo cérebro dentro de mim se manifestava, e as probabilidades de sequências intrincadas tornavam-se facílimas de analisar e mapear. Quando há fogo, a pessoa corre mais rápido do que em qualquer competição. Para quem esquia encosta abaixo, alguns movimentos se tornam fáceis e sem esforço. Quando não havia ação de verdade, eu ficava burro de novo. Além disso, a matemática que nós, traders, usamos ajustava-se ao nosso problema como uma luva, ao contrário dos acadêmicos, que têm uma teoria e saem à procura de alguma aplicação — em alguns casos tínhamos que inventar modelos a partir do nada e não podíamos nos dar ao luxo de usar as equações erradas. Aplicar matemática a problemas práticos era uma história totalmente diferente; significava ter uma compreensão profunda do problema antes de escrever as equações.

Mas se você for capaz de reunir força física suficiente para erguer um carro e salvar uma criança, acima das suas capacidades atuais, o vigor adquirido perdurará depois que as coisas se acalmarem. Então, ao contrário do viciado que perde sua desenvoltura, o que você aprende com a intensidade e o foco que demonstrou quando sob a influência do risco permanece com você. Pode até perder a astúcia, mas ninguém pode tirar o que você aprendeu. Essa é a principal razão pela qual agora estou combatendo o sistema educacional convencional, feito por babacas para babacas. Muitas crianças aprenderiam a amar a matemática se tivessem alguma dose de investimento na ciência dos números e, o mais importante, desenvolveriam um instinto para detectar o mau uso da matemática.

Regulamentações versus sistemas jurídicos

Existem duas maneiras de salvaguardar os cidadãos dos predadores de grande porte (digamos, por exemplo, grandes e poderosas corporações). A primeira é promulgar regulamentos e normas — mas esses, além de restringir as liberdades individuais, levam a outra predação, desta vez pelo Estado, seus agentes e seus comparsas. De modo mais decisivo, as pessoas com bons advogados podem manipular a seu favor as regras e normas (ou, como veremos, podem deixar bem claro que contratam os antigos formuladores das regras e pagam em demasia por eles, o que sinaliza um potencial suborno para aqueles atualmente no poder). E é claro que os regulamentos, uma vez em vigor, permanecem em vigor, e, mesmo quando se mostram absurdos, os políticos têm medo de revogá-los, sob a pressão dos que deles se beneficiam. Dado que os regulamentos são cumulativos, logo acabamos enredados em regras complicadas que sufocam o empreendedorismo. E sufocam também a vida.

Pois sempre há parasitas que se beneficiam da regulamentação, situações em que o empresário ou empresária usa o governo para obter lucros, muitas vezes por meio de normas protetivas e franquias. O mecanismo é chamado de reaquisição regulatória, pois cancela o efeito de um regulamento.

A outra solução é arriscar a pele em transações, sob a forma de responsabilidade legal, e a possibilidade de uma ação judicial eficiente. O mundo anglo-saxão tradicionalmente tinha predileção pelo enfoque legal em vez da postura regulatória: *se você me prejudicar, eu posso te processar*. Isso resultou no direito comum bastante sofisticado, adaptativo e equilibrado, construído de baixo para cima, por meio de tentativa e erro. Quando as pessoas negociam, quase sempre preferem chegar a um acordo (como parte do contrato) em algum local da Comunidade das Nações (ou outrora de jugo britânico), como um fórum em caso de disputa: Hong Kong e Cingapura são os favoritos na Ásia; Londres e Nova York no Ocidente. O direito comum trata do espírito, ao passo que a regulamentação, devido a sua rigidez, gira em torno das letras.

Se uma grande corporação poluir seu bairro, você pode se juntar a seus vizinhos e meter um processo goela abaixo daquela desgraçada. Algum advogado ganancioso preparará a papelada. Os inimigos da corporação terão prazer em ajudar. E os custos potenciais do acordo teriam capacidade de dissuasão suficiente para fazer com que a corporação se comportasse.

Isso não significa que a regulamentação jamais seja necessária. Alguns efeitos sistêmicos podem exigir regulação (por exemplo, riscos de cauda ocultos de ruínas ambientais que aparecem tarde demais). Se você não pode efetivamente processar, regulamente.*

Ora, mesmo que os regulamentos acarretassem uma pequena compensação líquida para a sociedade, eu ainda preferiria ser o mais livre possível, mas assumir minha responsabilidade civil, enfrentar meu destino e pagar a penalidade se prejudico outras pessoas. Essa atitude se chama libertarianismo deôntico (o deôntico vem de "deveres"): ao regulamentar, você está privando as pessoas da liberdade. Alguns de nós acreditam que a liberdade é o primeiro bem essencial de um indivíduo. Isso inclui a liberdade de cometer erros (aqueles que só prejudicam você); é sagrado a ponto de que nunca deve ser negociado em troca de benefícios econômicos ou de outro tipo.

---

* O Ralph Nader a quem dedico este livro é o Ralph Nader que ajudou a implementar o mecanismo legal que protege consumidores e cidadãos de predadores; um pouco menos o Ralph Nader que de vez em quando vem a público exigindo a imposição de regulamentação.

IV. SE DEDICAR DE CORPO E ALMA

Por fim, e de maneira primordial, arriscar a própria pele tem a ver com honra, com um compromisso existencial, e assumir riscos (uma certa classe de riscos) como uma separação entre homem e máquina e (alguns talvez odeiem isto) uma categorização de humanos.

Se você não corre riscos por sua opinião, você não é nada.

E continuarei afirmando que não tenho outra definição de sucesso a não ser levar uma vida honrosa. E que é desonroso deixar outros morrerem em seu lugar.

A honra implica que existem algumas ações que você *jamais* faria, independentemente das recompensas materiais. A honra não aceita nenhuma barganha faustiana, então não venderia o próprio corpo por quinhentos dólares; nem faria isso por 1 milhão, ou por 1 bilhão, ou por 1 trilhão. E tampouco se trata apenas de uma *via negativa*; a honra também significa que existem coisas que você *faria* incondicionalmente, a despeito das consequências. Pense nos duelos, que nos privaram do grande poeta russo Púchkin, do matemático francês Évariste Galois e, é claro, muitos mais, em tenra idade (no caso de Galois, muito tenra — ele morreu aos vinte anos): as pessoas expunham-se a riscos reais de morte apenas para defender sua reputação. Viver como um covarde simplesmente não era uma opção, e a morte era muito mais preferível, mesmo no caso de Galois, que ainda na adolescência inventou um novo e importante ramo da matemática.* Ao despedir-se do filho que rumava para a batalha, uma mãe espartana lhe dizia: "Volte com seu escudo ou sobre ele", o que significava que o rapaz deveria retornar empunhando seu escudo ou não retornar vivo (o costume era carregar os guerreiros mortos sobre o próprio escudo); apenas os covardes abandonam seus escudos para correr mais rápido.

Se quiser refletir sobre como a modernidade destruiu alguns dos alicerces dos valores humanos, faça a comparação entre as incondicionais mencionadas e as concessões modernistas: pessoas que, digamos, trabalham para lobbies

---

* Na verdade, há um argumento a favor de duelos: eles impedem que conflitos envolvam grupos mais amplos de pessoas, isto é, as guerras, ao restringir o problema àqueles que arriscam diretamente a própria pele.

nojentos (representando os interesses, por exemplo, da Arábia Saudita em Washington) ou que deliberadamente fazem o costumeiro jogo acadêmico antiético, e que aprenderam a conviver com si mesmos lançando mão de argumentos como "Tenho que pagar a educação dos meus filhos". Pessoas que não são moralmente independentes tendem a ajustar a ética a sua profissão (com um mínimo de retórica e distorção de fatos) em vez de encontrar uma profissão que se adapte a sua ética.

Agora, há uma outra dimensão de honra: envolver-se em ações que vão *além* de meramente se colocar em risco pelos outros; arriscar a própria pele pela de outras pessoas; sacrificar algo importante pelo bem coletivo.

No entanto, há atividades nas quais uma pessoa é imbuída de um sentimento de orgulho e honra sem sacrifícios em grande escala: atividades artesanais.

Artesãos

Qualquer coisa que você fizer para otimizar seu trabalho, pegar atalhos, contornar regras ou extrair mais "eficiência" do trabalho (e da sua vida) acabará, no fim das contas, levando você a sentir aversão a ele.

Os artesãos se dedicam de corpo e alma.

Primo, os artesãos fazem as coisas por razões existenciais primeiro, financeiras e comerciais depois. A tomada de decisões de um artesão nunca é totalmente financeira, mas continua a ser financeira. *Secundo*, os artífices têm algum tipo de "arte" em sua profissão; eles mantêm distância da maior parte dos aspectos da industrialização; combinam arte e negócio. *Tertio*, os artesãos injetam um pouco da própria alma em seu trabalho: não venderiam uma peça defeituosa ou mesmo de qualidade duvidosa, porque isso fere seu orgulho. Por fim, eles têm tabus sagrados, coisas que jamais fariam mesmo que aumentassem significativamente sua lucratividade.

Compendiaria res improbitas, virtusque tarda — a vilania pega a estrada curta; a virtude, a mais longa. Em outras palavras, pegar atalhos é desonesto.

Permita-me ilustrar com minha própria profissão. É fácil ver que um escritor é efetivamente um artesão: os lucros com as vendas de livros não são a motivação principal, apenas um alvo secundário (mesmo assim). Você preserva alguma santidade do produto com fortes proibições. Por exemplo, no início dos anos 2000, a escritora Fay Weldon foi paga pela joalheria Bulgari para anunciar a marca, tecendo recomendações dos excelentes produtos no enredo de um romance de sua autoria. Foi um rebuliço; disseminou-se um generalizado sentimento de repulsa por parte da comunidade literária.

Também me lembro de que na década de 1980 algumas pessoas tentaram distribuir livros de graça, mas com propaganda no meio do texto, como nas revistas. O projeto fracassou.

Também não industrializamos a escrita. O leitor ficaria decepcionado se eu contratasse um grupo de escritores para "ajudar", já que assim seria mais eficiente. Alguns autores, como Jerzy Kosinski, tentaram escrever livros subcontratando mão de obra para redigir algumas partes, e caíram no completo ostracismo após serem descobertos. São poucos os escritores que terceirizam a escrita e viram seu trabalho sobreviver. Mas há exceções, como Alexandre Dumas *père*, que, reza a lenda, gerenciava uma oficina de escritores de aluguel (45 deles), o que lhe permitiu aumentar sua produção para 150 romances, com a piada que ele leu apenas *alguns* dos próprios livros. Mas, em geral, a produção não é dimensionável ou mensurável (mesmo que as vendas de um livro o sejam). Dumas talvez seja a exceção que confirma a regra.

Agora, algo bastante prático. Um dos melhores conselhos que já recebi foi a recomendação de um empresário mais velho, um empreendedor muito bem-sucedido (e feliz), Yossi Vardi, de não ter assistentes. A mera presença de um assistente suspende nossa filtragem natural — e a ausência de um nos força a fazer apenas as coisas de que gostamos e, de forma progressiva, assumir as rédeas da nossa própria vida e conduzi-la dessa forma (por "assistente" aqui excluo alguém contratado para uma tarefa específica, como corrigir provas e trabalhos de alunos, ajudar na contabilidade ou regar plantas; apenas um anjo da guarda que supervisiona todas as suas atividades). Este é um enfoque de *via negativa*: você quer o máximo de tempo livre, não estar em atividade máxima, e você mesmo pode avaliar seu próprio "sucesso" de acordo com essa métrica. Caso contrário, acaba auxiliando seus assistentes, ou sendo forçado a "explicar" como fazer as coisas, o que exige mais esforço mental do que fazer a coisa em si. A bem da verdade, para além da minha vida como escritor e pesquisador, o conselho provou ser de grande valia financeira, pois sou mais livre, mais ágil e tenho um padrão de referência bastante elevado para fazer algo, enquanto meus pares têm seus dias preenchidos com "reuniões" desnecessárias e correspondência banal.

> *Ter um assistente (exceto para o estritamente necessário) o impede de se dedicar de corpo e alma.*

Pense no efeito de usar um tradutor portátil na sua viagem ao México, no lugar de adquirir um robusto vocabulário em espanhol por meio do contato direto com os moradores locais. A assistência afasta você da autenticidade.

Acadêmicos podem ser artesãos. Mesmo os economistas que, compreendendo mal Adam Smith, afirmam que os humanos estão aqui para "buscar a maximização" de seus rendimentos, expressam essas ideias de graça, e ficam se gabando por não estarem interessados em uma vil busca de lucro comercial, sem ver a contradição.

Uma advertência aos empresários

Os empresários são heróis em nossa sociedade. Eles fracassam por nós. Mas, devido ao financiamento e aos atuais mecanismos de capital de risco, muitas pessoas confundidas com empreendedores não arriscam a própria pele, no sentido de que seu objetivo é lucrar uma bolada vendendo a outrem a empresa que eles ajudaram a criar ou "abrindo o capital" e tornando-se uma empresa de capital aberto ou sociedade anônima, pela venda de ações na bolsa. O verdadeiro valor da empresa, o que ela faz e a sua sobrevivência a longo prazo não é lá muito relevante. Trata-se de um puro esquema de financiamento, e excluiremos essa classe de pessoas da nossa categoria de "empreendedores" que assumem riscos (essa forma de empreendedorismo é o equivalente a trazer ao mundo crianças bonitas e comercializáveis com o único objetivo de vendê-las quando completarem quatro anos de idade). Esse tipo de pessoa pode ser identificada facilmente por sua capacidade de escrever um plano de negócios convincente.

As empresas além da etapa do empreendedorismo começam a apodrecer. Uma das razões pelas quais as corporações têm a mesma taxa de mortalidade de pacientes com câncer é a atribuição de tarefas por um tempo predeterminado. Tão logo você mude de atribuição — ou, melhor, de empresa —, agora você pode dizer acerca dos profundos riscos ao estilo de Bob Rubin que vêm à tona: "Não é mais problema meu". O mesmo acontece quando você se vende; então, lembre-se disto:

*A habilidade de criar coisas do zero diverge
da capacidade de vender coisas.*

"Arrogante" serve

Produtos ou empresas que levam o nome do dono transmitem mensagens muito valiosas. Eles gritam que têm algo a perder. O epônimo indica tanto um comprometimento com a empresa como a confiança no produto. Um amigo meu, Paul Wilmott, muitas vezes é chamado de egomaníaco por ter seu nome estampado em um periódico técnico de finanças matemáticas (*Wilmott*), que no momento da elaboração deste livro é, sem dúvida, o melhor. "Egomaníaco" é bom para o produto. Mas se você não conseguir "egomaníaco", "arrogante" serve.

Cidadania de Plaisance

Muitas pessoas endinheiradas que vêm viver nos Estados Unidos evitam tornar-se cidadãos embora morem aqui indefinidamente. Elas têm a opção de obter uma autorização de residência permanente, pois é um direito, não uma obrigação, já que podem revogá-la com um procedimento simples. Você lhes pergunta por que não prestam o juramento na frente de um juiz e depois oferecem um coquetel em algum clube de campo à beira-mar. A resposta típica é: *impostos*. A partir do momento em que a pessoa se torna um cidadão dos EUA passa a ter de pagar impostos sobre a renda que arrecada em âmbito mundial, mesmo que more no exterior. E isso não é facilmente reversível, então ela perde a opcionalidade. Mas outros países ocidentais, a exemplo da França e do Reino Unido, permitem a seus cidadãos consideráveis isenções caso residam em algum paraíso fiscal. Isso incentiva um conjunto de pessoas a "comprar" uma cidadania via investimentos e residência por um período mínimo, pegar o passaporte e então ir viver em algum lugar livre de impostos.

Um país não deveria tolerar esses "amigos da onça", os amigos só para as horas boas. Há algo de ofensivo em obter uma nacionalidade sem arriscar a própria pele, apenas para poder viajar e atravessar fronteiras sem a desvantagem que vem com o passaporte.

Meus pais são cidadãos franceses, o que teria facilitado minha naturalização algumas décadas atrás. Mas não me parecia a coisa certa; para ser franco, achava até meio ofensivo. E a menos que eu desenvolvesse um vínculo emocional com a França arriscando a minha própria pele, eu não poderia fazer isso. Teria me causado uma sensação de falsidade ver meu rosto barbudo em um passaporte francês. O único passaporte que eu teria cogitado é o grego (ou cipriota), pois sinto profundos laços ancestrais e socioculturais com o mundo helenístico.

Mas vim para os Estados Unidos, abracei o lugar e tomei o passaporte como um compromisso: ele se tornou minha identidade, boa ou ruim, com ou sem impostos. Muitas pessoas zombaram da minha decisão, já que a maior parte da minha renda vem do exterior e, se eu residisse no Chipre ou em Malta, ganharia muito mais dinheiro. Se eu quiser diminuir o valor dos impostos que eu pago, e eu quero, tenho a obrigação de lutar por essa redução tributária, tanto para mim quanto para o coletivo, os outros contribuintes, e não fugir.

Arriscar a própria pele.

Heróis não eram ratos de biblioteca

Se você quiser estudar valores clássicos como coragem ou aprender sobre o estoicismo, não procure necessariamente os classicistas. Ninguém segue a carreira acadêmica sem motivo. Leia os textos em primeira mão: Sêneca, César ou Marco Aurélio, quando possível. Ou leia críticos sobre os clássicos que tenham sido, eles próprios, realizadores, a exemplo de Montaigne — pessoas que, em algum momento, arriscaram a própria pele antes de se aposentarem para escrever livros. Evite o intermediário, sempre que possível. Ou deixe os textos pra lá, simplesmente envolva-se em atos de coragem.

Pois estudar a coragem em livros didáticos não torna você mais corajoso, assim como comer bife não transforma você em boi ou vaca.

Por algum misterioso mecanismo mental, as pessoas não conseguem perceber que o mais importante que aprendemos com um professor é como ser um professor — e o mais importante que aprendemos, digamos, com um coach ou um palestrante motivacional é como se tornar um coach ou um palestrante motivacional. Então lembre-se de que os heróis da história não eram classicistas nem ratos de biblioteca, gente que vive perigosamente apenas dentro de seus textos. Eles eram pessoas de ação, dotadas do espírito de quem assume riscos. Para entrar na psique dessas figuras, você precisará de alguém que não seja um professor ensinando estoicismo.* Quase sempre esses caras não entendem (na verdade, nunca entendem). Na minha experiência, baseada em uma série de discussões pessoais, muitos desses "classicistas" que sabem em detalhes íntimos o que pessoas de coragem como Alexandre, Cleópatra, César, Aníbal, Juliano, Leônidas e Zenóbia comiam no café da manhã, são incapazes de produzir um dado sequer que tenha valor intelectual. É por isso que o ambiente acadêmico (e o jornalismo) são fundamentalmente o refúgio dos *tagarelas* estocastofóbicos? Ou seja, o voyeur que quer assistir, mas não correr riscos? Parece que sim. O capítulo mais importante do livro, e convenientemente o último, "A lógica de correr riscos", mostra como alguns elementos essenciais do risco, embora óbvios para os praticantes, podem ter passado despercebidos pelos teóricos por mais de dois séculos!

Se dedicar de corpo e alma e protecionismo (sem exageros)

Vamos agora aplicar esses conceitos aos tempos modernos. Lembra-se da história dos arquitetos que não têm os interesses reais dos usuários em mente? Isso se estende a efeitos sistêmicos mais gerais, tais como o protecionismo e o globalismo. Visto dessa forma, o surgimento de *alguma dose* de protecionismo pode ter um forte fundamento lógico — e econômico.

---

* Minha compreensão de Sêneca, que expressei em *Antifrágil*, gira em torno da assimetria (e opcionalidade), tanto financeira como emocional. Como alguém que assume riscos, consigo entender algo que é impossível de transmitir aos classicistas, o que torna frustrante ler análises de Sêneca em que o essencial está ausente.

Vou ignorar o argumento de que a globalização leva a uma cacofonia ao estilo Torre de Babel, devido ao desequilíbrio na proporção ruído-sinal. O ponto aqui é que cada trabalhador, cada pessoa que faz alguma coisa, tem em si um artesão. Pois, ao contrário do que os lobistas pagos pelas grandes corporações internacionais estão tentando nos fazer acreditar, esse protecionismo nem de perto entra em conflito com o pensamento *econômico*, conhecido como economia neoclássica. Não é inconsistente com os axiomas *matemáticos* da tomada de decisões econômica, com base nos quais a economia estabelece seus alicerces, comportar-se de forma a não maximizar o resultado líquido expresso estritamente em dólares, à custa de outras coisas. Como já disse neste mesmo capítulo, não é irracional, de acordo com a teoria econômica, deixar de ganhar algum dinheiro em função da sua preferência pessoal; a noção de incentivos, de resto limitada a ganhos financeiros, não é capaz de explicar a própria existência de instituições acadêmicas de economia que promovam a ideia do interesse próprio.*

Talvez estivéssemos em uma situação melhor, num sentido contábil minuciosamente definido (no agregado), se exportássemos empregos. Mas talvez não seja isso o que as pessoas realmente querem. Escrevo porque é o meu propósito fazê-lo, assim como uma faca corta porque essa é sua missão — a *arête* de Aristóteles —, e terceirizar minha pesquisa e minha escrita, subcontratando alguém da China ou da Tunísia, (talvez) aumentasse minha produtividade, mas me privaria de minha identidade.

Assim, pode ser que as pessoas queiram *fazer* coisas. Simplesmente porque sentem que é parte de sua identidade. Um sapateiro no condado de Westchester quer ser um sapateiro, usufruir dos frutos de seu trabalho e do orgulho de ver suas mercadorias nas lojas, mesmo que sua assim chamada condição "econômica" possa se beneficiar caso ele mude para outra profissão e deixe uma fábrica chinesa fabricar seus sapatos. Mesmo que um novo sistema nesses moldes lhe permita comprar aparelhos de TV de tela plana, mais camisas de

---

* Por um longo tempo, alguns cantões suíços — democraticamente — proibiram a venda de imóveis a estrangeiros, a fim de evitar o incômodo dos playboys e socialites que não arriscavam a própria pele no país e davam altos lances para adquirir propriedades, prejudicando novos e jovens compradores que, sem poder de compra, eram alijados do mercado. Isso é uma tolice do ponto de vista econômico? De forma alguma, embora alguns donos de construtoras e corretoras de imóveis discordem veementemente.

algodão e bicicletas mais baratas, falta algo. É cruel ludibriar as pessoas a sair de sua profissão. Elas querem se dedicar de corpo e alma.

Nesse sentido, a descentralização e fragmentação, além de estabilizar o sistema, melhora a conexão das pessoas com seu trabalho.

A pele reina

Vamos fechar com um relato histórico.

Alguns podem muito bem perguntar: a lei é ótima, mas o que se faz com um juiz corrupto ou incompetente? Talvez ele cometa erros e saia impune. Ele pode ser o elo fraco. Não exatamente, ou pelo menos não historicamente. Certa vez um amigo me mostrou uma pintura holandesa que representava o Julgamento de Cambises. A cena é inspirada pela história relatada por Heródoto a respeito do corrupto juiz persa Sisamnés. Ele foi esfolado vivo por ordem do rei Cambises, como punição por violar as leis. A cena da pintura a óleo mostra o filho de Sisamnés aplicando a justiça sentado na cadeira do pai, estofada com a pele do mesmo, à guisa de um lembrete de que a justiça demanda, literalmente, que se arrisque a própria pele.

Prólogo, Parte 3
As costelas do projeto *Incerto*

Sete páginas por vez, sete páginas ao ano é a medida perfeita — Releitores precisam de rerevisores

Agora que delineamos as ideias principais, vejamos como essa discussão se encaixa no restante do projeto *Incerto*. Assim como Eva nasceu da costela de Adão, cada livro da série *Incerto* saiu das costelas do livro anterior. *A lógica do Cisne Negro* foi uma breve discussão em *Iludido pelo acaso*;* o conceito de convexidade aplicado a eventos imprevisíveis, o tema de *Antifrágil*, foi esboçado em *A lógica do Cisne Negro*; e, por fim, *Arriscando a própria pele* era um segmento de *Antifrágil* sob a insígnia *Não te tornarás antifrágil às custas dos outros*. Resumindo: a assimetria na exposição a riscos leva a desequilíbrios e, potencialmente, à ruína sistêmica.

O negócio de Bob Rubin se conecta à minha atuação como trader (como vimos, quando essas pessoas ganham dinheiro, elas ficam com os lucros para si; quando perdem, outros arcam com os custos enquanto elas gritam "Cisne Negro"). Suas manifestações são tão onipresentes que têm sido a espinha dorsal de todos os livros do projeto *Incerto*. Toda vez que há um descompasso entre

---

* Nassim Nicholas Taleb, *Iludido pelo acaso: A influência oculta do acaso nos mercados e na vida*. Rio de Janeiro: Record, 2004. (N. T.)

um período de bônus (anual) e a ocorrência estatística de uma crise econômica (a cada dez anos, por exemplo), o agente é incentivado a jogar o jogo de transferência de riscos de Bob Rubin. Dado o número de pessoas tentando embarcar no ônibus do lucro, há um acúmulo progressivo de riscos de Cisne Negro em tais sistemas. Então, *bum!*, a explosão sistêmica acontece.*

A ESTRADA

Somos guiados por aquilo que há de mais interessante. A ética é direta, como parte da assimetria geral de Tony Gordo-Isócrates, e me aprofundei no assunto graças a uma colaboração altamente argumentativa com o filósofo (e companheiro de caminhadas) Constantine Sandis. A lei de responsabilidade civil é igualmente direta, e achei que ocuparia uma substancial porção deste livro, mas felizmente será mínima. Por quê?

A lei de responsabilidade civil** é insípida para aqueles que não têm o temperamento que leva uma pessoa a cursar direito. Pois, instigado pelo destemido Ralph Nader, uma mesinha de centro em meu estúdio acumulou algo em torno de vinte volumes sobre responsabilidade civil (contratual e extracontratual). Mas achei o tópico tão entediante que foi uma tarefa hercúlea ler mais de sete linhas por vez (que é a razão pela qual Deus misericordiosamente inventou as mídias sociais e as discussões no Twitter): ao contrário da ciência e da matemática, o direito, apesar de ser muito rigoroso, não oferece surpresas. A lei não pode ser divertida. A mera visão desses livros me faz lembrar um almoço

---

* A transferência de riscos oculta não se limita a banqueiros e corporações. Alguns segmentos da população a praticam de forma bastante eficaz. Por exemplo, quem vive em áreas costeiras propensas a furacões e inundações é efetivamente subsidiado pelo Estado — portanto, pelos contribuintes. Embora banquem as vítimas na televisão depois que um evento acontece, elas e as incorporadoras imobiliárias recebem os benefícios custeados por outros...
** *Tort law*, no original. *The law of torts* é o ramo do direito anglo-saxão que cuida da reparação de danos causados pela prática de ato ilícito que não constitua tipo penal. Difere também do *law of contracts*, ramo do direito anglo-americano que cuida da disciplina dos ilícitos advindos exclusivamente de infração contratual. Estes últimos têm disciplina própria. Um mesmo *tort* pode gerar, além do dever de indenizar na esfera cível, também a punição de natureza penal. (N. T.)

com um ex-membro da diretoria do Federal Reserve, o tipo de coisa ao qual uma pessoa nunca deve se sujeitar mais do que uma vez na vida. Então vou abordar o tópico dos delitos civis em poucas linhas.

Como sugerimos nos primeiros parágrafos da introdução, alguns tópicos não soporíferos (teologia pagã, práticas religiosas, teoria da complexidade, história antiga e medieval e, é claro, probabilidade e exposição a riscos) coincidem com o filtro naturalista deste autor. De forma simples: quem não é capaz de se dedicar de corpo e alma a alguma coisa, deve desistir e deixar o trabalho para outra pessoa.

Falando sobre se dedicar de corpo e alma, tive que superar certa vergonha: no episódio do Hamurabi no Louvre, quando parei diante da imponente estela de basalto (na sala com coreanos e seus bastões de selfie), me senti desconfortável por não conseguir ler o texto e ter que confiar em especialistas. Que especialistas? Tudo bem se fosse uma jornada cultural, mas aqui estou, trabalhando, escrevendo um livro que mergulha bastante fundo nessas coisas! Tive a sensação de que era trapaça não conhecer o texto antigo da maneira como era lido e recitado na época. Além disso, um dos meus hobbies episódicos é a filologia semítica, então eu não tinha desculpa. Assim, fui atraído por uma obsessão em aprender acádio bem o bastante para recitar o Código de Hamurabi com a fonética semítica, e me dedicar de corpo e alma ao tema. Talvez tenha atrasado este livro, mas pelo menos minha consciência está limpa quando menciono Hamurabi, pois não estou fingindo coisa alguma.

UM DETECTOR INTENSIFICADO

Este livro surgiu após um profundo e inesperado flerte — não acadêmico — com a matemática. Depois de terminar *Antifrágil*, pensei em aposentar minha caneta por algum tempo e me acomodar na confortável vida de um cargo universitário, desfrutando de espaguete com tinta de lula em companhia de bon vivants, levantando pesos com meus amigos de colarinho azul e jogando bridge no fim de tarde, o tipo de vida tranquila e livre de preocupações da nobreza do século XIX.

O que não previ é que o meu sonho de uma vida *tranquila* duraria apenas algumas semanas. Pois eu não demonstrava habilidade alguma em atividades típicas de aposentadoria, como jogos de cartas, xadrez, loteria, visitas às pirâmides no México etc. Certa vez, por acaso, tentei resolver um quebra-cabeças matemático, e isso culminou em cinco anos de uma compulsiva prática matemática, que consumia meu tempo e ocasionava os ataques obsessivos que atormentam as pessoas sobrecarregadas por problemas. Como de costume, eu não praticava matemática para resolver um problema, mas sim para satisfazer uma fixação. Mas nunca esperei o efeito secundário: isso fez com que meu detector de baboseiras ficasse tão sensível que ouvir disparates muito bem cotados pela mídia (da boca de verbalistas, especialmente os acadêmicos) teve o mesmo efeito de ser colocado em uma sala com ocorrências aleatórias de sons penetrantes e dissonantes, a barulheira do tipo que mata animais. Pessoas normais nunca me incomodam; quem me incomoda são os "intelectuais" falando merda. Ver o psicólogo Steven Pinker fazer pronunciamentos sobre coisas intelectuais tem um efeito semelhante ao de encontrar um drive-thru do Burger King enquanto faço uma caminhada em uma reserva florestal.

É sob esse sensibilíssimo detector de baboseira e papo furado que estou escrevendo este livro.

OS CRÍTICOS

E, já que estamos falando de livros, encerro esta seção introdutória com algo que aprendi no tempo que passei atuando nessa área. Muitos críticos literários são pessoas intelectualmente honestas e diretas, mas a indústria tem um conflito fundamental com o público, mesmo quando se autonomeia representante da classe geral de leitores. Por exemplo, quando se trata de livros escritos por pessoas afeitas ao risco, o público em geral (e alguns, mas muito poucos, editores de livros) pode detectar o que é interessante para ele em determinado aspecto ou grau, alguma coisa que aqueles que atuam no falso espaço da produção de palavras (em outras palavras, gente que não faz) cronicamente não são capazes de entender — e não conseguem entender o que eles não entendem porque na verdade não fazem parte da vida ativa e transacional.

Tampouco os críticos — pela própria definição de sua função — são capazes de julgar livros que alguém *relê*. Para aqueles que leram *Antifrágil* e estão familiarizados com a ideia de efeitos não lineares, o aprendizado está enraizado na repetição e convexidade, o que significa que a leitura de um único texto duas vezes é mais proveitosa e benéfica do que ler duas coisas diferentes ao mesmo tempo, contanto que, é claro, o dito texto tenha alguma profundidade em seu conteúdo. A convexidade está implantada no vocabulário semítico: *mishnah*, que em hebraico se refere à compilação pré-talmúdica da tradição oral, significa "duplicado"; o *midrash* também pode estar relacionado às repetidas estampagens e moagens, e tem uma contrapartida na *madrassa*, a escola islâmica dos filhos de Ismael.

Os livros deveriam ser organizados de acordo com a maneira como o leitor lê, ou quer ler, e de acordo com a profundidade com que o autor quer entrar em um tópico, não para facilitar a vida daqueles que escrevem resenhas. Críticos literários são péssimos intermediários; atualmente estão em processo de serem desintermediados, da mesma forma que as empresas de táxi (o que alguns chamam de *uberização*).

Como? Há, aqui, novamente, um problema do tipo arriscar-a-própria-pele: um conflito de interesses entre críticos profissionais que pensam que devem decidir como os livros devem ser escritos e leitores genuínos que realmente leem livros porque gostam de ler. Por um lado, os críticos exercem um poder descontrolado e arbitrário sobre os autores: alguém tem que ler o livro para perceber que a resenha não passa de uma porção de abobrinhas; assim, na ausência de riscos, resenhistas como Michiko Kakutani no *New York Times* (agora aposentado) ou David Runciman, que escreve para o jornal *The Guardian*, podem continuar para sempre sem que ninguém saiba que estão inventando mentiras ou bêbados (ou, disto estou certo, no caso de Kakutani, ambos os casos). As resenhas são julgadas de acordo com quão *plausíveis* e bem escritas elas são, nunca em como elas mapeiam o livro (a menos, claro, que o autor as responsabilize por informações falsas e deturpações).*

Agora, quase duas décadas após a primeira parte do projeto *Incerto*, estabeleci maneiras de interagir diretamente com você, o leitor.

---

* Levou quase três anos para *Iludido pelo acaso* ser entendido como "existe mais sorte do que você imagina", em vez da mensagem que as pessoas recebiam das resenhas: "É tudo pura sorte". Muitos livros não sobrevivem três meses.

ORGANIZAÇÃO DO LIVRO

O livro I foi a introdução que acabamos de ver, com suas três partes.

O livro II, "Um primeiro olhar sobre a agência", é uma exposição mais aprofundada da simetria e agência no compartilhamento de riscos, unindo conflitos comerciais de interesse com a ética. Também nos apresenta brevemente à noção de escala e à diferença entre individual e coletivo, daí as limitações do globalismo e do universalismo.

O livro III, "A maior das assimetrias", gira em torno da regra da minoria, segundo a qual um pequeno segmento da população impõe suas preferências à população geral. O (breve) apêndice do livro III mostra 1) como uma coleção de unidades não se comporta como uma soma de unidades, mas algo com uma mente própria, e 2) as consequências de boa parte de algo conhecido como "ciência" social.

O livro IV, "Lobos entre cães", trata da dependência e, para dar nome aos bois e botar os pingos nos is, da *escravidão* na vida moderna: por que os empregados existem e por que têm muito mais a perder do que os patrões. Também mostra como, mesmo que você seja independente e tenha dinheiro suficiente para mandar todo mundo à merda, estará vulnerável se seus entes queridos puderem ser alvo de corporações e grupos malignos.

O livro V, "Estar vivo significa assumir certos riscos", mostra no capítulo 5 como assumir riscos faz com que a pessoa pareça superficialmente menos atraente, mas muito mais convincente. Esclarece a diferença entre a vida na vida real e a vida imaginada em uma máquina, explica por que Jesus tinha que ser humano, não um deus, e como Donald Trump venceu a eleição *graças* a suas imperfeições. O capítulo 6, "O intelectual porém idiota", apresenta a figura do IPI, que não sabe que arriscar a própria pele faz com que a pessoa entenda o mundo (o que inclui andar de bicicleta) melhor do que qualquer palestra. O capítulo 7 explica a diferença entre desigualdade de risco e desigualdade salarial: você pode ficar mais rico, mas para isso vai precisar ser uma pessoa real e assumir certo risco. Apresenta também uma visão dinâmica da desigualdade, em oposição à estática do IPI. O colaborador mais notório da desigualdade é a condição de um funcionário público de alto escalão ou de um professor universitário titular, não de um empreendedor. O capítulo 8 explica o Efeito Lindy, aquele especialista de especialistas que pode nos dizer por que os encanadores são especialistas, mas os psicólogos clínicos não, e por que os comentaristas da *New Yorker* sobre especialistas não são eles próprios especialistas. O Efeito Lindy separa as coisas que ganham do tempo daquelas que são destruídas por ele.

O livro VI, "Mais fundo agência adentro", procura por assimetrias ocultas consequentes. O capítulo 9 mostra que, do ponto de vista da prática, o mundo é mais simples e especialistas de verdade não parecem que estão representando um papel. O capítulo apresenta a heurística de detecção de baboseira. O capítulo 10 mostra como os ricos são otários que se tornam presas daqueles que complicam seu estilo de vida para lhes vender alguma coisa. O capítulo 11 explica a diferença entre ameaças e ameaças reais e mostra como você pode superar um inimigo ao não matá-lo. O capítulo 12 apresenta o problema de agência dos jornalistas: eles sacrificam a verdade e constroem uma narrativa errada por causa da necessidade de agradar outros jornalistas. O capítulo 13 explica por que a virtude exige a tomada de risco, não a redução do risco a uma questão de reputação, de bancar o cavaleiro nobre na internet ou preencher um cheque para alguma ONG que pode acabar ajudando a destruir o mundo. O capítulo 14 explica o problema de agência das pessoas na geopolítica, e os historiadores que tendem a falar mais de guerras do que de paz, deixando-nos com uma visão deturpada do passado. A história também está cheia de confusões probabilísticas. Se nos livrássemos dos especialistas em "paz", o mundo seria mais seguro e muitos problemas seriam resolvidos de forma orgânica.

O livro VII, "Religião, crença e arriscar a própria pele", explica credos e convicções em termos de riscos e preferências reveladas: como os ateus são, em termos funcionais, indistinguíveis dos cristãos, embora não dos salafistas muçulmanos. Evite os verbalistas: "religiões" não são exatamente religiões, algumas são filosofias, outras são apenas sistemas legais.

O livro VIII, "Risco e racionalidade", abrange os dois capítulos centrais, que decidi deixar para o final. Não existe definição rigorosa de racionalidade que não esteja relacionada a arriscar a própria pele; tudo diz respeito a ações, não a verbos, pensamentos e papo furado. O capítulo 19, "A lógica de correr riscos", resume todos os meus princípios sobre risco e expõe os erros concernentes a eventos de baixa probabilidade. Também classifica os riscos em camadas (do individual ao coletivo) e consegue provar que coragem e prudência não entram em contradição, contanto que uma pessoa esteja agindo em benefício do coletivo. Explica a teoria ergódica, que estava em aberto. Finalmente, o capítulo esboça o que chamamos de princípio da precaução.

Apêndice:
Assimetria na vida e nas coisas

Tabela 2 • Assimetrias na sociedade

Onde paramos em *Antifrágil*

SEM ARRISCAR A PRÓPRIA PELE	ARRISCANDO A PRÓPRIA PELE	ARRISCANDO A PRÓPRIA PELE PELOS OUTROS, OU SE DEDICANDO DE CORPO E ALMA
(Mantém os ganhos e vantagens, transfere os prejuízos e as desvantagens a outros, possui uma opção oculta à custa de outrem)	(Aceita seu prejuízo, assume o próprio risco)	(Assume o prejuízo pelos outros, ou por valores universais)
Burocratas, malas sem alça, caxias e CDFs da elaboração de políticas	Cidadãos	Santos, cavaleiros, guerreiros, soldados
Consultores, sofistas	Comerciantes, empresários	Profetas, filósofos (no sentido pré-moderno)
Grandes corporações com acesso ao Estado	Artesãos	Artistas, alguns artesãos
Executivos corporativos (de terno e gravata)	Empreendedores	Empreendedores/ inovadores
Cientistas que sabem usar o sistema a seu favor, teóricos, prospectores de dados, estudos observacionais	Pesquisadores de laboratório e de campo	Cientistas que assumem riscos com conjecturas à distância das convicções comuns

SEM ARRISCAR A PRÓPRIA PELE	ARRISCANDO A PRÓPRIA PELE	ARRISCANDO A PRÓPRIA PELE PELOS OUTROS, OU SE DEDICANDO DE CORPO E ALMA
Governo centralizado	Governo de cidades-estados	Governo municipal
Editores e revisores	Escritores, (alguns) editores	Escritores de verdade
Jornalistas que analisam e "preveem"	Especuladores	Jornalistas que assumem riscos e denunciam fraudes (regimes e corporações poderosos), rebeldes
Políticos	Ativistas	Dissidentes, revolucionários
Banqueiros	Investidores de fundos hedge	(Eles não se envolveriam com comércio vulgar)
Buscar prêmios, distinções, galardões, recompensas, honrarias, cerimônias, medalhas, tomar chá com a rainha da Inglaterra, associar-se a academias, apertar a mão do Obama		O maior prêmio (e talvez o único) para as ideias e crenças é a morte: Sócrates, Jesus, Santa Catarina, Hipácia de Alexandria, Joana D'Arc

Livro II

Um primeiro olhar sobre a agência

1. Por que cada um deve comer as próprias tartarugas: igualdade na incerteza

Gosto de tartaruga — Onde estão os novos clientes? — Sharia e assimetria — Há os suíços, e outros povos — Rav Safra e os suíços (mas suíços diferentes)

Quem pescou as tartarugas que as coma primeiro, diz o antigo ditado.*
 A origem da expressão é a seguinte. Dizia-se que um grupo de pescadores havia apanhado na água um grande número de tartarugas. Depois de cozinhá-las, constataram já à mesa comunitária que esses animais marinhos eram muito menos comestíveis do que imaginavam: muitos membros do grupo não estavam dispostos a comer os répteis. Acontece que por acaso Mercúrio estava passando por ali — Mercúrio era o deus com o maior número de atribuições, uma divindade meio que compósita, já que era o chefão do comércio, da abundância, o encarregado dos mensageiros, do mundo inferior, bem como o patrono de ladrões e bandidos e, o que não chega a surpreender, da sorte. O grupo convidou Mercúrio para jantar e ofereceu-lhe as tartarugas como aperitivo. Percebendo que tinha sido convidado apenas para livrar os pescadores da comida indesejada, Mercúrio forçou-os a ingerir todas as tartarugas, estabelecendo assim o princípio de que precisamos comer o que damos de comer aos outros.

* *Ipsi testudines edite, qui cepistis.*

TODO DIA NASCE UM NOVO CLIENTE

Das minhas próprias experiências ingênuas extraí uma lição:

> *Cuidado com a pessoa que dá conselhos dizendo-lhe que determinada ação é "boa para você", ao mesmo tempo em que é boa também para ela, sendo que o dano afeta diretamente você, e não a pessoa que lhe dá o conselho.*

Claro que tal conselho geralmente não é solicitado. A assimetria ocorre quando tal conselho se aplica a você, mas não à pessoa — quem aconselha pode estar tentando lhe vender alguma coisa ou fazer com que você se case com a filha dele ou contrate seu genro.

Anos atrás recebi uma carta de um agente de palestras. A missiva era cristalina; continha cerca de dez perguntas do tipo "Você tem tempo para responder a pedidos e solicitações?" e "Você consegue dar conta de organizar uma viagem?". A essência disso era que um agente de palestras tornaria minha vida melhor e abriria espaço para a busca de conhecimento ou qualquer outra coisa sobre a qual eu estivesse interessado em discorrer (uma compreensão mais profunda da jardinagem, coleções de selos, genética mediterrânea ou receitas de pasta com tinta de lula), enquanto o fardo dos fortes e resolutos recairia sobre outra pessoa. E ele não era um agente de palestras qualquer: somente *ele* seria capaz de fazer todas essas coisas; ele lê livros e consegue entrar na mente dos intelectuais (na época não me senti insultado por ser chamado de intelectual). Como é típico de pessoas que oferecem conselhos não solicitados, suspeitei de tramoia: em vários momentos do discurso ele repetiu que aquilo era "bom para mim".

Como um otário, embora eu não acreditasse na lábia do sujeito e seus argumentos não me convencessem, acabei fazendo negócio com ele, deixando-o cuidar do agendamento de uma palestra no país onde ele estava baseado. As coisas correram bem até que, seis anos depois, recebi uma carta das autoridades fiscais daquele país. Imediatamente o contatei para perguntar se outros cidadãos norte-americanos que ele havia agenciado também tiveram o mesmo problema fiscal, ou se ele tinha ouvido falar de situações semelhantes. Sua resposta foi imediata e sucinta: "Não sou um advogado tributarista", e não me ofereceu nenhuma informação sobre se outros clientes estadunidenses que o contrataram porque seria "bom para eles" tiveram um problema similar.

De fato, na dúzia de casos que consigo extrair da memória, no fim sempre fica claro que aquilo que é apresentado como bom para você na verdade *não é* bom para você, mas certamente é bom para a outra parte. Como trader, você aprende a identificar e lidar com pessoas honestas, aquelas que informam de cara que têm algo para vender, explicando que a transação resultará em benefício para elas com questões como "Você tem um *machado*?" (uma indagação para saber se a pessoa tem um certo interesse). Evite a todo custo aqueles que o procuram para vender determinado produto disfarçado como conselho. De fato, a narrativa da tartaruga é o arquétipo da história das transações entre os mortais.

Certa vez trabalhei para um banco de investimentos norte-americano, um daqueles bem prestigiados, chamados de "sapato branco" porque os sócios eram membros de exclusivíssimos clubes de golfe frequentados por protoaristocratas que davam suas tacadas usando tênis brancos. Tal como acontece com todas as empresas desse tipo, uma imagem de ética e profissionalismo era cultivada, enfatizada e protegida. Mas o trabalho dos vendedores (todos homens, diga-se de passagem) nos dias em que usavam sapatos pretos era "desovar" o inventário com as opções das quais os traders estavam "abarrotados", isto é, títulos que figuravam em excesso e dos quais precisavam se livrar para diminuir o seu perfil de risco. Vender para outros negociadores e especialistas no pregão estava fora de questão, já que os traders profissionais, normalmente não golfistas, percebiam o excesso de estoque e faziam com que o preço desabasse. Então eles precisavam vender para algum cliente, no que é chamado de "buy side". Alguns traders pagavam sua equipe de vendas com (porcentagem) "pontos", uma remuneração variável que aumentava a nossa avidez por nos desfazermos de títulos. Os vendedores levavam os clientes para jantar, pediam vinhos caros (muitas vezes, ostensivamente o mais dispendioso do cardápio) e obtinham um enorme retorno em cima dos milhares de dólares gastos com as contas de restaurantes descarregando sobre os clientes tudo que era indesejado. Um vendedor especialista me explicou com franqueza: "Se eu pagar para o cliente — algum cara que trabalha para o departamento financeiro de um município e que compra ternos numa loja barata em Nova Jersey — uma garrafa de vinho de 2 mil dólares, passo a ser seu dono pelos próximos meses. Ele pode me render pelo menos 100 mil dólares. Nada no mercado dá tanto retorno".

Com seu discurso embusteiro, os vendedores alardeavam como determinado título seria perfeito para a carteira de investimentos do cliente, como eles tinham certeza de que subiria de preço e como o cliente se arrependeria caso perdesse "aquela baita oportunidade" — esse tipo de conversa fiada. Vendedores são especialistas na arte da manipulação psicológica, levando o cliente a fazer negócios, muitas vezes contra seu próprio interesse, e deixando-o feliz da vida, idolatrando o vendedor e sua firma. Um dos melhores vendedores da empresa, um homem com um enorme carisma que ia para o trabalho em um Rolls-Royce com chofer, certa vez foi indagado se os clientes não ficavam chateados quando se davam mal por ficar com a pior parte da transação. "O negócio é roubá-los, não irritá-los", foi sua resposta. Ele também acrescentou: "Lembre-se de que todo dia nasce um novo cliente".

Como os romanos sabiam muito bem, o vendedor elogia alegremente a mercadoria para se livrar dela.*

O PREÇO DO MILHO EM RODES

Então, "dar conselhos" à guisa de um discurso de vendas ou técnica de persuasão comercial é fundamentalmente antiético — vender e aconselhar não podem ser considerados a mesma coisa. Isso é líquido e certo, e nesse ponto podemos concordar. Uma pessoa pode aconselhar, ou pode vender (propagandeando a qualidade do produto), e os dois precisam ser ações distintas.

Mas há um problema associado no curso das transações: quanto o vendedor deve revelar ao comprador?

A questão "É ético vender algo para alguém sabendo que o preço vai acabar caindo?" é antiga, mas sua solução não é menos clara. O debate remonta a uma divergência entre dois filósofos estoicos, Diógenes da Babilônia e seu aluno Antípatro de Tarso, que reivindicava a superioridade moral em informações assimétricas e parece compartilhar da ética endossada por este autor.

* *Plenius aequo Iaudat venalis qui vult extrudere merces* — Horácio.

Não sobreviveu nenhuma obra escrita por ambos, mas sabemos o bastante a partir de fontes secundárias, ou, no caso de Cícero, terciárias. A pergunta foi apresentada da seguinte forma, conforme Cícero relata tim-tim por tim-tim no tratado *Livro dos ofícios*. Suponha que um homem traga um grande carregamento de milho de Alexandria para Rodes, numa época em que o milho era caro em Rodes por causa da escassez e da fome. Suponha que ele também soubesse que muitos barcos tinham zarpado de Alexandria rumo a Rodes carregados de suprimentos de mercadoria semelhante. Ele deve informar isso aos moradores de Rodes? Como alguém pode agir de maneira honrosa ou desonrosa nessas circunstâncias?

Nós traders tínhamos uma resposta clara. Mais uma vez, "desovar", ou seja, vender quantidades para as pessoas sem informá-las de que havia enormes estoques esperando para serem vendidos. Um trader honesto não fará isso com outros traders profissionais; isso era proibido. A penalidade era o ostracismo. Mas era mais ou menos tolerável fazê-lo no mercado anônimo e com os não traders anônimos, ou os que chamávamos de "os suíços", uns otários sem importância. Havia pessoas com quem tínhamos camaradagem e afinidade *relacional*, outras com quem tínhamos uma relação *transacional*. Os dois tipos eram separados por um muro ético, de modo muito parecido com o caso de animais domésticos que não podem sofrer maus-tratos, enquanto as regras sobre a crueldade são revogadas quando se trata de uma barata.

Diógenes alegou que o vendedor deveria divulgar tanto quanto a lei civil exigia. Já Antípatro acreditava que tudo deveria ser divulgado — além da lei —, de modo que o vendedor não soubesse de nada que fosse desconhecido do comprador.

Claramente a posição de Antípatro é mais robusta — a noção de robusta sendo invariável com relação ao tempo, lugar, situação e cor dos olhos dos participantes. Por ora digamos que

O ético é sempre mais robusto que o legal. Com o passar do tempo, é o legal que deve convergir para o ético, nunca o contrário.

Consequentemente:

Leis vêm e vão; a ética permanece.

Pois a noção de "lei" é ambígua e altamente dependente da jurisdição: nos Estados Unidos a lei civil, graças aos defensores do consumidor e movimentos semelhantes, integra tais divulgações, ao passo que outros países têm leis diferentes. Isso é particularmente visível nas leis de valores mobiliários, pois há regulamentos de *front running* (quando o investidor se aproveita de alguma informação recebida de antemão para concluir uma negociação antes dos outros) e normas relacionadas a informações privilegiadas que tornam essa divulgação obrigatória nos EUA, embora por muito tempo isso não tenha sido a regra na Europa.

Na verdade, na minha época grande parte do trabalho dos bancos de investimento era jogar com as normas e regulamentos, encontrar brechas nas leis. E, de maneira contraintuitiva, quanto mais regulamentações, mais fácil era ganhar dinheiro.

IGUALDADE NA INCERTEZA

O que nos leva à assimetria, o conceito central por trás da noção de arriscar a própria pele. A questão passa a ser: até que ponto pessoas envolvidas em uma transação podem ter entre elas um diferencial informacional? O Antigo Mediterrâneo e, até certa medida, o mundo moderno parecem ter convergido para a posição de Antípatro. Embora tenhamos o "cuidado aí, comprador" (*caveat emptor* — em tradução livre, "o risco é do comprador") no Ocidente anglo-saxão, a ideia é bastante nova, e nunca geral, muitas vezes mitigada por "leis do limão" (originalmente um "limão" era um carro que estava sempre com defeito — por exemplo, o meu Mini conversível, eternamente na oficina mecânica —, mas agora o termo foi generalizado para se aplicar a qualquer coisa que se mova).

Assim, acerca da questão formulada por Cícero no debate entre os dois antigos estoicos, "*Se um homem deliberadamente coloca à venda vinho que está estragando, ele deve contar aos seus clientes?*", o mundo está se aproximando mais da posição de transparência, não necessariamente por meio de normas e regulamentações, mas também graças a leis de responsabilidade civil e à capacidade do indivíduo de processar por danos o vendedor que o enganar. Lembre-se de que as leis de responsabilidade civil devolvem risco ao vendedor — e é por isso que elas são tão insultadas, odiadas pelas corporações. Mas as leis de responsabilidade civil têm efeitos colaterais — elas deveriam ser usadas apenas de maneira não ingênua, ou seja, de uma forma tal que não pudessem ser manipuladas nem fraudadas. Como veremos na discussão da visita ao médico, elas serão manipuladas e fraudadas.

A *sharia*, em particular a lei que regulamenta as transações e as finanças islâmicas, é de nosso interesse na medida em que preserva alguns dos métodos e práticas babilônios e mediterrâneos perdidos — e não é para fortalecer o ego dos príncipes sauditas. Ela existe na interseção entre a lei greco-romana (conforme refletida no contato dos povos dos territórios semíticos com a escola de direito de Berytus, atual Beirute), regras de comércio fenícias, legislações babilônicas e costumes comerciais tribais árabes e, como tal, propicia um repositório da antiga sabedoria e tradição mediterrâneas e semíticas. Vejo, portanto, a *sharia* como um museu da história das ideias sobre simetria em transações. A *sharia* estabelece o interdito da *gharar*, suficientemente drástica para ser totalmente banida em qualquer forma de transação. É um termo extremamente sofisticado na teoria da decisão que não existe em português; significa tanto incerteza quanto engano — minha opinião pessoal é que significa algo além da assimetria informacional entre agentes: *desigualdade de incerteza*. De forma simples, uma vez que o objetivo é que ambas as partes em uma transação tenham a mesma incerteza frente a resultados aleatórios, a assimetria torna-se equivalente a roubo. Ou em termos mais concretos:

> *Nenhuma pessoa em uma transação deve ter certeza sobre o resultado enquanto a outra pessoa tem incerteza.*

A *gharar*, como todo constructo legalista, terá suas falhas; continua mais fraca que o enfoque de Antípatro. Se apenas uma das partes em uma transação tiver certeza até o fim, trata-se de uma violação da *sharia*. Mas se há uma forma fraca de assimetria, digamos, alguém tem informação privilegiada que lhe dá uma vantagem no mercado financeiro, não há *gharar*, pois ainda resta incerteza suficiente para ambas as partes, dado que o preço está no futuro, e só Deus conhece o futuro. Por outro lado, vender um produto defeituoso (quando há certeza quanto ao defeito) é ilegal. Portanto, o conhecimento por parte do vendedor de milho em Rodes, no meu primeiro exemplo, não se enquadra na *gharar*, enquanto o segundo caso, o do vinho estragado, poderia ser classificado como *gharar*.

Como vemos, o problema da assimetria é tão complicado que diferentes escolas de pensamento oferecem diferentes soluções éticas; então, examinemos a perspectiva talmúdica.

RAV SAFRA E OS SUÍÇOS

A ética judaica acerca do tema está mais próxima de Antípatro do que Diógenes em seus objetivos de transparência. Não só deve haver transparência com relação à mercadoria, mas talvez seja obrigatório haver transparência em relação ao que o vendedor tem em mente, o que ele pensa *lá no fundo*. O rabino medieval Shlomo Yitzhaki (também conhecido como Salomon Isaacides), chamado de "Rashi", relata a seguinte história. Rav Safra, um erudito babilônico do século III que também era um trader ativo, estava vendendo alguns produtos. Enquanto ele orava em silêncio, um comprador chegou e tentou adquirir a mercadoria a um preço inicial e, como o rabino não respondeu, aumentou o oferta. Mas Rav Safra não tinha intenção de vender a um preço mais alto do que a oferta inicial, e julgou que deveria honrar a *intenção* inicial. Agora a pergunta: Rav Safra é obrigado a vender pelo preço inicial, ou deveria aceitar a melhor oferta?

Essa transparência total não é absurda e não é incomum no que parece ser um mundo cruel e implacável de transações, meu antigo mundo de negociações no mercado financeiro. Atuando como trader, muitas vezes enfrentei esse problema, e vou tomar o partido do Rav Safra no debate. Sigamos a lógica. Lembre-se da voracidade dos vendedores no início do capítulo. Às vezes eu oferecia algo para ser vendido por, digamos, cinco dólares, mas me comunicava com o cliente por meio de um vendedor, e o vendedor voltava com uma "melhoria" de dez centavos. Alguma coisa naqueles dez centavos extras nunca me pareceu correto. Não era, simplesmente, uma forma sustentável de fazer negócios. E se mais tarde o cliente descobrisse que a minha oferta inicial era de cinco dólares? Nenhum lucro vale a sensação de vergonha. O sobrepreço cai na mesma categoria que o ato de "desovar" mercadorias ruins para "empanturrar" as pessoas. Agora, aplicando isso à história do Rav Safra, e se ele vendesse para um cliente pelo preço marcado, e exatamente o mesmo item a outro cliente pelo preço inicial, e os dois compradores se conhecessem? E se fossem agentes do mesmo cliente?

Pode não ser eticamente necessário, mas a diretriz política mais eficaz e isenta de vergonha é a máxima transparência, até mesmo a transparência de intenções.

No entanto, a história não nos diz se o comprador era um "suíço", um dos forasteiros para os quais nossas regras éticas não se aplicam. Desconfio que haveria uma espécie para a qual nossas regras éticas seriam afrouxadas ou possivelmente suspensas. Lembre-se da nossa discussão sobre Kant: a teoria é teórica demais para os seres humanos. Quanto mais confinada nossa ética, quanto menos abstrata, melhor. Caso contrário, como veremos com o resultado de Elinor Ostrom mais adiante neste capítulo, o sistema não consegue funcionar devidamente. E, antes de Ostrom, nosso velho amigo Friedrich Nietzsche entendeu:

Piedade para todos seria dureza e tirania contra ti mesmo, meu caro.

Nietzsche, a propósito, é a única pessoa com quem Tony Gordo (ao ouvir suas citações) disse que jamais debateria.

MEMBROS E NÃO MEMBROS

Pois a exclusão dos "suíços" do nosso âmbito ético não é trivial. As coisas não "escalam" e generalizam, razão pela qual tenho problemas com intelectuais falando sobre noções abstratas. Um país não é uma cidade grande, uma cidade não é uma família numerosa e, desculpe, o mundo não é uma grande aldeia. Existem transformações de escala que discutiremos aqui e no apêndice do livro III.

Quando os atenienses tratam da mesma maneira todas as opiniões e discutem "democracia", aplicam-na apenas a seus cidadãos, não aos escravizados ou aos metecos (os estrangeiros residentes na *pólis*, o equivalente a portadores de *green card* ou do visto H-1B). Efetivamente, o código de Teodósio (ou Teodosiano) privou de seus direitos legais os cidadãos romanos que se casassem com "bárbaros" — portanto, deixaram de ter paridade ética. Perderam a filiação ao clube. Quanto à ética judaica: distingue entre sangue espesso e sangue ralo: somos todos irmãos, mas alguns são mais irmãos que outros.

Cidadãos livres, em sociedades antigas e pós-clássicas, eram tradicionalmente membros de clubes, com regras e comportamentos semelhantes aos dos clubes de campo de hoje, com um interior e um exterior. Como bem sabem os sócios, o próprio propósito de agremiações desse tipo é a exclusão e a limitação de tamanho. Os espartanos podiam caçar e matar hilotas — servos não cidadãos com status de escravizados — para *treinar*, mas de resto eram iguais aos outros espartanos e deles esperava-se que morressem em nome de Esparta. As grandes cidades do mundo antigo pré-cristão, particularmente no Levante* e na Ásia Menor, estavam repletas de confrarias, irmandades e clubes, sociedades abertas e (amiúde) secretas — havia até mesmo clubes funerários, cujos membros dividiam os custos e participavam de cerimoniais fúnebres.

Os povos romani de hoje (também conhecidos como ciganos) têm toneladas de regras estritas de comportamento para com os ciganos, e outras tantas para com os *impuros* não ciganos chamados *payos*. E, como observou o antropólogo David Graeber, até mesmo o banco de investimentos Goldman Sachs, conhecido por sua agressiva e desmedida avareza, comporta-se *internamente* como uma comunidade comunista, graças ao sistema de governança por parceria.

Assim, exercemos nossas regras éticas, mas há um limite — decorrente da escala — além do qual as regras deixam de se aplicar. É lamentável, mas o geral mata o específico. A questão que reexaminaremos mais tarde, após uma discussão mais aprofundada da teoria da complexidade, é se é possível ser ao mesmo tempo ético e universalista. Em teoria, sim, mas, infelizmente, não na prática. Pois, sempre que o "nós" se torna um clube grande demais, as coisas se degradam e cada um começa a lutar por seu próprio interesse. O abstrato é

---

* Levante (mediterrâneo) é um termo geográfico impreciso que se refere, historicamente, a uma grande área do Oriente Médio ao sul dos montes Tauro, limitada a oeste pelo Mediterrâneo e a leste pelo deserto da Arábia setentrional e pela Mesopotâmia. De forma geral, a região se resume a Síria, Jordânia, Israel, Palestina, Líbano e Chipre. Outras fontes definem o Levante de maneira mais ampla, incluindo porções da Turquia, do Iraque, da Arábia Saudita e do Egito. (N. T.)

abstrato demais para nós. Essa é a principal razão pela qual defendo sistemas políticos que começam com o município e seguem um caminho ascendente (ironicamente, como na Suíça, aqueles "suíços"), e não o inverso, que fracassou nos estados maiores. Ser um tanto tribal não é algo ruim — e temos que trabalhar de uma maneira fractal nas harmoniosas relações organizadas entre as tribos, em vez de fundir todas as tribos em uma única e imensa sopa. Nesse sentido, um federalismo ao estilo estadunidense é o sistema ideal.

Essa transformação de escala do específico para o geral está por trás do meu ceticismo quanto à globalização desenfreada e aos grandes e centralizados Estados multiétnicos. O físico e pesquisador de complexidade Yaneer Bar-Yam mostrou de forma bastante convincente que "cercas melhores fazem melhores vizinhos", algo que tanto "formuladores de políticas oficiais" quanto governos locais são incapazes de entender com relação ao Oriente Próximo. A escala é importante, vou continuar repetindo até ficar rouco. Colocar xiitas, cristãos e sunitas dentro de um mesmo caldeirão e pedir-lhes que cantem "Kumbaya" ao redor da fogueira enquanto enlaçam as mãos em nome da unidade e da fraternidade do mundo não deu certo (os intervencionistas ainda não estão cientes de que "deveria" não é uma declaração suficientemente válida do ponto de vista empírico para "construir nações"). Culpar as pessoas por serem "sectárias" — em vez de tirar o máximo proveito possível dessa tendência natural — é uma estupidez dos intervencionistas. Separe as tribos para propósitos administrativos (como fizeram os otomanos), ou simplesmente coloque alguns marcos geográficos aqui e ali, e de repente eles se tornam amigos uns dos outros.* O Levante sofreu (e continua sofrendo) por conta da atuação de arabistas ocidentais (geralmente anglo-saxões) enamorados de seu objeto e sem nunca arriscar a própria pele, e que por algum motivo foram imbuídos da malévola missão de destruir culturas e línguas nativas locais e separar o Levante de suas raízes mediterrâneas.**

---

* Mesmo à época os otomanos não foram tão longe e não chegaram ao ponto de conceder a autonomia. Alguns argumentam que se os armênios tivessem atendido ao apelo do romancista Raffi por autonomia adicional, as tragédias da década de 1890 e de 1915 teriam sido mitigadas.
** O chefe da Liga Árabe, um certo Amr Moussa, ficou horrorizado com uma de minhas palestras em que descrevi em linhas gerais a noção de que "boas cercas fazem bons vizinhos". Ele ficou ofendido com minha mensagem que "promovia o sectarismo". A estratégia comum da maioria sunita dominante nos países de língua árabe tem sido chamar de "sectarismo" qualquer tentativa

Mas não precisamos ir muito longe para entender a importância da escala e do dimensionamento. Sabe-se instintivamente que as pessoas se dão melhor quando são vizinhas do que quando são colegas de quarto.

Quando pensamos sobre isso, é óbvio, até mesmo banal, a partir do notório comportamento de multidões no "anonimato" das grandes cidades em comparação com grupos em pequenas aldeias. Passo algum tempo no meu vilarejo ancestral, onde a sensação é de pertencer a uma grande família. As pessoas vão aos funerais (clubes funerários eram coisa de cidades grandes), ajudam-se entre si e se preocupam com os vizinhos, mesmo que odeiem os cachorros deles. Não há como obter a mesma coesão em uma cidade maior quando "o outro" é uma entidade teórica, e nosso comportamento em relação a esse indivíduo é regido por alguma regra ética geral e não por alguém de carne e osso. Conseguimos entender isso com facilidade quando visto dessa maneira, mas fracassamos quando se trata de generalizar que a ética é algo fundamentalmente local.

Ora, qual é o motivo? A modernidade enfiou na nossa cabeça que existem duas unidades: a individual e a coletiva universal — nesse sentido, arriscar a própria pele para você seria apenas para *você*, como uma unidade. Na realidade, minha pele faz parte de um grupo mais amplo, que inclui uma família, uma comunidade, uma tribo, uma fraternidade. Mas é impossível que isso seja o universal.

NON MIHI NON TIBI, SED NOBIS (NEM MEU NEM SEU, MAS NOSSO)

Entremos no cerne da ideia de Ostrom. A "tragédia dos bens comuns", conforme expõem os economistas, é a seguinte: os bens comuns são uma propriedade coletiva, digamos, uma floresta ou área de pesca ou a praça pública

---

de um grupo no sentido de estabelecer autonomia (ironicamente, essas pessoas, quando ricas, quase sempre têm casas na Suíça). É sempre conveniente invocar o universalismo quando se é maioria. Como eles são bons em rótulos, também o acusam de "racismo" se, como os curdos, maronitas e coptas, você fizer qualquer declaração, por mais remota, sobre autogoverno. O termo "racismo" sofreu alguma desvalorização, pois pode ser engraçado observar iraquianos e curdos chamando-se uns aos outros de racistas tanto por desejarem a autodeterminação curda quanto por se oporem a ela.

local. Coletivamente, os agricultores, como comunidade, preferem evitar o pastoreio intensivo e os pescadores, a pesca predatória e excessiva — porque isso degrada os recursos. Mas cada fazendeiro ou pescador individual teria ganhos pessoais com seu próprio sobrepastoreio ou sobrepesca, sob a condição, é claro, de que os outros não. E é isso que assola o socialismo: os interesses individuais das pessoas não funcionam bem sob a égide do coletivismo. Mas é um erro decisivo pensar que as pessoas só podem funcionar sob um sistema de propriedade privada.

O que Ostrom constatou empiricamente é que existe um certo tamanho de comunidade abaixo do qual as pessoas agem como coletivistas, protegendo os recursos comuns, como se toda a unidade se tornasse racional. Tais bens comuns não podem ser grandes demais. É como um clube. Grupos se comportam de maneira diferente em escalas diferentes. Isso explica por que o municipal é diferente do nacional. Também explica como as tribos funcionam: você faz parte de um grupo específico que é maior que o estreito *você*, mas mais estreito que a humanidade em geral. De maneira decisiva, as pessoas compartilham algumas coisas, *mas não outras*, dentro de um grupo específico. E existe um protocolo para lidar com o exterior. As tribos de pastores árabes têm firmes regras de hospitalidade em relação a forasteiros não hostis que não ameaçam seus bens comuns, mas ficam violentas quando o forasteiro se mostra uma ameaça.

> *A definição arriscar-a-própria-pele de um bem comum: um espaço no qual você é tratado pelos outros da mesma maneira que você os trata, onde todos põem em prática a Regra de Prata.*

O "bem público" é algo abstrato, retirado de um livro didático. Veremos adiante, no capítulo 19, que o "indivíduo" é uma entidade mal definida. É mais provável que "eu" seja um grupo e não uma única pessoa.

VOCÊ ESTÁ NA DIAGONAL?

Um gracejo dos irmãos Geoff e Vince Graham resume o ridículo do universalismo político desprovido de escala.

Eu sou, em nível federal, libertário;
em nível estadual, republicano;
em nível local, democrata;
e no nível da família e dos amigos, um socialista.

Se esse dito espirituoso não o convence da fatuidade dos rótulos da esquerda versus direita, nada será capaz de fazê-lo.

Os suíços são obsessivos com relação à governança — e, de fato, o sistema político deles não é nem "de esquerda" nem "de direita", mas baseado na governança. Certa vez o ponderado matemático Hans Gersbach organizou em Zurique uma oficina sobre arriscar a própria pele, cujo tema girou em torno de como recompensar (e punir) adequadamente políticos cujos interesses não estão alinhados com os das pessoas que eles representam. Ocorreu-me que se as coisas funcionam bem na Suíça e em outros países germânicos, não é tanto por causa da responsabilização, mas pelo dimensionamento das escalas, o que os torna bastante propícios à responsabilidade com ética: a Alemanha é uma federação.

A seguir, vamos generalizar para o compartilhamento de riscos.

TODOS (LITERALMENTE) NO MESMO BARCO

O grego é uma língua de precisão; tem uma palavra que descreve o oposto da transferência de risco: compartilhamento de risco. *Synkyndineo* significa "assumir riscos juntos", o que era um requisito em transações marítimas.*

O livro dos *Atos dos Apóstolos* descreve uma viagem de Paulo de Tarso a bordo de um navio de carga de Sídon a Creta e de lá para Malta. O barco é atingido por uma tempestade: "*Depois de haverem comido até ficarem plenamente saciados, aliviaram o peso do navio, lançando todo o trigo ao mar*".

Ora, embora tenham descartado bens *particulares*, todos os proprietários deveriam repartir proporcionalmente entre si os custos da mercadoria perdida, não apenas os proprietários específicos da mercadoria perdida. Pois acontece

---

* "Pois quem hoje derrama comigo seu sangue passará a ser meu irmão" (Shakespeare, *Henrique V*).

que eles estavam seguindo uma prática que remontava a pelo menos 800 a.C., codificada na *Lex Rhodia*, Lei de Rodes, que recebeu o mesmo nome da ilha mercantil de Rodes, situada no mar Egeu; o código não existe mais, mas vem sendo citado desde a Antiguidade. A prática estipula que os riscos e custos de acontecimentos fortuitos devem ser repartidos igualmente, sem levar em conta a preocupação com responsabilidade. O código de Justiniano resume isso:

> A lei de Rodes estabelece que nos casos em que mercadorias são lançadas ao mar com o propósito de aliviar o peso de um navio, o que foi perdido para o benefício de todos deve ser compensado pela contribuição de todos.

E o mesmo mecanismo de compartilhamento de riscos ocorria com caravanas ao longo de rotas desérticas. Se a mercadoria fosse roubada ou perdida, todos os mercadores tinham que dividir os custos, não apenas o dono dos produtos.

O vocábulo *synkyndineo* foi traduzido para o latim pelo mestre classicista Armand D'Angour como *compericlitor*; portanto, se algum dia chegar ao inglês, deverá ser *compericlity* [copericilitância] e seu contrário, a transferência de risco de Bob Rubin, será *incompericlity* [incompericilitância]. Mas acho que, nesse meio-tempo, "compartilhamento de risco" vai ter de servir.

A seguir, discutiremos algumas distorções da introdução da noção de arriscar a própria pele.

VENDENDO O PEIXE

Certa vez fui à televisão para divulgar um livro recém-publicado e fiquei preso no estúdio, recrutado para fazer parte de uma mesa-redonda com dois jornalistas mais o âncora do programa. O assunto do dia era a Microsoft. Todos, inclusive o âncora, deram seu pitaco. Quando chegou a minha vez, eu disse: "Não tenho ações da Microsoft, não sofro de escassez de ações da Microsoft [isto é, me beneficiaria com seu declínio], por isso não posso falar a respeito". Repeti o que afirmei no prólogo (parte 1): *Não me diga o que você pensa, apenas me diga o que está em seu portfólio.* Vi no rosto deles uma confusão incrível: em geral um jornalista não deveria falar sobre ações que ele possui — e, o que é pior, ele supostamente deve sempre, sempre fazer pronunciamentos sobre lugares que mal consegue encontrar em um mapa. Um jornalista deve ser um "juiz" imparcial, ainda que, diferentemente de Sisamnés no Julgamento de Cambises, a chance de fazerem um uso secundário de sua pele é bem pequena.

Existem duas formas de "vender o peixe". Uma consiste em comprar uma ação porque você gosta dela, *depois* comentar sobre ela (assim revelando que a comprou) — o defensor mais confiável de um produto é seu usuário.* Outra é comprar uma ação para que você possa divulgar as qualidades da empresa, *depois* vendê-la, beneficiando-se do alarde — isso se chama manipulação de mercado, e é certamente um conflito de interesses. Removemos as consequências de arriscar-a-própria-pele dos jornalistas a fim de evitar a manipulação do mercado, julgando que seria um ganho líquido para a sociedade. Os argumentos apresentados neste livro são que o primeiro (a manipulação de mercado) e os conflitos de interesse são mais benignos do que a impunidade para os péssimos conselhos. A principal razão, veremos, é que, ao não arriscar a própria pele, os jornalistas vão imitar, para não correrem risco, a opinião de outros jornalistas, criando assim discursos homogêneos e ilusões coletivas.

Em geral, arriscar a própria pele vem com um conflito de interesses. O que eu espero que este livro faça é mostrar que o primeiro é mais importante que o último. Não há problema se as pessoas tiverem um conflito de interesses se isso for congruente com o risco de perda para elas mesmas.

UMA BREVE VISITA AO CONSULTÓRIO MÉDICO

O médico não tem o problema de Anteu: a medicina, embora envolta pelo manto da ciência, é fundamentalmente baseada no aprendizado e, como a engenharia, baseada na experiência, não apenas na experimentação ou em teorias. Enquanto economistas dizem "suponha que..." e fabricam teorias bizarras, os médicos se recusam a aceitar isso. Portanto, arriscam a própria pele em muitos

---

* Usuários de produtos são mais confiáveis por causa de uma filtragem natural. Comprei um carro elétrico — um Tesla — porque meu vizinho estava entusiasmado com o dele (que arriscou a própria pele), e durante alguns anos vi que sua empolgação se manteve. Nenhuma quantidade de publicidade será páreo para a credibilidade de um usuário genuíno.

níveis, exceto talvez no efeito de agência que separa o cliente do fornecedor/ prestador de serviço. E tentativas de arriscar a própria pele ocasionaram certa classe de efeitos adversos, ao deslocar a incerteza do médico para o paciente.

O sistema legal e as medidas regulatórias tendem a arriscar a pele do médico do jeito errado.

Como? O problema reside na confiança nas métricas. Toda métrica é manipulável e suscetível a trapaça — a redução do colesterol que mencionamos no prólogo (parte 1) é uma técnica de manipulação de métrica levada a seu limite. De forma mais realista, digamos que um médico oncologista ou um hospital do câncer é julgado pelas taxas de sobrevida de cinco anos dos pacientes e precisa enfrentar uma variedade de modalidades para um novo paciente: que opção de tratamento escolheriam fazer? Existe uma compensação entre a cirurgia a laser (um procedimento cirúrgico preciso) e a radioterapia, que é tóxica tanto para o paciente quanto para o câncer. Estatisticamente, a cirurgia a laser pode ter piores resultados em cinco anos do que a radioterapia, mas a segunda tende a criar novos tumores a longo prazo e oferece uma sobrevida específica comparativamente reduzida de vinte anos. Dado que a janela usada para o cálculo da sobrevivência do paciente é de cinco anos, não vinte, o incentivo é para tentar a radiação.

Assim, é provável que o médico esteja no processo de afastar para longe de si a incerteza, escolhendo a segunda melhor opção.

O sistema força o médico a transferir o risco de si para o paciente, e do presente para o futuro, ou do futuro imediato para um futuro mais distante.

Você precisa se lembrar de que, quando visitar um consultório médico, você terá diante de si alguém que, apesar do comportamento revestido de autoridade, está em uma situação frágil. Ele não é você, não é membro de sua família, então não sentirá nenhuma perda emocional direta caso a sua saúde sofra alguma degradação. O objetivo do médico é, naturalmente, evitar um processo judicial, algo que pode ser desastroso para sua carreira.

Algumas métricas podem, verdade seja dita, matar você. Agora, digamos que você visite um cardiologista e descubra que se enquadra na categoria de risco leve, algo que não aumenta o seu risco de sofrer um evento cardiovascular, mas que precede o estágio de uma condição de saúde possivelmente preocupante (há uma forte não linearidade: uma pessoa classificada como pré-diabética ou pré-hipertensa está, no espaço de probabilidade, 90% mais próxima de uma pessoa normal do que de uma com a doença). Mas o médico é pressionado a tratar você para proteger a si mesmo. Se você cair morto algumas semanas após a consulta, um evento de baixa probabilidade, o médico pode ser processado por negligência, por não ter receitado o remédio correto, que temporariamente é tido como útil (como no caso das estatinas), mas que agora sabemos que só foi respaldado por estudos duvidosos ou incompletos. No fundo, talvez o médico saiba que as estatinas são prejudiciais, pois resultam em efeitos colaterais a longo prazo. Mas as empresas farmacêuticas conseguiram convencer todo mundo de que essas consequências ocultas são inofensivas, quando a abordagem preventiva correta é considerar o invisível potencialmente prejudicial. Na verdade, para a maioria das pessoas, exceto as que estão muito doentes, os riscos superam os benefícios. A não ser pelo fato de que os riscos médicos a longo prazo estão ocultos; eles vão se manifestar a longo prazo, ao passo que o risco legal é imediato. Isso não é diferente do negócio de transferência de risco de Bob Rubin, de postergar os riscos e fazer com que pareçam invisíveis.

Ora, alguém é capaz de tornar a medicina menos assimétrica? Não diretamente; a solução, como argumentei em *Antifrágil* e de forma mais técnica em outros textos, é que o paciente evite o tratamento quando está apenas um pouco doente, mas use remédios para os "eventos de cauda", isto é, para condições severas que raramente ocorrem. O problema é que os pacientes levemente doentes representam um grupo de pessoas muito maior do que as que padecem de enfermidades graves — e são pessoas que, espera-se, vivam mais e consumam medicamentos por mais tempo — portanto, as empresas farmacêuticas têm um incentivo para se concentrar nelas (os mortos, me disseram, param de tomar remédio).

Em suma, tanto o médico quanto o paciente arriscam a própria pele, embora não perfeitamente, mas os administradores não — e eles parecem ser a causa do desconcertante mau funcionamento do sistema. Administradores em todos os lugares do planeta, em todos os ramos, setores, atividades e empreendimentos, e em todos os momentos da história, têm sido uma verdadeira praga.

A SEGUIR

Este capítulo apresentou-nos ao problema da agência e ao compartilhamento de riscos, de um ponto de vista comercial e ético, pressupondo-se que os dois possam ser desembaraçados. Também fomos introduzidos ao problema de escala. A seguir, tentaremos nos aprofundar nas assimetrias ocultas que fazem dos agregados estranhos animais.

Livro III

A maior das assimetrias

2. O mais intolerante vence: o domínio da minoria teimosa

Por que você não precisa fumar na área de fumantes — Suas opções de comida na queda do rei saudita — Como evitar que um amigo trabalhe com afinco demais — A conversão de Omar Sharif — Como fazer um mercado entrar em colapso

A principal ideia por trás de sistemas complexos é que o conjunto se comporta de maneiras que não podem ser previstas por seus componentes. As interações importam mais do que a natureza das unidades. Estudar formigas individuais quase *nunca* nos dará uma indicação clara de como funciona a colônia. Para isso, é preciso entender uma colônia de formigas como uma colônia de formigas, nada menos, nada mais, não como uma coleção de formigas. Isso é chamado de propriedade "emergente" do todo, pela qual as *partes* e o *todo* diferem porque o que importa são as interações entre essas partes. E as interações podem obedecer a regras muito simples.

    A regra que discutiremos neste capítulo é a regra da *minoria*, a mãe de todas as assimetrias. Basta que uma minoria intransigente — um certo tipo de minoria intransigente — que arrisca de maneira significante a própria pele (ou, melhor, se dedica de corpo e alma) para alcançar um nível diminutamente pequeno, digamos 3% ou 4% da população total, para que a população inteira tenha que se submeter a suas preferências. Ademais, uma ilusão de ótica vem a reboque com a dominação da minoria: um observador ingênuo (que olha para a média padrão) ficaria com a impressão de que as escolhas e preferências são as da maioria. Se parece absurdo, é porque nossas intuições científicas não estão calibradas para isso (deixa as intuições científicas e acadêmicas e os juízos precipitados pra lá; eles não funcionam, e sua intelectualização padrão é um fiasco com sistemas complexos, embora a sabedoria da sua avó não seja).

Entre outras coisas, muitas outras coisas, a regra da minoria nos mostrará como basta apenas um pequeno número de pessoas intolerantes e virtuosas que arriscam a própria pele, na forma de coragem, para que a sociedade funcione adequadamente.

FIGURA 1. A caixinha de limonada com o símbolo do U circulado, indicando que é (literalmente) kosher.

Este exemplo de complexidade me ocorreu, ironicamente, quando eu estava ajudando no churrasco de verão do Instituto de Sistemas Complexos da Nova Inglaterra. Enquanto os anfitriões arrumavam a mesa e desempacotavam as bebidas, um amigo meu, que era observador e comia apenas alimentos kosher, veio me cumprimentar. Ofereci-lhe um copo com aquele tipo de água açucarada e amarelada com ácido cítrico que as pessoas às vezes chamam de limonada, quase certo de que ele recusaria devido a suas leis dietéticas. Ele não fez isso. Bebeu a limonada, e outra pessoa kosher comentou: "Por aqui, todas as bebidas são kosher". Olhamos para a caixinha do suco. Havia uma impressão bem pequena: um minúsculo símbolo, um U dentro de um círculo, indicando que era kosher. O símbolo será detectado por quem se interessar e procurar a diminuta impressão. Quanto a mim, tal qual o personagem da peça de Molière, *O burguês fidalgo*, que subitamente descobre que esteve falando em prosa todos esses anos sem saber, percebi que, sem saber, eu vinha bebendo bebidas kosher.

CRIMINOSOS COM ALERGIA A AMENDOIM

Uma ideia estranha me ocorreu. A população kosher representa menos de três décimos de 1% dos residentes dos Estados Unidos. No entanto, parece que quase todas as bebidas são kosher. Por quê? Simplesmente porque aderir 100% ao kosher permite que os produtores, supermercados, mercearias e restaurantes não tenham que fazer distinção entre kosher e não kosher para bebidas, com marcadores especiais, corredores separados, inventários separados, diferentes instalações de estocagem. E a regra simples que altera o todo é a seguinte:

> *O consumidor kosher (ou halal) nunca comerá alimentos não kosher (ou não halal), mas um comedor não kosher não é proibido de comer comida kosher.*

Ou, reformulado em outro domínio:

> *Uma pessoa com deficiência não vai usar o banheiro regular, mas uma pessoa sem deficiência pode usar o banheiro para pessoas com deficiência.*

Verdade seja dita, às vezes, na prática, hesitamos em usar um banheiro sinalizado como acessível a pessoas com deficiência devido a algum equívoco — confundindo a regra com aquela que rege os estacionamentos, acreditamos que o banheiro é reservado para uso *exclusivo* de pessoas com deficiência.

Uma pessoa alérgica a amendoim não vai comer produtos com toque de amendoim, mas uma pessoa sem essa alergia pode comer itens com traços de amendoim.

O que explica por que é tão difícil encontrar amendoins em aviões dos EUA e por que nas escolas geralmente não há amendoins (o que, de certa forma, aumenta a quantidade de pessoas com alergia a amendoim, já que a exposição reduzida é uma das causas por trás dessas alergias).

Apliquemos a regra a domínios em que ela pode ser divertida:

Uma pessoa honesta jamais cometerá atos criminosos, mas um criminoso se envolverá prontamente em atos legais.

Chamemos tal minoria de grupo *intransigente* e a maioria de grupo *flexível*. E o relacionamento entre ambos depende de uma assimetria nas escolhas.

Em determinada ocasião preguei uma peça em um amigo. Anos atrás, quando a "Big Tobacco", o grupo das grandes multinacionais do tabaco, estava escondendo e abafando as evidências dos danos causados pela fumaça ao fumante passivo, nos restaurantes de Nova York havia áreas de fumantes e não fumantes (até mesmo os aviões tinham, absurdamente, uma seção para fumantes). Certa vez fui almoçar com um colega europeu que viera me visitar: o restaurante só tinha lugares disponíveis na seção de fumantes. Convenci meu visitante de que precisávamos comprar cigarros, pois *tínhamos* que fumar na seção de fumantes. Ele obedeceu.

Mais duas coisas. Primeiro, a geografia do terreno, isto é, a estrutura espacial, importa um pouco; faz grande diferença se os intransigentes estão em seu próprio distrito ou se estão misturados com o restante da população. Se as pessoas que seguem a regra da minoria vivessem em guetos com uma pequena economia separada, então a regra da minoria não se aplicaria. Mas quando uma população tem uma distribuição espacial uniforme, digamos, quando a proporção de tal minoria em um bairro é a mesma de todo o vilarejo, e a do vilarejo é a mesma que no município, a do município é a mesma que a do estado, a do estado é a mesma que em todo o país, então a maioria (flexível) terá que se submeter à regra da minoria. Em segundo lugar, a estrutura de custos é bastante importante. Acontece em nosso primeiro exemplo que fazer limonada em conformidade com as leis kosher não altera muito o preço — é uma questão de evitar alguns aditivos padronizados. Mas se a fabricação da limonada kosher custar substancialmente mais, então a regra será enfraquecida em alguma proporção não linear à diferença nos custos. Se a fabricação de comida kosher custar dez vezes mais, então a regra da minoria não se aplicará, exceto talvez em alguns bairros muito ricos.

Os muçulmanos têm leis kosher, por assim dizer, mas são muito mais limitadas e aplicam-se apenas à carne. Muçulmanos e judeus têm regras de abate quase idênticas (todo kosher é *halal* para a maioria dos muçulmanos sunitas, ou assim era em séculos passados, mas o inverso não é verdade). Note-se que essas regras de abate são impelidas pelo princípio de arriscar a pele no jogo, herdado da ancestral prática da Grécia do Mediterrâneo Oriental e do Levante de sacrificar animais economicamente onerosos: só adora os deuses quem arrisca a própria pele. Os deuses não gostam de receber sacrifícios baratos.

Agora vejamos a seguinte manifestação da ditadura da minoria. No Reino Unido, onde a população muçulmana (praticante) é de apenas 3% a 4%, uma proporção muito alta da carne que encontramos é *halal*. Cerca de 70% das importações de carne de cordeiro da Nova Zelândia são *halal*. Perto de 10% das lanchonetes da rede Subway armazenam apenas carne *halal* (ou seja, nada de carne de porco), apesar dos custos de perder a clientela de comedores de presunto (como eu). O mesmo acontece na África do Sul, que tem aproximadamente a mesma proporção de muçulmanos. Lá, uma fatia desproporcionalmente alta de carne de frango recebe certificação *halal*. Mas no Reino Unido, e em outros países nominalmente cristãos, o *halal* não é neutro o suficiente para alcançar um alto nível, uma vez que as pessoas podem se rebelar contra serem forçadas a respeitar os valores sagrados de outrem — aceitar e respeitar os valores sagrados de outras religiões pode sinalizar algum tipo de violação da sua própria, se você é um verdadeiro monoteísta. Por exemplo, Al-Akhtal, poeta árabe do século VII, deixa claro que nunca come carne *halal* em seu famoso e insolente poema ostentando seu cristianismo: "Não como carne sacrificial": *Wa lastu bi'akuli lahmal adahi*.

Al-Akhtal estava ecoando uma reação cristã padrão de três ou quatro séculos antes — em tempos pagãos os cristãos eram torturados ao serem forçados a comer carne sacrificial, o que eles consideravam um sacrilégio. Muitos mártires cristãos adotaram a heroica postura de morrer de fome em vez de ingerir comida impura.

Pode-se esperar que a mesma rejeição das normas religiosas de outros ocorra no Ocidente, à medida que crescem as populações muçulmanas na Europa.

Assim, a regra da minoria pode produzir uma parcela de alimentos *halal* nas lojas maior do que é justificado pela proporção de consumidores *halal* na população, mas com resistência aqui e ali porque algumas pessoas podem ter um tabu contra o costume. Mas, com algumas regras não religiosas da *kashrut*, por assim dizer, pode-se esperar que a fatia convirja para mais perto de 100% (ou algum número elevado). Nos Estados Unidos e na Europa, empresas de alimentos "orgânicos" estão vendendo mais e mais produtos precisamente por causa da regra da minoria, e porque algumas pessoas podem considerar que alimentos comuns e não rotulados contêm pesticidas, herbicidas e organismos transgênicos geneticamente modificados, os OGMs, com, segundo elas, riscos desconhecidos (o que chamamos de organismos geneticamente modificados neste contexto significa alimentos transgênicos, implicando a transferência de genes de um organismo estranho ou espécies que não teriam ocorrido na natureza). Ou poderia ser por alguma razão existencial, comportamento cauteloso ou conservadorismo burkeano (isto é, seguindo as ideias de precaução de Edmund Burke) — alguns podem não querer se aventurar e não correr o risco de se afastar demais do que seus avós comiam. Rotular algo como "orgânico" é uma maneira de dizer que não contém nenhum OGM transgênico.

Ao promover alimentos geneticamente modificados por meio de todo tipo de lobby, compra de congressistas e ostensiva propaganda científica (com campanhas difamatórias contra pessoas como este que vos fala, muito mais sobre isso daqui a pouco), grandes empresas agrícolas acreditavam tolamente que tudo de que precisavam era ganhar a maioria. Não, seus idiotas. Seu apressado e precipitado julgamento "científico" é ingênuo demais para esse tipo de decisão. Considere que os consumidores de OGMs transgênicos comerão alimentos não OGMs, mas não o contrário. Assim, talvez baste haver uma porcentagem minúscula — digamos, não mais que 5% — de uma população uniformemente distribuída em termos espaciais de consumidores de alimentos não modificados geneticamente para que toda a população tenha que comer alimentos não OGM. Como? Digamos que você organize um evento corporativo, um casamento ou uma suntuosa festa para celebrar a queda do regime da Arábia Saudita, a falência do banco de investimentos Goldman Sachs, ou um insulto público a Ray Kotcher, presidente da Ketchum, a desprezível empresa de relações públicas inimiga de cientistas e denunciantes científicos. Você precisa enviar um questionário perguntando às pessoas se elas comem ou não comem OGMs transgênicos, para assim reservar refeições especiais adequadamente? Não. Você apenas seleciona tudo que não seja OGM, contanto que a diferença de preço não seja significativa. E a diferença de preço parece pequena o suficiente para ser insignificante, já que os custos dos alimentos (perecíveis) nos Estados Unidos são em larga medida cerca de 80% ou 90%, determinados pela distribuição e armazenamento, não pelo custo no nível agrícola. E como há maior demanda para os alimentos orgânicos, graças à regra da minoria, os custos de distribuição diminuem e a regra da minoria acaba acelerando em seu efeito.

As "Big Ag" (as gigantes do Agronegócio) não percebem que isso é o equivalente a entrar em um jogo no qual é preciso não apenas obter mais pontos do que o adversário, mas ganhar 97% do total de pontos apenas para ficar seguro. É estranho ver que uma indústria que gasta centenas de milhões de dólares em campanhas-de-pesquisa-com-difamação, com centenas desses cientistas que se consideram mais inteligentes do que o restante de nós, não compreende um ponto tão elementar acerca de escolhas assimétricas.

Outro exemplo: não pense que a propagação de carros com câmbio automático seja necessariamente devida a uma preferência da maioria; pode ser apenas porque aqueles que sabem dirigir veículos com câmbio manual conseguem dirigir carros automáticos, mas o inverso não é verdadeiro.

O método de análise aqui empregado é chamado de "grupo de renormalização", um poderoso aparato em física matemática que nos permite ver como as coisas aumentam (ou diminuem). Vamos examiná-lo a seguir — sem matemática.

FIGURA 2. Grupo de renormalização, etapas de um a três (início a partir do topo): quatro caixas contendo quatro caixas, com uma das caixas escura no primeiro passo, com sucessivas aplicações da regra da minoria.

GRUPO DE RENORMALIZAÇÃO

A figura 2 mostra quatro caixas exibindo o que é chamado de autossimilaridade fractal. Cada caixa contém quatro caixas menores. Cada uma das quatro caixas conterá quatro caixas, e assim para cima e para baixo até o fim, até chegarmos a determinado nível. Existem duas tonalidades: clara para a escolha da maioria e escura para a minoria.

Suponha que a unidade menor contém uma família de quatro pessoas. Uma delas está na minoria intransigente e come apenas alimentos não OGM (que inclui orgânicos). A cor dessa caixa é escura, e as outras são claras. Nós "renormalizamos uma vez" à medida que avançamos para cima: a filha teimosa consegue impor sua regra aos quatro e a unidade agora fica toda escura, isto é, optará por não OGM. Agora, a etapa três, uma família indo para um churrasco do qual participarão outras três famílias. Como eles são conhecidos por comer somente alimentos não OGM, os convidados cozinharão apenas orgânicos. O supermercado local, percebendo que o bairro é apenas não OGM, muda para não OGM a fim de simplificar sua vida, o que afeta o atacadista local, e o sistema continua a "renormalizar".

Por alguma coincidência, na véspera do churrasco de Boston eu estava de bobeira em Nova York e dei uma passada no escritório de Raphael Douady, um amigo que eu queria impedir de trabalhar, ou seja, de se empenhar em uma atividade que, quando praticada de maneira excessiva e inadequada, provoca a perda da clareza mental, além de postura ruim e perda de definição dos traços faciais. Por acaso o físico francês Serge Galam estava de passagem pela cidade e escolheu o escritório do amigo para matar o tempo e experimentar o péssimo café expresso de Raphael. Galam foi o primeiro a aplicar essa técnica de renormalização a questões sociais e à ciência política; seu nome era familiar, já que ele é o autor do livro mais importante sobre o assunto, que estava havia meses no meu porão guardado em uma caixa fechada da Amazon. Ele aprimorou sua pesquisa e me mostrou um modelo computacional de eleições segundo o qual basta que alguma minoria ultrapasse um certo nível para que suas escolhas prevaleçam.

Assim, a mesma ilusão existe nas discussões políticas, difundida por "cientistas" políticos: você acha que, porque algum partido de extrema direita ou esquerda tem, digamos, o apoio de 10% da população, o candidato desse partido receberá 10% dos votos. Não: esses eleitores da base do partido devem ser classificados como "inflexíveis" e sempre votarão em sua facção. Mas alguns dos eleitores flexíveis também *podem* votar nessa facção extremista, assim como pessoas não kosher podem comer kosher. É com essas pessoas que se deve tomar cuidado, pois são elas que podem aumentar o número de votos para o partido extremista. Os modelos de Galam produziram um punhado de efeitos contraintuitivos na ciência política — e as previsões dele se mostraram bem mais próximas dos resultados reais do que o consenso ingênuo.

O VETO

O que vimos no grupo de renormalização foi o efeito de "veto", já que uma pessoa em um grupo pode dirigir as escolhas. O executivo de publicidade (e bon vivant de carteirinha) Rory Sutherland afirmou que isso explica por que algumas redes de fast-food, a exemplo do McDonald's, prosperam. Não é porque oferecem um ótimo produto, mas porque não são vetadas em determinado grupo socioeconômico — e por uma pequena proporção de pessoas nesse grupo.*

Quando há poucas escolhas, o McDonald's parece ser uma aposta segura. É também uma aposta segura em locais meio escuros e suspeitos com poucos clientes habituais, onde a variação de comida a partir da expectativa pode ser relevante — estou escrevendo estas linhas na estação de trem de Milão e, por mais ofensivo que possa ser para alguém que gastou uma pequena fortuna para ir à Itália, o McDonald's é um dos poucos restaurantes aqui. E está lotado. De modo impressionante, os italianos estão buscando refúgio lá para se resguardar de uma refeição arriscada. Talvez odeiem o McDonald's, mas certamente odeiam ainda mais a incerteza.

Com a pizza é a mesma história: é um alimento aceito de forma universal, e, exceto por um punhado de comedores de caviar pseudoesquerdistas, ninguém será repreendido por ter pedido uma.

Rory escreveu-me sobre a assimetria vinho-cerveja e as escolhas que se fazem para as festas: "Se houver 10% ou mais de mulheres em uma festa, você não vai poder servir apenas cerveja. Mas a maioria dos homens bebe vinho. Então você só precisa de um jogo de taças se servir apenas vinho — o doador universal, para usar a linguagem dos grupos sanguíneos".

* Em termos técnicos, foi um caso de divergência da melhor das hipóteses em relação às expectativas: uma variação menor e uma média menor.

Essa estratégia de buscar o ideal entre opções não necessariamente formidáveis pode ter sido posta em prática pelos cazares quando estavam tentando escolher entre o islamismo, o judaísmo e o cristianismo. Diz a lenda que três delegações de figuras de alto escalão das três religiões (bispos, rabinos e xeques) vieram fazer o discurso de persuasão. Os senhores cazares perguntaram aos cristãos: se vocês fossem forçados a escolher entre o judaísmo e o islamismo, qual escolheriam? Judaísmo, responderam eles. A seguir os senhores perguntaram aos muçulmanos: qual dos dois, cristianismo ou judaísmo? Judaísmo, disseram os muçulmanos. E o judaísmo foi escolhido e a tribo se converteu.

LÍNGUA FRANCA

Se uma reunião ocorre na Alemanha, na sala de conferências de aparência teutônica de uma corporação suficientemente internacional ou europeia, e uma das pessoas presentes não fala alemão, toda a reunião será realizada em... inglês, a variedade de inglês deselegante usada em corporações mundo afora. Dessa forma, eles podem ofender igualmente seus ancestrais teutônicos e a língua inglesa. Tudo começou com a regra assimétrica de que aqueles que não são falantes nativos de inglês sabem falar inglês (mal), mas o inverso — falantes de inglês que sejam conhecedores de outros idiomas — é bem menos provável. O francês deveria ser a linguagem da diplomacia, uma vez que os funcionários públicos de origens aristocráticas o usavam, enquanto seus compatriotas mais vulgares envolvidos no comércio fiavam-se no inglês. Na rivalidade entre os dois idiomas, o inglês levou a melhor à medida que o comércio cresceu a ponto de passar a dominar a vida moderna; a vitória nada tem a ver com o prestígio da França ou com os esforços dos funcionários públicos franceses para promover sua língua mais ou menos bela, latinizada e soletrada de modo lógico, em detrimento da ortograficamente confusa língua dos amantes de torta do outro lado do Canal da Mancha.

Podemos, assim, ter uma pista de como o surgimento de línguas francas pode advir de regras das minorias — e esse é um ponto que não é visível para os linguistas. O aramaico é uma língua semítica que sucedeu a língua cananeia (isto é, fenício-hebraico) no Levante e se assemelha ao árabe; era a língua que Jesus Cristo falava. A razão pela qual veio a dominar o Levante e o Egito não se deve a qualquer poder semítico imperial específico ou o fato de que eles tinham belos narizes. Foram os persas — que falam uma língua indo-europeia — que difundiram o aramaico, a língua da Assíria, da Síria e da Babilônia. Os persas ensinaram aos egípcios um idioma que não era deles. Simplesmente, quando os persas invadiram a Babilônia, encontraram uma administração com escribas que só eram capazes de usar aramaico e não conheciam o persa, de modo que o aramaico tornou-se a língua oficial do Estado. Se a sua secretária só sabe ouvir o ditado em aramaico, você usará aramaico. Isso levou à estranheza de o aramaico ser usado na Mongólia, pois os registros eram mantidos no alfabeto siríaco (o siríaco é o dialeto oriental do aramaico). E, séculos depois, a história se repetiria ao contrário, com os árabes usando o grego no início de sua administração nos séculos VII e VIII. Pois durante a era helenística o grego substituiu o aramaico como a língua franca no Levante, e os escribas de Damasco mantiveram seus registros em grego. Contudo, não foram os gregos que espalharam a língua grega por todo o Mediterrâneo, mas sim os romanos que aceleraram a difusão do grego, pois o usaram em sua administração de uma ponta à outra do Império Oriental, bem como os levantinos costeiros — o Novo Testamento foi escrito no grego da Síria.

Um amigo franco-canadense de Montreal, Jean-Louis Rheault, lamentando a perda da língua francesa entre os canadenses franceses fora de áreas estreitamente provinciais, comentou o seguinte: "No Canadá, quando dizemos bilíngue, é falante de inglês, e quando dizemos falante de francês, torna-se bilíngue".

GENES VERSUS LÍNGUAS

Analisando dados genéticos do Mediterrâneo Oriental com meu colaborador, o geneticista Pierre Zalloua, percebemos que ambos os invasores, turcos e árabes, deixaram poucos genes, e no caso da Turquia, as tribos da Ásia Central e Oriental trouxeram uma língua inteiramente nova. A Turquia surpreendentemente, ainda é habitada pelas populações da Ásia Menor sobre as quais você leu nos livros de história, mas com novos nomes. Além disso, Zalloua e seus colegas afirmam que os cananeus de 3700 anos atrás representam mais de nove décimos dos genes dos atuais residentes no Estado do Líbano, com apenas uma diminuta quantidade de novos genes adicionados, a despeito do fato de quase todos os possíveis exércitos terem passado por lá para fazer turismo ou para saquear um pouco.* Enquanto os turcos são mediterrâneos que falam uma língua da Ásia Oriental, os franceses (ao norte de Avignon) são em grande parte de uma linhagem do norte da Europa, embora falem uma língua mediterrânea.

Assim:

Os genes seguem a regra da maioria; as línguas, a regra da minoria.

Línguas viajam; os genes, menos.

Isso nos mostra o erro de construir teorias raciais sobre a língua, dividindo as pessoas em "arianos" e "semitas", com base em considerações de ordem linguística. Embora o assunto fosse central para os nazistas alemães, a prática continua hoje de uma forma ou de outra, muitas vezes de forma benigna. Pois a grande ironia é que os supremacistas do norte da Europa ("os arianos"), ainda que antissemitas, usaram os gregos clássicos para atribuírem a si mesmos um pedigree e uma ligação com uma civilização gloriosa, mas não perceberam que os gregos e seus vizinhos mediterrâneos "semíticos" eram na verdade geneticamente próximos entre si. Recentemente mostrou-se que tanto os gregos antigos quanto os levantinos da Idade do Bronze compartilham uma origem anatoliana. Simplesmente aconteceu de as línguas divergirem.

A VIA DE MÃO ÚNICA DAS RELIGIÕES

Da mesma forma, a disseminação do islã no Oriente Próximo, onde o cristianismo estava fortemente entrincheirado (que nasceu ali, é preciso lembrar), pode ser atribuída a duas assimetrias simples. Os governantes islâmicos originais não estavam particularmente interessados em converter cristãos, já que estes lhes proporcionavam receitas fiscais — de início o proselitismo do islamismo não mirou as chamadas "pessoas do livro", isto é, indivíduos da fé abraâmica. De fato, meus ancestrais que sobreviveram treze séculos sob o jugo

---

* Existe uma controvérsia no Reino Unido, já que os normandos deixaram mais textos e imagens em livros de história do que genes por lá.

muçulmano viram claras vantagens em não serem muçulmanos: principalmente evitar o alistamento militar.

As duas regras assimétricas são as seguintes. Primeiro, sob a lei islâmica, se um homem não muçulmano se casa com uma mulher muçulmana, ele precisa se converter ao islã — e se o pai *ou* a mãe de uma criança é muçulmano, a criança será muçulmana. Segundo, tornar-se muçulmano é irreversível, pois para essa religião a apostasia é o mais grave dos crimes, punido com pena de morte. O famoso ator egípcio Omar Sharif, nascido Mikhael Demitri Shalhoub, veio de uma família cristã libanesa. Converteu-se ao islã para se casar com uma famosa atriz egípcia e teve que trocar seu nome para uma versão arabizada. Mais tarde, ele se divorciou, mas não voltou ao credo de seus ancestrais.

Sob essas duas regras assimétricas, é possível fazer simulações simples e ver como um pequeno grupo islâmico que ocupa o Egito cristão (cóptico) pode levar, ao longo dos séculos, os coptas a se tornarem uma ínfima minoria. Basta uma pequena taxa de casamentos inter-religiosos. Da mesma forma, pode-se ver como o judaísmo não se espalha e tende a permanecer na minoria, à medida que a religião tem regras mais fracas: exige-se apenas que a mãe seja judia. Uma assimetria ainda mais forte que a do judaísmo explica o esgotamento no Oriente Próximo de três doutrinas gnósticas: os drusos, os iazidis e os mandeãos (religiões gnósticas são aquelas com *mistérios* e *conhecimentos* normalmente acessíveis apenas a um reduzido número de anciãos, o restante da comunidade desconhece os detalhes da fé). Ao contrário do islã, que exige que um dos pais seja muçulmano, e do judaísmo, que pede pelo menos que a mãe tenha a fé judaica, essas três religiões exigem que ambos os pais professem o credo, caso contrário a criança e os pais dizem *tchauzinho* para a comunidade.

Em lugares como o Líbano, a Galileia e o norte da Síria, de terreno montanhoso, os cristãos e outros muçulmanos não sunitas permaneceram concentrados num mesmo ponto. Os cristãos, por não serem expostos aos muçulmanos, não praticavam casamentos inter-religiosos. O Egito, em contraste, tem um terreno plano. Lá a distribuição da população apresenta misturas homogêneas, o que permite a renormalização (ou seja, permite que a regra assimétrica prevaleça).

Os coptas do Egito padeceram de um problema adicional: a irreversibilidade das conversões islâmicas. Durante o jugo islâmico, muitos coptas converteram-se à religião dominante quando se tratava meramente de um procedimento administrativo, algo que ajuda um indivíduo a obter um emprego ou a lidar com um problema que requeira a jurisprudência islâmica. Não era preciso acreditar realmente na doutrina pregada por Maomé, já que o islamismo não entra em conflito marcante com o cristianismo ortodoxo. Pouco a pouco, uma família cristã ou judia que se envolve em uma conversão ao estilo marrano torna-se verdadeiramente conversa, já que, algumas gerações depois, os descendentes se esquecem do arranjo de seus ancestrais.

Então, tudo o que o islã fez foi ser mais teimoso que o cristianismo, que por sua vez ganhou graças à sua própria teimosia. Pois, antes do islã, a propagação original do cristianismo no Império Romano deveu-se em larga escala à... intolerância cega dos cristãos, seu proselitismo incondicional, agressivo e recalcitrante. De início os pagãos romanos eram tolerantes com os cristãos, já que a tradição era compartilhar deuses com outros membros do Império. Mas eles se perguntavam por que aqueles nazarenos não queriam dar e receber deuses e oferecer aquele tal de Jesus ao panteão romano em troca de alguns outros deuses. *O quê? Nossos deuses não são bons o suficiente?* Mas os cristãos eram intolerantes com o paganismo romano. A "perseguição" dos cristãos tinha muito mais a ver com a intolerância dos cristãos em relação ao panteão dos deuses locais do que o contrário. O que lemos é a história escrita pelo lado cristão, não o greco-romano.

Sabemos muito pouco acerca da perspectiva romana durante a ascensão do cristianismo, já que as hagiografias dominaram o discurso: temos, por exemplo, a narrativa da mártir Santa Catarina (Catarina de Alexandria), que continuou convertendo seus carcereiros até ser decapitada, exceto pelo fato de que ela... talvez nunca tenha existido. Mas a decapitação de São Cipriano, bispo de Cartago, sob a perseguição de Valeriano, foi real. Portanto, existem infinitas histórias de mártires e santos cristãos, mas pouco se sabe sobre os heróis pagãos. Até mesmo os primeiros cristãos da tradição gnóstica foram expurgados dos registros. Quando Juliano, o Apóstata, tentou voltar ao antigo paganismo, foi como tentar vender comida francesa no sul de Nova Jersey: simplesmente não havia mercado. Foi como tentar manter um balão debaixo d'água. E não foi porque os pagãos tinham um déficit intelectual: a bem da verdade, a minha heurística é que quanto mais pagã é uma pessoa, mais brilhante a sua mente e maior a sua capacidade de lidar com nuances e ambiguidades. Religiões puramente monoteístas, como o cristianismo protestante, o islamismo salafista ou o ateísmo fundamentalista são convenientes para mentes literalistas e medíocres incapazes de lidar com a ambiguidade.*

Na verdade, podemos observar na história das "religiões" do Mediterrâneo, ou melhor, rituais e sistemas de comportamento e crença, um desvio ditado pelos intolerantes, na verdade aproximando o sistema do que podemos chamar de religião. O judaísmo poderia ter quase perdido por causa da regra da mãe e seu confinamento a uma base tribal, mas o cristianismo imperou, e, pelas mesmas razões, o islã também. Islamismo? Houve muitos *islãs*, o último aumento gradual bastante diferente dos anteriores. Pois no fim o próprio islã está sendo dominado (no ramo sunita) por puristas simplesmente porque eles são mais intolerantes que os demais: os wahhabistas (wahabistas ou vaabistas, também conhecidos como salafistas), fundadores da Arábia Saudita, destruíram durante o século XIX os santuários na maior parte do território que hoje é seu país. Passaram a impor a regra intolerante no máximo grau possível de uma maneira que mais tarde foi imitada pelo Estado Islâmico (Isis). Cada acréscimo para o gradual crescimento do salafismo parece existir para acomodar os mais intolerantes de suas vertentes.

DESCENTRALIZAR, DE NOVO

Outro atributo da descentralização, e que os "intelectuais" contrários à saída da Grã-Bretanha da União Europeia (Brexit) não entendem: se é necessário, digamos, um limiar de 3% em uma unidade política para que a regra da minoria entre em vigor, e, *em média*, a minoria teimosa representa 3% da população, com variações em torno da média, então alguns estados estarão sujeitos à regra, mas outros, não. Se, por outro lado, fundirmos todos os estados em um só, então a regra da minoria prevalecerá por toda parte. Essa é a razão pela qual os Estados Unidos funcionam tão bem. Como tenho repetido a todos que me

---

* É fato que, se por um lado o cristianismo erradicou registros anteriores, pode ser que tenha erradicado também... sua própria história. Pois estamos descobrindo que ramos como os gnósticos tinham um registro bastante diferente da religião primitiva. Mas os gnósticos eram em grande medida uma religião secreta — vedada a forasteiros e sigilosa quanto a seus próprios registros. E religiões secretas, bem, morrem com seus segredos.

dão ouvidos, somos uma federação, não uma república. Para usar a linguagem de *Antifrágil*, a descentralização é *convexa* a variações.

IMPONDO A VIRTUDE AOS OUTROS

Essa ideia de unilateralidade pode nos ajudar a desmascarar mais alguns conceitos equivocados. Como é que livros são proibidos? Certamente não porque ofendem a pessoa comum — a maioria das pessoas é passiva e não dá a mínima, ou não se importa o suficiente para exigir o banimento. A julgar por episódios passados, parece que bastam apenas alguns ativistas (motivados) para que alguns livros acabem banidos, ou para que os nomes de algumas pessoas vão parar em uma lista negra. O grande filósofo e lógico Bertrand Russell perdeu o emprego na Universidade da Cidade de Nova York devido a uma carta de uma mãe furiosa — e teimosa — que não queria ver a filha na mesma sala que um sujeito de estilo de vida dissoluto e ideias obstinadas e turbulentas.

O mesmo parece aplicar-se às proibições — pelo menos à Lei Seca, que baniu o álcool nos Estados Unidos e resultou em interessantes histórias de máfia.

Vamos conjecturar que a formação de valores morais na sociedade não vem da evolução do consenso. Não, é a pessoa mais intolerante que impõe a virtude aos outros precisamente por causa dessa intolerância. O mesmo pode ser aplicado aos direitos civis.

Uma percepção reveladora de como os mecanismos da religião e a transmissão da moralidade obedecem às mesmas dinâmicas de renormalização que as leis dietéticas — e de como podemos mostrar que a moralidade está mais propensa a ser algo imposto por uma minoria. Vimos neste mesmo capítulo a assimetria entre obedecer a regras e transgredi-las: um sujeito cumpridor da lei (ou que se pauta pela obediência às regras) sempre segue as normas, mas um criminoso ou alguém com conjuntos mais frouxos de princípios *nem sempre* infringirá as leis. Da mesma forma discutimos os fortes efeitos assimétricos das leis alimentares *halal*. Vamos mesclar os dois. Acontece que, no árabe clássico, o termo *halal* tem um oposto: *haram*, "ilícito", "proibido". Violar regras legais e morais — qualquer regra — é chamado de *haram*. É exatamente o mesmo interdito que rege a ingestão de alimentos e *todos* os outros comportamentos humanos, como dormir com a esposa do vizinho, emprestar dinheiro a juros (sem compartilhar do infortúnio da pessoa que toma o dinheiro emprestado) ou matar o senhorio por prazer. *Haram* é *haram* e é assimétrico.

Tão logo uma regra moral é estabelecida, bastará haver uma pequena e intransigente minoria de seguidores distribuídos geograficamente para ditar uma norma na sociedade. A má notícia é que uma pessoa olhando para a humanidade como um agregado pode cometer o erro de acreditar que os seres humanos estão se tornando espontaneamente mais dignos, virtuosos, melhores e mais gentis, com hálito melhor, quando isso se aplica a apenas uma pequena proporção da humanidade.

Mas as coisas funcionam nos dois sentidos, o bom e o ruim. Embora alguns acreditem que os poloneses comuns foram cúmplices no extermínio dos judeus, o historiador Peter Fritzsche, quando indagado "por que os poloneses em Varsóvia não ajudaram mais seus vizinhos judeus?", respondeu que eles geralmente faziam isso. Mas eram necessários sete ou oito poloneses para ajudar um único judeu. E bastava apenas um único polonês, agindo como informante, para entregar uma dúzia de judeus. Mesmo que esse antissemitismo seleto seja contestável, podemos facilmente imaginar os péssimos resultados decorrentes de uma minoria de agentes ruins.

ESTABILIDADE DA REGRA DA MINORIA, UM ARGUMENTO PROBABILÍSTICO

Para onde quer que olhemos na sociedade e na história, a tendência é constatar que prevalecem as mesmas leis morais gerais, com algumas variações pouco significativas: *não roubar* (pelo menos não dentro da tribo); *não caçar órfãos como entretenimento; não espancar gratuitamente especialistas em gramática da língua espanhola à guisa de treinamento; em vez disso, devem-se usar sacos de pancada* (a menos que você seja espartano, e mesmo assim você só pode matar um número limitado de hilotas para propósitos de treinamento), e proibições similares. E podemos ver que essas regras evoluíram ao longo do tempo para se tornarem mais universais, expandindo-se para um conjunto mais amplo, progressivamente incluindo escravos, outras tribos, outras espécies (animais, economistas) etc. E uma propriedade dessas leis: elas são preto no branco, binárias, discretas e não permitem nenhuma sombra, nenhuma zona cinzenta. Uma pessoa não pode roubar "um pouquinho" ou assassinar "moderadamente" — assim como ninguém pode manter-se kosher e comer "só um pedacinho" de carne de porco nos churrascos de domingo.

Não acho que você, se acariciar os seios da esposa ou namorada de um halterofilista na frente dele, se sairia bem na confusão que se seguiria, tampouco seria capaz de convencer o levantador de pesos de que foi "só um pouquinho".

Ora, seria vastamente mais provável que esses valores emergissem de uma minoria do que de uma maioria. Por quê? Consideremos as duas teses seguintes:

> *Os resultados são paradoxalmente mais estáveis sob a regra da minoria — a variação dos resultados é menor e é mais provável que a regra surja independentemente em populações separadas.*

> *É mais provável que o que emerge da regra da minoria sejam regras binárias, preto no branco.*

Um exemplo. Digamos que uma pessoa maléfica, um professor de economia, por exemplo, decide envenenar o coletivo colocando algum produto dentro de latas de refrigerante. Ele tem duas opções. O primeiro é o cianeto, que obedece a uma regra de minoria: uma gota de veneno (mais alta que um pequeno limiar) torna *todo* o líquido venenoso. O segundo é um veneno "de estilo majoritário"; para matar, requer que mais da metade do líquido ingerido seja venenosa. Agora examinemos o problema inverso, um grupo de pessoas mortas depois de um jantar. O Sherlock Holmes local afirmaria que, condicionado ao resultado de que *todas as pessoas que beberam o refrigerante morreram*, o homem maligno decidiu-se pela primeira, e não pela segunda opção. Em termos simples, a regra da maioria leva a flutuações em torno da média, com uma alta taxa de sobrevivência. Não a regra da minoria. A regra da minoria produz baixa variação nos resultados.

O PARADOXO DE POPPER-GOEDDEL

Eu estava em um gigantesco jantar — daqueles com muitas mesas em que o convidado tem que escolher entre o risoto vegetariano e a opção não vegetariana —, quando notei que a comida do meu vizinho foi servida (incluindo talheres) em uma bandeja que lembrava refeição de avião. Os pratos estavam lacrados com papel-alumínio. Ele era evidentemente ultrakosher. Não o incomodava estar sentado com comedores de presunto cru, que, além disso, misturavam manteiga e carne no mesmo prato. Ele só queria seguir suas próprias preferências em paz.

Para judeus e minorias muçulmanas como xiitas, sufis e religiões (vagamente) associadas, como drusos e alauítas, o objetivo é ser deixado em paz — com exceções históricas aqui e ali. Mas se meu vizinho fosse um sunita salafista, ele teria exigido que o salão inteiro comesse *halal*. Talvez o prédio inteiro. Talvez a cidade inteira. Com sorte, o país inteiro. Idealmente, o planeta inteiro. De fato, dada a total falta de separação entre Igreja e Estado em seu credo, e entre o sagrado e o profano, para ele *haram* (o oposto de *halal*) significa literalmente "ilegal". Logo, todos os convivas da festa inteira estavam cometendo uma violação.

Enquanto escrevo estas linhas, as pessoas estão discutindo se a liberdade do Ocidente esclarecido pode ser minada pelas políticas invasivas que seriam necessárias para combater os fundamentalistas.

Pode a democracia — por definição, a maioria — tolerar inimigos? A questão é a seguinte: "Você concordaria em negar a liberdade de expressão a todos os partidos políticos que têm em seu estatuto a proibição da liberdade de expressão?". Vamos dar um passo adiante: "Uma sociedade que escolheu ser tolerante deve ser intolerante com a intolerância?".

Esta é, de fato, a incoerência que Kurt Gödel (o grande mestre do rigor lógico) detectou na Constituição dos Estados Unidos ao fazer a prova de naturalização. Diz a lenda que Gödel começou a debater com o juiz, e Einstein, que foi sua testemunha durante o processo, salvou-o. O filósofo da ciência Karl Popper descobriu de forma independente a mesma inconsistência nos sistemas democráticos.

Escrevi sobre pessoas com falhas lógicas perguntando-me se alguém deveria ser "cético sobre o ceticismo"; usei uma resposta semelhante à de

Popper quando me indagaram se "alguém poderia falsificar falsificações". Eu simplesmente caí fora.

Podemos responder a essas questões usando a regra da minoria. Sim, uma minoria intolerante pode controlar e destruir a democracia. Na verdade, *no fim das contas* isso acabará por destruir o nosso mundo.

Então, precisamos ser mais do que intolerantes com *algumas* minorias intolerantes. Simplesmente porque elas violam a Regra de Prata. Não é admissível usar "valores estadunidenses" ou "princípios ocidentais" no tratamento do salafismo intolerante (que nega a outras pessoas o direito de terem sua própria religião). O Ocidente está atualmente no processo de cometer suicídio.

IRREVERÊNCIA DOS MERCADOS E DA CIÊNCIA

Agora vamos refletir sobre os mercados. Podemos dizer que os mercados não são a soma dos participantes do mercado, mas as mudanças nos preços refletem as atividades do comprador e do vendedor mais *motivados*. Sim, as regras mais motivadas. Na verdade, isso é algo que apenas os traders parecem compreender: por que um preço pode cair 10% por causa de um único vendedor. Basta apenas um vendedor teimoso. Os mercados reagem de uma maneira desproporcional ao ímpeto. Os mercados acionários globais representam atualmente mais de 30 trilhões de dólares, mas uma única ordem em 2008, apenas 50 bilhões, ou seja, menos de dois décimos de 1% do total, provocou uma queda de quase 10%, desencadeando perdas de cerca de três trilhões de dólares. Como relatei em *Antifrágil*, foi uma ordem de venda ativada pelo banco parisiense Société Générale, que descobriu uma aquisição oculta por um trader desonesto e especulador e quis reverter a compra. Por que o mercado reagiu de maneira tão desproporcional? Porque a ordem era de mão única — teimosa: eles tinham que vender e não havia como convencer a gerência do contrário. Meu adágio pessoal é:

O mercado é como uma imensa sala de cinema com uma porta pequena.

E a melhor maneira de detectar um otário é ver se o foco dele está no tamanho da sala de cinema e não no da porta. Ocorrem tumultos em cinemas

— por exemplo, quando alguém grita "Fogo!" — porque aqueles que querem sair não querem ficar lá dentro, exatamente a mesma incondicionalidade que vimos com a observância da dieta kosher ou a venda em pânico.

A ciência age de maneira semelhante. Como vimos anteriormente, a regra da minoria está por trás do pensamento de Karl Popper. Mas Popper é severo demais, então vamos deixá-lo para mais tarde e, por ora, discutir o mais divertido e jovial Richard Feynman, o cientista mais irreverente e brincalhão de seu tempo. Seu livro de histórias pitorescas, *What Do You Care What Other People Think?* [O que importa para você o que as outras pessoas pensam?], transmite a ideia da irreverência fundamental da ciência, que se porta por meio de um mecanismo análogo à assimetria kosher. Como? A ciência não é a soma do que os cientistas pensam, mas, exatamente como nos mercados, é um procedimento altamente enviesado. Tão logo alguma coisa é desmascarada, agora ela está errada. Se a ciência operasse por consenso majoritário, ainda estaríamos presos à Idade Média, e Einstein teria terminado como começou, um funcionário de patentes com passatempos infrutíferos.

UNUS SED LEO: É SÓ UM, MAS É UM LEÃO

Alexandre, o Grande, disse que era preferível ter um exército de ovelhas lideradas por um leão do que um exército de leões comandado por uma ovelha. Alexandre (ou quem quer que tenha proferido esse provérbio provavelmente apócrifo) compreendeu o valor da minoria ativa, intolerante e corajosa. Aníbal aterrorizou Roma ao longo de uma década e meia com um pequeno exército de mercenários, vencendo 22 batalhas contra os romanos, batalhas em que sempre esteve em menor número. Ele foi inspirado por uma versão dessa máxima. Pois, na Batalha de Canas, ele comentou com o general Gisco, que demonstrou preocupação com o fato de que os cartagineses estavam em menor número: "Há uma coisa que é mais maravilhosa que o contingente deles... em todo aquele vasto exército não há um homem chamado Gisco".*

---

* Os cartagineses parecem padecer de escassez de nomes: há uma porção de Amílcares e Asdrúbals, confundindo os historiadores. Da mesma forma, parece haver muitos Giscos, incluindo o personagem em *Salambô*, de Flaubert.

Essa enorme recompensa resultante da coragem teimosa não se limita ao âmbito militar. "Nunca duvide de que um pequeno grupo de cidadãos conscientes possa mudar o mundo. De fato, essa é a única via que já conseguiu produzir mudanças até hoje", escreveu Margaret Mead. As revoluções são indiscutivelmente conduzidas por uma minoria obsessiva. E todo o crescimento da sociedade, seja econômico ou moral, vem de um pequeno número de pessoas.

RESUMO E A SEGUIR

Assim resumimos este capítulo e o vinculamos a assimetrias ocultas, o subtítulo do livro. A sociedade não evolui por consenso, votação, maioria, comitês, reuniões verborrágicas, conferências acadêmicas, chá e sanduíches de pepino, ou pesquisas de opinião; um mero punhado de pessoas é o suficiente para fazer a roda girar de maneira desproporcional e com impacto significativo. Basta uma regra assimétrica em algum lugar... e alguém que se dedique de corpo e alma. E a assimetria está presente em mais ou menos tudo.*

No prólogo, prometemos explicar que a escravidão é mais difundida do que imaginávamos — na verdade, bem mais. Vamos discorrer sobre isso a seguir, após o apêndice.

---

* É suficiente, por exemplo, uma minoria de 3% para que "Feliz Natal" se torne "Boas-Festas". Mas a minha suspeita é a de que, caso a minoria aumentasse em número, o efeito desapareceria, uma vez que sociedades diversas são mais sincréticas. Cresci no Líbano na época em que cerca de metade da população era cristã: as pessoas cumprimentavam-se na forma pagã romana de compartilhar os feriados santos umas das outras. Hoje, os xiitas (e alguns sunitas nos quais a Arábia Saudita ainda não fez lavagem cerebral) desejariam um "Feliz Natal" cristão.

Apêndice do livro III:
Mais algumas coisas contraintuitivas sobre o coletivo

Antifrágil era sobre o fracasso da média para representar qualquer coisa na presença de não linearidades e assimetrias semelhantes à regra da minoria. Então vamos mais além:

> *O comportamento médio do participante do mercado não nos permitirá entender o comportamento geral do mercado.*

Você pode examinar os mercados como mercados e os indivíduos como indivíduos, mas os mercados não são uma soma de indivíduos médios (uma soma é uma média multiplicada por uma constante de modo que ambos são igualmente afetados). Esses aspectos agora parecem claros graças à nossa discussão sobre a renormalização. Mas, para mostrar como as alegações feitas por todo o campo das ciências sociais podem desmoronar, dê um passo adiante:

> *Os experimentos psicológicos sobre indivíduos mostrando "vieses" não nos permitem entender de cara comportamentos coletivos ou agregados, tampouco nos esclarecem acerca do comportamento de grupos.*

A natureza humana não é definida fora de transações envolvendo outros seres humanos. Lembre-se de que não vivemos sozinhos, mas em bando, e quase nada de relevante diz respeito a uma pessoa isolada — que é o que normalmente é feito nesse tipo de pesquisa em laboratório.*

Grupos são unidades por conta própria. Existem diferenças qualitativas entre um grupo de dez e um grupo de, digamos, 395 435. Cada um é um animal diferente, no sentido literal, tão diferente quanto um livro difere de um prédio comercial. Quando nos concentramos em características e atributos comuns, ficamos confusos, mas, em certa escala, as coisas tornam-se diferentes. Matematicamente diferentes. Quanto maior a dimensão, em outras palavras, maior o número de interações possíveis, e mais desproporcionalmente difícil é discernir o macro do micro, as unidades gerais das unidades simples. Esse aumento desproporcional das demandas computacionais é chamado de *maldição da dimensionalidade* (na verdade encontrei situações em que, na presença de pequenos erros aleatórios, uma única dimensão adicional pode mais do que duplicar algum aspecto da complexidade. Ir de 1000 a 1001 pode fazer com que a complexidade seja multiplicada um bilhão de vezes).

Ou, apesar da enorme empolgação sobre a nossa capacidade de investigar a verdadeira natureza do cérebro usando o chamado campo da neurociência:

Entender como funcionam as subpartes do cérebro (digamos, os neurônios) nunca nos permitirá compreender como o cérebro funciona.

Um grupo de neurônios ou genes, assim como um grupo de pessoas, difere dos componentes individuais, porque as interações não são necessariamente lineares. Até agora não entendemos merda nenhuma de como funciona o cérebro do verme *Caenorhabditis elegans*, que tem cerca de trezentos neurônios. O *c. elegans* foi a primeira unidade viva a ter seus genes sequenciados. Agora considere que o cérebro humano tem por volta de cem bilhões de neurônios, e que ir de 300 a 301 neurônios, por causa da maldição da dimensionalidade, pode duplicar essa complexidade. Portanto, o uso de *nunca* aqui é apropriado. E se você também quiser entender por quê, apesar dos alardeados "avanços"

---

* O que acabei de dizer explica o fracasso do assim chamado campo da economia comportamental em nos dar mais informações, quaisquer que sejam, do que a economia ortodoxa (em si mesma bastante pobre) em relação a como investir no mercado (comprar e vender ações), entender a economia ou gerar políticas.

no sequenciamento do DNA, somos em grande medida incapazes de obter informações exceto em pequenos bolsões isolados para algumas doenças, é a mesma história. Doenças monogênicas, aquelas para as quais um único gene desempenha um papel importante, são bastante tratáveis, mas qualquer coisa que requeira maior dimensionalidade é impossível.

Entender a constituição genética de uma unidade nunca nos permitirá entender o comportamento da unidade em si.

Um lembrete de que o que estou escrevendo aqui não é uma opinião. É uma propriedade matemática direta e de fácil compreensão.

O enfoque de campo médio é quando se usa a interação média entre, digamos, duas pessoas, e se generaliza para o grupo — isso só é possível se não houver assimetrias. Por exemplo, Yaneer Bar-Yam aplicou o fracasso do campo médio à teoria evolucionista da narrativa do *gene egoísta*, alardeada por mentes jornalísticas agressivas do calibre de Richard Dawkins e Steven Pinker, com mais domínio da língua inglesa do que da teoria da probabilidade. Ele mostra que as propriedades locais falham e que a suposta matemática usada para provar o gene egoísta é lamentavelmente ingênua e mal aplicada. Houve uma comoção em torno do trabalho de Martin Nowack e seus colegas (incluindo o biólogo E. O. Wilson) sobre as gravíssimas falhas na teoria do gene egoísta.[*]

A questão é: será que boa parte do que lemos sobre os avanços nas ciências comportamentais é besteira? Há grande chance de que sim. Muitas pessoas foram acusadas de racismo, segregacionismo e alguma-coisismo sem mérito. Usando autômatos celulares, uma técnica similar à renormatização, o falecido Thomas Schelling mostrou há algumas décadas como um bairro pode ser segregado sem um único segregacionista entre seus habitantes.

---

[*] Vale a pena mencionar nomes aqui, já que essas pessoas agiram como cães raivosos contra aqueles que não deram importância à teoria do gene egoísta, sem discutir a matemática fornecida (eles não são capazes), mas continuaram latindo mesmo assim.

MERCADOS DE INTELIGÊNCIA ZERO

A estrutura subjacente da realidade é muito mais importante do que os participantes, algo que os formuladores de políticas oficiais não conseguem entender.

*Sob a estrutura de mercado certa, um conjunto
de idiotas produz um mercado eficaz.*

Os pesquisadores Dhananjay Gode e Shyam Sunder chegaram a um resultado surpreendente em 1993. Ocupe mercados com agentes de inteligência zero, o que significa comprar e vender aleatoriamente, sob alguma estrutura tal que um processo de leilão adequado combine lances e ofertas de maneira regular. E adivinhe? Obtemos a mesma eficiência alocativa como se os participantes do mercado fossem inteligentes. Mais uma vez deu-se razão a Friedrich Hayek. No entanto, uma das ideias mais citadas na história, a da mão invisível da economia, parece ser a menos integrada à psique moderna.
Além disso:

*Talvez algum comportamento idiossincrático por parte do
indivíduo (considerado à primeira vista "irracional") possa ser
necessário para o funcionamento eficiente no nível coletivo.*

Em termos mais decisivos para a multidão "racionalista",

Indivíduos não precisam saber para onde estão indo; os mercados, sim.

Deixe as pessoas em paz sob uma boa estrutura e elas cuidarão das coisas.

Livro IV

Lobos entre cães

3. Como ser dono de outra pessoa legalmente

Até mesmo a Igreja tem seus hippies — Coase não precisa de matemática — Evite advogados durante a Oktoberfest — A vida de expatriado um dia termina — Pessoas que já foram empregados estão sinalizando domesticação

Na fase inicial da Igreja, enquanto ela começava a se estabelecer na Europa, havia um grupo itinerante chamado de giróvagos. Eram monges andarilhos sem qualquer afiliação a uma instituição. Praticavam uma variedade de monasticismo independente e errante, e sua ordem era sustentável, pois os membros viviam da mendicância e da boa vontade dos aldeões que por eles se interessassem. Era uma forma precária de sustentabilidade, uma vez que nem de longe se pode chamar de sustentável um grupo de celibatários: os giróvagos não tinham condições de crescer organicamente, e precisariam de recrutamento contínuo. Mas conseguiram sobreviver graças à ajuda da população, que lhes fornecia esmolas, comida e abrigo temporário.

Isso se sustentou até o quinto século da era cristã, quando eles começaram a desaparecer — hoje estão extintos. Os giróvagos eram impopulares junto à Igreja, e foram banidos pelo Concílio de Calcedônia no século V, depois proscritos novamente pelo segundo Concílio de Niceia, cerca de trezentos anos mais tarde. No Ocidente, Bento de Núrsia (nascido Benedito da Nórcia), o maior detrator dos giróvagos, demonstrava predileção por uma variedade mais institucional de monaquismo, e acabou levando a melhor com suas regras que codificavam a atividade, com uma hierarquia e forte supervisão por parte de um abade. Por exemplo, as regras de São Bento, reunidas em uma espécie de manual de instruções, estipulam que as posses de um monge deveriam estar nas mãos do abade (Regra 33), e a Regra 70 proíbe que monges furiosos agridam fisicamente outros monges.

Por que os giróvagos foram banidos? Porque eram, em termos simples, totalmente livres. Eram financeiramente livres e despreocupados, não por causa de seus meios, mas por causa de sua ausência de desejos. Ironicamente, por serem mendigos, tinham algo equivalente ao dinheiro suficiente para mandar todo mundo à merda, o que podemos obter mais facilmente se estivermos no degrau mais baixo do que fazendo parte das classes dependentes de renda.

Liberdade é a última coisa que você quer para seus discípulos se tiver uma religião organizada para administrar. A liberdade total para seus funcionários também é uma coisa muito, muito ruim se você tiver uma empresa para administrar, portanto este capítulo trata da questão dos funcionários e da natureza da empresa e de outras instituições.

As regras beneditinas visam explicitamente eliminar qualquer indício de liberdade dos monges sob os princípios da *stabilitate sua et conversatione morum suorum et oboedientia* — "estabilidade, conversão de maneiras e obediência". E, claro, os monges são submetidos a um período de provação de um ano de modo a se verificar se são suficientemente obedientes.

Em suma, toda organização quer que um certo número de pessoas a ela associadas seja privado de parte de sua liberdade. Mas como ser dono delas? Em primeiro lugar, por meio de condicionamento e manipulação psicológica; em segundo, fazendo-as arriscar a própria pele, forçando-as a ter algo significativo a perder caso desobedeçam à autoridade — algo difícil de fazer com mendigos giróvagos que fazem pouco de seu próprio desprezo por posses materiais. Nas ordens da máfia, as coisas são simples: *homens feitos* (ou "iniciados", membros em pleno direito na organização) podem ser *apagados* se o *capo* suspeitar de falta de lealdade, com uma estadia transitória no porta-malas de um carro e a presença garantida do chefão no funeral. Para outras profissões, as formas de arriscar a própria pele podem ser mais sutis.

SER DONO DE UM PILOTO

Digamos que você seja dono de uma pequena companhia aérea. Você é uma pessoa muito moderna; tendo participado de muitas conferências e conversado com consultores, você acredita que a empresa tradicional é coisa do passado: tudo pode ser organizado por meio de uma rede de prestadores de serviços contratados. É mais *eficiente* fazer isso, você tem certeza.

Bob é um piloto com quem você firmou um contrato, em um acordo legal bem definido e de longa duração, para voos específicos, compromissos combinados com bastante antecedência e que inclui uma cláusula de penalidade por descumprimento. Bob disponibiliza o copiloto e um piloto alternativo para o caso de alguém adoecer. Amanhã à noite você comandará um voo programado com destino a Munique como parte de um pacote da Oktoberfest. O voo está lotado de animados passageiros da classe econômica, e alguns deles se submeteram a uma dieta preparatória; esperaram um ano inteiro por esse episódio colossal de cerveja, pretzels e salsichas em hangares cheios de risadas.

Bob liga para você às 17h para avisar que ele e o copiloto, bem, eles adoram você... mas, *tipo*, o voo de amanhã terá que ser cancelado. *Sabe*, eles receberam uma oferta de um xeque saudita, um homem devoto que quer levar um grupinho especial para Las Vegas, e precisa que Bob e a equipe dele operem o voo. O xeque e sua comitiva ficaram impressionados com as boas maneiras de Bob, com o fato de que Bob jamais ingeriu uma gota de álcool em sua vida e com seus conhecimentos sobre drinques à base de iogurte, garantindo a ele que dinheiro não era problema. A oferta é tão generosa que cobre qualquer penalidade por quebra de contrato.

Você fica desesperado. Há muitos advogados nesses voos para a Oktoberfest e, pior ainda, advogados aposentados com muito tempo livre, que adoram processar as pessoas para matar o tempo, independentemente do resultado. Você pondera sobre a reação em cadeia: se o seu avião não decolar, você não terá o equipamento para trazer os passageiros engordados de cerveja de volta de Munique — e certamente perderá muitas viagens de ida e volta. Desviar e redirecionar passageiros é caro e não é garantido.

Você liga para algumas pessoas e no fim fica claro que é mais fácil encontrar um economista acadêmico com bom senso do que arranjar outro piloto — isto é, um evento de probabilidade zero. Você tem todo esse patrimônio, todo esse capital investido em uma empresa que está agora sob uma grave ameaça financeira. Você está convencido de que irá à falência.

Você começa a pensar: bem, *tipo*, se Bob fosse escravizado, alguém de quem você fosse proprietário, *sabe*, esse tipo de coisa não aconteceria. Escravo? Mas espere aí... o que Bob acabou de fazer não é algo que os funcionários que estão no negócio de serem funcionários fazem! Aqueles que ganham a vida como funcionários não se comportam de maneira tão oportunista. Prestadores de serviços contratados são excessivamente livres; como pessoas que assumem riscos, temem principalmente a lei. Mas funcionários têm uma reputação a proteger. E podem ser demitidos.

As pessoas com empregos formais adoram a regularidade do contracheque, aquele envelope especial sobre sua escrivaninha no último dia do mês, e sem o qual agiriam feito um bebê privado de leite materno. Você se dá conta de que se Bob tivesse sido um empregado, em vez de algo que parecia, a princípio, ser mais barato, aquela coisa de prestador de serviços contratado, então você não teria tantos problemas.

Mas funcionários são caros. Você tem que pagá-los mesmo quando não tem nada para eles fazerem. Você perde sua flexibilidade. Talento por talento, eles custam muito mais. Adoradores de contracheques são preguiçosos... mas nunca o decepcionariam em momentos como esses.

Assim, funcionários existem porque arriscam uma quantidade significativa da própria pele — e o risco é compartilhado com eles, risco suficiente para que seja um impedimento e uma penalidade por atos de falta de confiança, tais como chegar atrasado. Você está comprando confiabilidade.

E a confiabilidade é um propulsor por trás de muitas transações. Pessoas de certas posses têm uma casa de campo — o que é ineficiente em comparação com hotéis ou imóveis alugados — porque querem ter certeza de que ela está disponível caso decidam viajar para lá por impulso. Há uma expressão de traders: "Nunca compre quando você puder alugar os três Fs: aquilo que você Flutua, aquilo que você Voa e aquilo que você... (*aquela outra coisa*)."* No entanto, muitas pessoas são proprietárias de barcos e aviões, mas terminam tendo de contratar aquela outra coisa.

---

* No original em inglês, "what you Float, what you Fly, and what you... (*that something else*)". (N. E.)

É claro que ser prestador de serviços tem seus lados negativos, um risco de baixa, uma penalidade financeira que pode ser embutida no contrato, além dos custos de reputação. Mas considere que um funcionário sempre terá mais risco. A pessoa que tiver sido um funcionário terá aversão ao risco. Por ter sido funcionário, ela sinaliza um certo tipo de domesticação.

Alguém que tenha sido empregado por algum tempo está dando a você uma forte evidência de submissão.

Evidências de submissão são demonstradas pelo fato de o funcionário passar anos privando-se de sua liberdade pessoal por oito ou nove horas todos os dias, sua chegada ritualística e pontual a um escritório, a autonegação de seus próprios projetos, e o fato de não ter descontado sua raiva em ninguém no caminho de volta para casa depois de um dia ruim. Ele é um cão obediente e domesticado.

DO HOMEM DA EMPRESA À PESSOA DA EMPRESA

Mesmo quando um funcionário deixa de ser funcionário, ele continuará diligente. Quanto mais tempo a pessoa fica em uma empresa, mais investimento emocional ela terá em permanecer e, ao sair, tem a garantia de fazer uma "saída honrosa".*

Se os funcionários reduzirem o risco de cauda, o patrão também reduzirá o deles. Ou pelo menos é o que eles pensam que acontece.

No momento em que escrevo, as empresas permanecem no primeiro escalão por tamanho (o chamado índice S&P 500) por cerca de dez a quinze anos. As empresas saem do S&P 500 por meio de fusões ou encolhendo seus negócios, ambas condições que resultam em demissões. No decorrer do século xx, no entanto, a duração esperada era superior a sessenta anos. A longevidade

---

* O sistema de estabilidade no emprego atribuído aos professores do ensino superior destina-se a dar às pessoas segurança para expressar suas opiniões livremente. No entanto, a estabilidade é conferida (nas disciplinas ideológicas, como as "humanidades" e ciências sociais) aos submissos que jogam o jogo e mostraram provas de tal domesticação. Não está funcionando.

para grandes empresas era maior; as pessoas trabalhavam na mesma grande empresa ao longo de toda a vida. Nessa época, existia o homem da empresa (restringir o gênero aqui é apropriado, já que os homens da empresa eram quase todos homens).

A melhor definição de homem da empresa é alguém cuja identidade está impregnada com o carimbo que sua empresa quer dar a ele. Ele "veste a camisa", até mesmo usa a linguagem que a empresa espera. Sua vida social é tão impregnada da empresa que sair dela inflige uma enorme penalidade, como o ostracismo. Nas noites de sábado, ele sai com outros funcionários da empresa e suas esposas, contando piadas internas da empresa. A IBM exigia que seus funcionários usassem camisas brancas — não azul-claro, nem com listras discretas, mas totalmente brancas. E um terno azul-marinho. Não se permitia que nada fosse chique ou revestido da mais ínfima quantidade de atributos idiossincráticos. Você fazia parte da IBM.

Nossa definição:

> *Um homem da empresa é alguém que sente que tem algo enorme a perder se não se comportar como um homem da empresa — ou seja, ele arrisca a própria pele.*

Em troca, a firma está obrigada através de um pacto a manter o homem da empresa em seus registros contábeis e na folha de pagamento pelo maior tempo possível e exequível, ou seja, até a aposentadoria compulsória, após a qual ele iria jogar golfe com uma pensão confortável, tendo como parceiros seus ex-colegas de trabalho. Esse sistema funcionou durante o tempo em que as grandes corporações eram longevas e vistas como mais duradouras do que Estados nacionais.

Na década de 1990, no entanto, as pessoas começaram a perceber que trabalhar como um homem da empresa era seguro... contanto que a empresa continuasse a existir. Mas a revolução tecnológica que ocorreu no Vale do Silício colocou as empresas tradicionais sob ameaça financeira. Por exemplo, após a ascensão da Microsoft e do computador pessoal, a IBM, que era o principal viveiro de homens da empresa, teve que demitir parte de seus "comprometidos por toda a vida", que então perceberam que o perfil de baixo risco de sua posição não era de tão baixo risco assim. Essas pessoas não conseguiram encontrar emprego em outro lugar; não serviam para ninguém fora da IBM. Até mesmo seu senso de humor fracassava fora da cultura corporativa.

Se o homem da empresa desapareceu, foi substituído pela pessoa da empresa. Pois as pessoas não são mais propriedade de uma empresa, mas por algo pior: a ideia de que precisam ser *empregáveis*. A pessoa empregável está inserida em uma indústria, com medo de aborrecer não apenas seu empregador, mas *outros* potenciais empregadores.*

A TEORIA DA EMPRESA DE COASE

Talvez, por definição, uma pessoa empregável seja aquela que você jamais encontrará em um livro de história, porque elas nascem para nunca deixar sua marca no curso dos acontecimentos. Eles são, por definição, desinteressantes para os historiadores. Mas vejamos agora como isso se encaixa na teoria da empresa e nas ideias de Ronald Coase.

> *Um funcionário é — por definição — mais valioso dentro*
> *de uma empresa do que fora dela; isto é, mais valioso*
> *para o empregador do que para o mercado.*

Coase foi um extraordinário economista moderno na medida em que tinha um pensamento independente, rigoroso e criativo, com ideias que são aplicáveis e explicam o mundo à nossa volta — em outras palavras, a coisa real, legítima, genuína. Suas ideias são tão rigorosas que ele é conhecido pelo Teorema de Coase (sobre como os mercados são muito inteligentes na alocação de recursos e de chateações como poluição), que ele propôs sem uma única palavra de matemática, mas que é tão fundamental como muitas máximas matemáticas.

Teorema à parte, Coase foi o primeiro a lançar uma luz sobre por que empresas existem. Para ele, contratos podem ser muito dispendiosos para

---

* Em alguns países, executivos e gerentes de nível médio recebem regalias como um carro (disfarçado de subsídio fiscal), que são coisas em que o funcionário não gastaria seu dinheiro se recebesse o benefício em dinheiro (o mais provável é que guardaria a verba); esses privilégios tornam o funcionário ainda mais dependente.

negociar devido aos custos de transação; a solução é incorporar sua empresa e contratar funcionários com claras descrições do cargo e atribuições da função, pois você não consegue pagar contas legais e organizacionais para todas as transações. Um livre mercado é um lugar onde as forças atuam para determinar a especialização, e a informação viaja via preço potencial; mas *dentro* de uma empresa essas forças de mercado são abolidas porque custam mais para serem implementadas do que os benefícios que elas trazem. Assim, as forças do mercado farão com que a empresa busque como objetivo a proporção ideal de funcionários e empregados externos.

Como podemos ver, Coase parou a um ou dois centímetros da noção de arriscar a própria pele. Ele nunca pensou em termos de risco para perceber que um funcionário também é uma estratégia de gerenciamento de risco.

Tivessem os economistas, Coase ou Shmoase, algum interesse pelos antigos, descobririam a estratégia de gestão de risco em que se fiavam as famílias romanas que usualmente incumbiam um escravo das funções de tesoureiro, a pessoa responsável pelas finanças da casa e o patrimônio da família. Por quê? Porque você pode infligir uma punição muito maior a um escravo do que a uma pessoa livre ou a um homem liberto — e não precisa depender da lei para isso. Você pode ir à falência pela atitude de um administrador irresponsável ou desonesto que talvez desvie os fundos da sua propriedade para a Bitínia. Um escravo tem mais desvantagens e riscos.

COMPLEXIDADE

Bem-vindo ao mundo moderno. Um mundo no qual os produtos são cada vez mais fabricados por empresas terceirizadas e subcontratadas com graus crescentes de especialização, e os funcionários são ainda mais necessários do que antes para algumas tarefas específicas e delicadas. Se um dos passos do processo dá errado, muitas vezes o empreendimento inteiro é encerrado — o que explica por que hoje, em um mundo supostamente mais eficiente com estoques mais baixos e mais subcontratados, as coisas parecem funcionar de forma tranquila e eficiente, mas os erros são mais caros e os atrasos consideravelmente mais longos que no passado. Um único atraso na cadeia pode interromper todo o processo.

UMA CURIOSA FORMA DE SER DONO DE ESCRAVOS

O regime escravocrata nas empresas tradicionalmente assumiu formas muito curiosas. O melhor escravizado é alguém que recebe um salário alto demais e tem consciência disso, ficando apavorado com a ideia de perder seu status. As multinacionais criaram a categoria de expatriados, uma espécie de diplomata com um padrão de vida mais alto que representa a empresa em terras distantes e administra os negócios lá. Todas as grandes corporações tinham (e algumas ainda têm) funcionários com status de expatriados e, apesar de seus custos, é uma estratégia extremamente eficaz. Por quê? Porque quanto mais longe da sede da empresa um funcionário está localizado, quanto mais autônoma sua unidade, mais você quer que ele seja um escravo, para que assim não faça nada fora do padrão por conta própria.

Um banco em Nova York envia um funcionário casado com sua família para uma terra distante, digamos, um país tropical com mão de obra barata, com regalias e privilégios como o título de sócio do country club, motorista, uma bela casa de campo com jardineiro, viagem anual de volta para casa com a família com passagens de primeira classe, e o mantém lá por alguns anos, o suficiente para que ele se vicie. Ele ganha muito mais do que os "nativos" em uma hierarquia que lembra os tempos coloniais. Ele constrói uma vida social com outros expatriados. Cada vez mais ele deseja permanecer no local por mais tempo, mas está longe da sede da corporação e não tem ideia de qual é sua posição minuto-a-minuto dentro da empresa, a não ser por meio de sinais. Por fim, como um diplomata, ele implora para ser mandado para outro local quando chega a hora de uma reorganização. Retornar ao escritório significa perda de regalias, ter que voltar ao seu salário-base — um regresso à vida da classe média baixa nos subúrbios de Nova York, pegando o trem para ir e voltar do trabalho, talvez, Deus o livre!, um ônibus, e comendo um sanduíche no almoço! A pessoa fica apavorada quando o patrão o esnoba. Noventa e cinco por cento da mente do funcionário estará na política da empresa... o que é exatamente o que a empresa quer. O chefão na sala da diretoria terá um apoiador e defensor no caso de alguma intriga.

A LIBERDADE NUNCA É DE GRAÇA

Na famosa narrativa de Ahiqar, mais tarde adaptada por Esopo (e novamente retomada por La Fontaine), o cão se gaba para o lobo de todas as engenhocas de conforto e luxo de que ele desfruta, quase convencendo o lobo. Até que o lobo repara no pescoço esfolado do cão, questiona sobre a coleira e fica aterrorizado quando compreende seu uso: *"'Amarrado? Adeus, amigo! Não te sigo! Das tuas refeições inveja não sinto'. Ele fugiu e ainda está correndo".**

A pergunta é: o que você gostaria de ser, um cachorro ou um lobo?

A versão original em aramaico era protagonizada por um burro em vez de um lobo, ostentando sua liberdade. Mas o burro selvagem acaba sendo devorado pelo leão. Liberdade implica riscos — arriscar a própria pele, de verdade. A liberdade nunca é de graça.

Faça o que fizer, só não seja um cachorro se passando por um lobo. Nos pardais-de-Harris, os machos desenvolvem traços secundários que se correlacionam com sua habilidade de luta. A cor mais escura está associada à dominância. Entretanto, o escurecimento experimental de machos mais claros não aumenta seu status, pois seu comportamento não se altera. Na verdade, esses pássaros mais escuros são mortos — como o pesquisador Terry Burnham uma vez me disse: "Pássaros sabem que você precisa cumprir o que promete".

Outro aspecto do dilema do cão versus lobo: a sensação de falsa estabilidade. A vida de um cão domesticado pode parecer tranquila, confortável e segura, mas na ausência de um dono um cão não sobrevive. A maioria das pessoas prefere adotar filhotes, e não cachorros adultos; em muitos países, os cães indesejados são sacrificados. Um lobo é programado para sobreviver. Funcionários abandonados por seus empregadores, como vimos na história da IBM, não conseguem dar a volta por cima e se recuperar do revés.

---

* La Fontaine: *Il importe si bien, que de tous vos repas / Je ne veux en aucune sorte, / Et ne voudrais pas même à ce prix un trésor. / Cela dit, maître Loup s'enfuit, et court encor.*

LOBOS ENTRE CÃES

Há uma categoria de empregados que não são escravizados, mas eles representam uma proporção muito pequena do conjunto. Você pode identificá-los da seguinte forma: eles não dão a mínima para sua reputação, pelo menos não com sua reputação corporativa.

Depois da faculdade de administração, passei um ano em um programa de treinamento bancário — por algum acidente, já que o banco estava confuso sobre minha formação, qualificação, experiência e objetivos, e queria que eu me tornasse um banqueiro internacional. Lá, eu estava rodeado de pessoas altamente empregáveis (a experiência mais desagradável que já tive na vida), até que mudei para a área de operação de derivativos (em outra empresa) e descobri que havia alguns lobos entre os cães.

Um tipo era o vendedor cujo pedido de demissão poderia causar uma perda de clientes ou, o que é pior, poderia beneficiar um concorrente. O pessoal de vendas vivia em tensão com a empresa à medida que tentavam dissociar as contas deles despersonalizando as relações com os clientes, geralmente sem sucesso: as pessoas gostam de pessoas, e desistem de negócios quando são atendidos ao telefone por alguém genérico e bem-educado no lugar de seu caloroso e muitas vezes exuberante vendedor-amigo. O outro tipo era o operador para quem só uma coisa importava: os lucros e perdas, ou L e P. As firmas tinham uma relação de amor e ódio com esses dois tipos, já que eram ingovernáveis e indisciplinados — traders e vendedores só eram gerenciáveis quando eram não lucrativos, caso em que eram indesejados.

Os traders que ganhavam dinheiro, percebi, podiam ficar tão turbulentos e insubordinados que precisavam ser mantidos longe dos demais empregados. Esse é o preço que se paga por transformar indivíduos em centros de lucro, o que significa que nenhum outro critério importava. Lembro-me de que certa vez ameacei um trader que estava maltratando impunemente o aterrorizado contador, dizendo-lhe coisas do tipo: "Estou ocupado ganhando o dinheiro que paga seu salário" (insinuando que a contabilidade não contribuía para os resultados líquidos da empresa). Mas tudo bem; as pessoas que você encontra quando está no auge também são aquelas que você encontra quando está por baixo, e vi esse trader sendo maltratado (de forma mais sutil) pelo mesmo contador antes de ser demitido, pois acabou entrando numa maré de azar. Você é livre — mas apenas tão livre quanto a sua última negociação de compra e venda. Como vimos com o cão selvagem de Ahiqar, a liberdade nunca é de graça.

Quando mudei de trabalho para longe do proto-homem da empresa, disseram-me explicitamente que meu emprego chegaria ao fim no minuto em que eu deixasse de cumprir as metas de L e P. Eu estava encurralado, numa sinuca de bico, mas encarei a aposta, o que me obrigou a participar de arbitragem, que eram transações de baixo risco com pequenas desvantagens, possíveis na época porque a sofisticação dos traders nos mercados financeiros era muito baixa.

Eu me lembro de me perguntarem por que eu não usava gravata, o que na época era o equivalente a caminhar nu em plena Quinta Avenida afora. "É em parte arrogância, em parte estética, em parte conveniência", era a minha resposta habitual. Se você fosse lucrativo, poderia infernizar os gerentes, fazer e dizer todo tipo de merda, e eles engoliam o sapo porque precisavam de você e tinham medo de perder o próprio emprego. As pessoas que se expõem a riscos podem ser socialmente imprevisíveis. A liberdade está sempre associada a assumir riscos, quer a bravata resulte em liberdade, quer derive dela. Quem corre riscos se sente parte da história. E os que se expõem a riscos assumem riscos porque é da sua natureza serem animais selvagens.

Observe a dimensão linguística — e por que, além das considerações de vestuário, os traders precisavam ser mantidos afastados do restante das pessoas que não eram livres e não assumiam riscos. Na minha época, ninguém xingava em público, exceto membros de gangues e aqueles que queriam sinalizar que não eram escravizados: os traders tinham uma boca suja digna de marinheiros, e eu mantive o hábito da linguagem chula estratégica, usada apenas fora dos meus textos e da vida familiar.* Aqueles que usam linguagem indecorosa e de baixo calão nas redes sociais (como o Twitter) estão enviando um claro sinal de que são livres — e, ironicamente, competentes. Ninguém sinaliza competência

---

* Não sou capaz de resistir a contar esta história. Certa vez recebi uma carta de uma pessoa do setor financeiro com a seguinte solicitação: "Caro sr. Taleb, sou um seguidor fiel de seu trabalho, mas sinto-me compelido a lhe dar um conselho. Um intelectual como o senhor ganharia muito em influência se evitasse usar linguagem chula". Minha resposta foi bastante sucinta: "Vá se foder".

se não correr os riscos por ela — existem poucas dessas estratégias de baixo risco. Portanto, hoje, xingar é um símbolo de status, assim como os oligarcas em Moscou usam calças jeans em eventos especiais para reforçar seu poder. Mesmo nos bancos, os traders eram mostrados aos clientes em visitas à empresa como se fossem animais em um zoológico, e a visão de um trader xingando ao telefone enquanto negociava com um corretor fazia parte do cenário.

Dessa forma, xingar e usar linguagem torpe pode ser um sinal de status canino e ignorância — "*canaille*", ou *canalha*, que etimologicamente relaciona essas pessoas aos cães. Ironicamente, o status mais elevado, o de um homem livre, é usualmente indicado pela adoção voluntária dos costumes da classe mais baixa.* Não é diferente de Diógenes (aquele que vivia no barril) insultando Alexandre, o Grande — quando pediu ao imperador que saísse da frente do sol e não tirasse dele o que não podia lhe dar. Leve em conta que as "maneiras" inglesas foram impostas à classe média como uma forma de domesticá-las, além de incutir nelas o medo de transgredir regras e violar normas sociais.

AVERSÃO À PERDA

Por ora leve em conta o seguinte:

> *O que importa não é o que uma pessoa tem ou não tem; é o que ele ou ela tem medo de perder.*

Quanto mais tem a perder, mais frágil você é. Ironicamente, em meus debates, vi inúmeros ganhadores do assim chamado prêmio Nobel de Economia (o prêmio Sveriges Riksbank em Ciências Econômicas em Memória de Alfred Nobel) preocupados em perder uma discussão. Percebi anos atrás que quatro deles estavam realmente aflitos que eu, um zé-ninguém, uma nulidade, um trader, os chamasse publicamente de fraudes. Por que eles se importavam? Bem, quanto mais alto você chega nesse negócio, mais inseguro fica, já que

---

* Meu amigo Rory Sutherland (o mesmo Rory) explicou que alguns representantes corporativos mais inteligentes tinham a estratégia de xingar enquanto conversavam com jornalistas para sinalizar que estavam transmitindo a verdade, e não recitando algum mantra da empresa.

perder um debate para uma pessoa inferior desmascara a pessoa mais do que se ela perder para algum especialista ou sumidade.

Chegar aos mais altos escalões da vida só funciona sob algumas condições. Qualquer um pensaria que o diretor da CIA é a pessoa mais poderosa dos Estados Unidos, mas descobriu-se que o respeitável David Petraeus era mais vulnerável que um motorista de caminhão. O sujeito não pôde nem sequer manter um relacionamento extraconjugal. Você pode colocar em risco a vida das pessoas, mas continua sendo um escravo. Toda a estrutura do serviço civil é organizada dessa maneira.

À ESPERA DE CONSTANTINOPLA

O anverso exato do figurão-público como escravo é o autocrata.

Enquanto escrevo estas linhas, testemunhamos um confronto incipiente entre vários partidos, que inclui os atuais "chefes" de Estado dos membros da Organização do Tratado do Atlântico Norte (Estados modernos não têm exatamente *chefes*, apenas pessoas que contam vantagem e se vangloriam) e o russo Vladímir Pútin. É claro que, com exceção de Pútin, todos os outros precisam ser eleitos, podem ficar sob o fogo cruzado de seu partido e têm que ajustar todas as suas declarações atentando para como ela poderia ser mal interpretada pela imprensa. Por outro lado, Pútin tem o equivalente do *dinheiro suficiente para mandar todo mundo à merda*, projetando um visível ar de "não estou nem aí", o que, por sua vez, angaria mais seguidores e apoio. Nesse confronto, Pútin dá a impressão de ser — e age como — um cidadão livre confrontando escravizados que precisam de comitês, aprovação, e que, é claro, julgam que precisam ajustar suas decisões a uma pontuação ou classificação imediata.

A atitude de Pútin fascina seus seguidores, em especial os cristãos no Levante — particularmente aqueles cristãos ortodoxos que se lembram de quando a frota de Catarina, a Grande, veio permitir o badalar dos sinos da Catedral de São Jorge, em Beirute. Catarina, a Grande, foi "o último tsar com culhões", e foi ela quem tirou a Crimeia dos otomanos. Antes disso, os otomanos sunitas tinham proibido os cristãos nas cidades costeiras sob seu controle de tocar os sinos das igrejas — apenas aldeias montanhosas inacessíveis se permitiam tal liberdade. Esses cristãos perderam a proteção ativa do tsar russo em 1917 e agora esperam que Bizâncio esteja voltando, cerca de cem anos depois. É muito mais fácil fazer negócios com o proprietário do que com algum funcionário que provavelmente perderá seu emprego no ano seguinte; da mesma forma, é mais fácil confiar na palavra de um autocrata do que na de uma frágil autoridade eleita.

Assistir a Pútin me fez perceber que animais domesticados (e esterilizados) não têm a menor chance contra um predador selvagem. Nem pensar. As capacidades militares não importam: é o gatilho que conta.*

Historicamente, o autocrata era mais livre e — em especial os monarcas tradicionais em pequenos principados —, em alguns casos, arriscava a própria pele para produzir melhorias, mais do que uma autoridade eleita cuja função objetiva é mostrar lucros fictícios, que só existem no papel. Não é o que ocorre nos tempos modernos, em que os ditadores, conscientes de que seu tempo talvez seja limitado, entregam-se à pilhagem e à transferência de ativos para suas contas bancárias na Suíça — como no caso da família real saudita.

NÃO ENTORNE O CALDO, BUROCRATISTÃO

Em termos mais gerais:

> As pessoas cuja sobrevivência depende de "avaliações de emprego" qualitativas por alguém de nível superior em uma organização não são dignas de confiança na tomada de decisões importantes.

Embora os funcionários sejam confiáveis *por definição*, ainda é verdade que não se pode confiar neles quando se trata de tomar decisões difíceis,

---

* O sufrágio universal não mudou muito a história: até recentemente, o conjunto de pessoas eleitas nas chamadas democracias era limitado a um clube de membros da classe alta que se importavam muito, muito pouco com a imprensa. No entanto, com maior mobilidade social, ironicamente, mais pessoas puderam ter acesso ao grupo de políticos — e perderam o emprego. E de modo progressivo, como acontece com as corporações, começaram a se reunir pessoas com o mínimo de coragem (selecionadas porque não têm coragem, como acontece numa corporação normal).

qualquer coisa que implique consequências sérias. Eles tampouco são capazes de enfrentar emergências a menos que atuem no ramo de emergências — bombeiros, por exemplo. O funcionário tem uma função objetiva muito simples: cumprir as tarefas que o supervisor dele ou dela julgar necessárias, ou satisfazer alguma meta manipulável. Se o empregado, a caminho do trabalho pela manhã, descobre o potencial para imensas oportunidades — por exemplo, vender produtos antidiabetes para visitantes sauditas pré-diabéticos —, ele não pode parar e começar a explorar a ocasião favorável se oficialmente atuar no ramo de luminárias, vendendo candelabros para viúvas da Park Avenue que gostam de antiguidades.

Portanto, embora um funcionário esteja lá para evitar uma emergência, se houver uma mudança de planos ele se verá de mãos atadas. Embora essa paralisia possa surgir porque a distribuição de responsabilidades causa uma séria diluição, há também um problema de escala.

Vimos esse efeito com a Guerra do Vietnã. A maioria das pessoas (mais ou menos) acreditava que certas decisões e ações eram absurdas, mas era mais fácil continuar do que parar — particularmente uma vez que sempre é possível distorcer os fatos e manipular uma história explicando por que continuar é melhor do que parar (a modernizada história da raposa e as uvas verdes agora conhecida como dissonância cognitiva). Temos testemunhado o mesmo problema na atitude dos Estados Unidos em relação à Arábia Saudita. Está claro desde o ataque ao World Trade Center (no qual os terroristas eram em sua maioria cidadãos sauditas) que alguém naquele reino não partidário teve participação — de alguma forma — no episódio. Mas nenhum burocrata, por receio das interrupções do fornecimento de petróleo, tomou a decisão certa. Em vez disso, a absurda invasão ao Iraque foi endossada porque parecia mais simples.

Desde 2001 a política de combate aos terroristas islâmicos tem sido, para dizer com palavras bem-educadas, fingir que não se vê o elefante na sala, tratando os sintomas e ignorando por completo a doença. Estupidamente, os formuladores de políticas oficiais e os burocratas de pensamento lerdo deixam o terrorismo crescer ignorando suas raízes — porque esse não era um caminho ideal para seus empregos, mesmo que fosse excelente para o país. Assim, perdemos uma geração: alguém que frequentou a escola de ensino fundamental na Arábia Saudita (nosso "aliado") depois do Onze de Setembro é agora um adulto, doutrinado para acreditar na violência salafista e apoiá-la, portanto incentivado a financiá-la. Pior ainda, os wahhabistas aceleraram a lavagem cerebral de asiáticos orientais e ocidentais com as *madrassas*, graças às polpudas receitas do petróleo. Em vez de invadir o Iraque ou mandar pelos ares o "Jihadista John" e outros terroristas individuais, assim provocando uma multiplicação desses agentes, teria sido melhor concentrar-se na fonte dos problemas: a educação wahhabista/salafista e a promoção de crenças intolerantes, de acordo com o qual um xiita, um iazidi ou um cristão são pessoas desviantes. Mas, insisto, essa não é uma decisão que possa ser tomada por um punhado de burocratas munidos apenas de uma descrição das responsabilidades do cargo.

A mesma coisa aconteceu em 2009 com os bancos. Afirmei no prólogo (parte 1) que o governo Obama foi cúmplice do negócio de Bob Rubin. Temos um bocado de evidências de que eles estavam com medo de complicar a situação e contrariar os comparsas.

Agora, compare essas políticas àquelas em que os tomadores de decisões arriscam a própria pele como um substituto para sua "avaliação profissional" anual, e você verá um mundo diferente.

A SEGUIR

A seguir, vamos falar sobre o calcanhar de Aquiles dos livros que não são tão livres assim.

4. Arriscando a pele dos outros

Como ser um delator — James Bond não é um padre jesuíta, mas é um solteirão — Moriarty e Sherlock Holmes também — Inteligência total na firma de relações-públicas Ketchum — Arriscando a pele com terroristas

UMA HIPOTECA E DOIS GATOS

Imagine trabalhar para uma corporação que produz um dano (até agora) oculto à comunidade, ao esconder uma propriedade cancerígena que mata milhares de pessoas por um efeito que (ainda) não é totalmente visível. Você poderia alertar o público, mas perderia automaticamente seu emprego. Existe o risco de que os malévolos cientistas da corporação refutem suas acusações, causando humilhações adicionais. Você está ciente do que os trapaceiros do departamento de relações públicas da Monsanto fizeram com o cientista francês Gilles-Éric Séralini, que, até ganhar seu processo por difamação e calúnia, viveu em total desgraça científica, o equivalente reputacional da lepra. Ou pode ser que depois que as notícias esfriem você acabe sendo ignorado. Você está familiarizado com o histórico dos dedos-duros, que mostra que, mesmo quando o denunciante tem razão, pode levar um bom tempo para que a verdade prevaleça por sobre todo o ruído criado pelos marqueteiros corporativos. Enquanto isso, você pagará o preço.

Uma campanha difamatória contra você destruirá qualquer esperança de conseguir outro emprego.

Você tem nove filhos, um pai doente e, como resultado de sua decisão, o futuro de sua prole pode estar arruinado. As esperanças que eles tinham de cursar uma faculdade vão evaporar — talvez você enfrente dificuldades até para alimentar adequadamente seus filhos. Você está sentindo na pele um severo conflito entre a sua obrigação para com o coletivo e para com a sua progênie. Você se julga cúmplice do crime e, a menos que tome alguma providência, é um agente: milhares de pessoas estão morrendo por causa do envenenamento encoberto pela corporação. Ser ético traz a reboque um custo enorme *para os outros*.

No filme de James Bond, *007 contra Spectre*, o agente com licença para matar se vê lutando — por conta própria, ao estilo dos denunciantes — contra uma conspiração de forças obscuras que assumiu o controle do serviço secreto britânico, incluindo seus supervisores. Quando Bond pede a Q que o ajude na batalha contra os conspiradores, a resposta de Q — que construiu para 007 Bond um novo e sofisticado carro e outras engenhocas — é a seguinte: "Tenho uma hipoteca e dois gatos". Em tom de brincadeira, claro, porque ele acaba arriscando a vida de seus dois gatos para enfrentar os malfeitores.

A sociedade gosta que santos e heróis morais sejam solteiros e celibatários, de modo que não sofram pressões familiares que possam forçá-los ao dilema de precisar comprometer seu senso de ética para alimentar os filhos. Toda a raça humana, algo bastante abstrato, torna-se a família deles. Alguns mártires, como Sócrates, tinham filhos pequenos (embora já fosse septuagenário) e superaram o dilema às custas da prole.* Muitos não conseguem.

A vulnerabilidade dos chefes de família foi explorada de modo notável ao longo da história. Os samurais tinham que deixar suas famílias como reféns em Edo como garantia de que não se rebelariam contra os governantes. Romanos e hunos praticavam a troca de "visitantes" permanentes, os filhos de

---

* Na *Apologia* de Platão, Sócrates comportou-se como um *mensch*: "Também eu, Senhor, tenho família, e bem posso dizer que não nasci 'de um carvalho nem de um rochedo'" — novamente uma expressão de Homero —, "mas de seres humanos, pois também tenho parentes e, sim, filhos, cidadãos atenienses: três deles, um já jovenzinho e dois pequenos. Mas, mesmo assim, não farei vir aqui nenhum deles para vos rogar a minha absolvição".

governantes de ambos os lados, que cresciam nas cortes da nação estrangeira em uma forma de cativeiro luxuoso.

Os otomanos contavam com os janízaros, que ainda recém-nascidos eram arrancados de famílias cristãs, e nunca se casavam. Não tendo família (ou nenhum contato com a família), devotavam-se inteiramente ao sultão.

Não é segredo que as grandes corporações preferem funcionários com famílias; é mais fácil ser dono de alguém que tem risco de perder alguma coisa, especialmente quando está sufocando sob o peso de uma penosa hipoteca.

E é claro que a maioria dos heróis fictícios, como Sherlock Holmes ou James Bond, não tem o estorvo de uma família que pode se tornar alvo, digamos, do malévolo professor Moriarty.

Vamos dar um passo adiante.

Para fazer escolhas éticas, você não pode ter dilemas entre o particular (amigos, família) e o geral.

O celibato tem sido uma forma de forçar os homens a implementar tal heroísmo: por exemplo, os membros da antiga seita judaica rebelde dos essênios eram celibatários. Então, por definição, não se reproduziram — a menos que se considere que a seita sofreu uma mutação para se fundir com o que hoje é conhecido como cristianismo. A exigência de castidade talvez fosse útil para as causas rebeldes, mas não é a melhor maneira de multiplicar uma seita ao longo dos tempos.

A independência financeira é outra maneira de solucionar dilemas éticos, mas tal independência é difícil de averiguar: muitas pessoas que aparentam ser independentes não o são exatamente. Se na época de Aristóteles uma pessoa de posses era livre para seguir sua própria consciência, isso não é mais tão comum nos dias modernos.

A liberdade intelectual e ética exige não arriscar a pele dos outros por nós, e é por isso que os livres são tão raros. Não sou minimamente capaz de imaginar o ativista Ralph Nader, quando era o alvo das grandes montadoras de automóveis, criando uma família com 2,2 filhos e um cachorro.

Mas nem o celibato nem a independência financeira tornam alguém incondicionalmente imune, como veremos a seguir.

ENCONTRANDO VULNERABILIDADES ESCONDIDAS

Até agora vimos que o requisito do celibato é prova suficiente de que a sociedade tem, tradicionalmente, penalizado de forma implícita alguma camada de uma coletividade por conta das ações de um indivíduo. Isso nunca é feito de forma explícita: ninguém diz "Vou punir sua família porque você está criticando as grandes empresas de agroquímicos", quando, na verdade, é isso que acontece na prática quando a redução no número de presentes sob a árvore de Natal ou a queda na qualidade dos alimentos na geladeira é uma ameaça.

Eu tenho *dinheiro o bastante para mandar todo mundo à merda*, então aparento ser totalmente independente (apesar de ter certeza de que minha independência não está vinculada às minhas finanças). Mas há pessoas importantes para mim e que podem ser afetadas por minhas ações, e os que quiserem me prejudicar talvez tentem ir atrás delas. Na campanha contra mim travada pelas Gigantes do Agronegócio, empresas de relações públicas (contratadas para jogar no descrédito aqueles que eram céticos quanto ao risco dos transgênicos) não conseguiram ameaçar meu sustento. Tampouco foram capazes de usar contra mim o rótulo de "anticiência" (a principal arma de seu arsenal), pois tenho um histórico de defender o rigor probabilístico da ciência expresso em linguagem técnica, e vários milhões de leitores que entendem meu raciocínio. É um pouco tarde demais para isso agora. Verdade seja dita, ao criar analogias entre algumas passagens escolhidas a dedo de meus textos fora do contexto e as do guru da nova era Deepak Chopra, eles levaram algumas pessoas a suspeitar que Chopra era um lógico, uma aplicação da régua de Wittgenstein:* medindo a mesa com uma régua estou medindo a régua ou medindo a mesa? Comparações forçadas e absurdas são propensas a desmoralizar mais o comentador do que o comentado.

Então, esses escritórios de relações públicas recorreram a estratagemas como ciberataques e assédio virtual, enviando enxurradas de mensagens para lotar as caixas de e-mails dos funcionários da Universidade de Nova York — incluindo também assediar uma assistente indefesa e pessoas que nem sequer faziam ideia de que eu trabalhava na universidade, já que estou lá apenas durante um trimestre do ano. Este método — de atacar onde eles *acham* que

---

* Em *Iludido pelo acaso*.

dói — implica atingir as pessoas ao seu redor que são mais vulneráveis do que você. A General Motors, na campanha desesperada para deter Ralph Nader (que descobriu falhas nos produtos da GM), apelou e passou a molestar Rose Nader, a mãe dele, telefonando para essa senhora às três da manhã na época em que era difícil rastrear um telefonema. Claramente, isso tinha o propósito de fazer Ralph Nader sentir-se culpado por colocar a própria mãe em encrenca. No fim ficou claro que Rose Nader era uma ativista e se sentiu lisonjeada pelas ligações (pelo menos ela não ficou de fora da batalha).

Sou privilegiado por ter outros inimigos além das Gigantes do Agronegócio. Alguns anos atrás, uma universidade no Líbano me ofereceu um título de doutor *honoris causa*. Aceitei por respeito, contrariando meu costume de recusar prêmios e honrarias (principalmente) porque fico entediado durante as cerimônias. Além disso, a julgar pela minha experiência, as pessoas que colecionam doutorados honorários normalmente são muito preocupadas com a hierarquia, e eu sigo a instrução de Catão, o Velho, que preferia que lhe indagassem por que não havia uma estátua dedicada a ele e não por que havia uma. A administração da universidade automaticamente tornou-se o alvo dos meus detratores, dos simpatizantes salafistas em meio ao corpo discente e daqueles que se irritaram devido ao meu entusiasmo na defesa do islamismo xiita e meu desejo de devolver o Líbano para o Mediterrâneo Oriental, o mundo greco-romano ao qual pertence tangivelmente, longe da desastrosa e fictícia construção do arabismo. Está claro para mim que reitores e presidentes de universidades são muito mais vulneráveis do que pessoas independentes, e animais sabem onde está a fraqueza. De acordo com a regra da minoria, basta um número muito pequeno de detratores que usem modismos, clichês, jargões rebuscados e equivocados que fazem as pessoas se encolher de medo ("racista", por exemplo) para apavorar uma instituição inteira. Instituições são empregados — funcionários vulneráveis e preocupados com a própria reputação. Ser salafista não é uma raça, e sim um movimento, uma organização política-criminosa, mas as pessoas têm tanto medo de ser rotuladas de racistas que perdem a cabeça. No entanto, os esforços dos detratores foram em vão: por um lado, não podem me prejudicar; por outro, a universidade teria mais a perder com o cancelamento de uma honraria do que com o assédio dos pan-arabistas e salafistas.

Esses métodos de perseguir pessoas vulneráveis associadas a nós acabam sendo ineficazes. Em primeiro lugar, pessoas abomináveis (e simpatizantes salafistas) tendem a ser burras, como as pessoas que agem apenas em multidões. Além disso, aqueles que se envolvem em campanhas de difamação como uma profissão são necessariamente incompetentes em tudo o mais — logo, também nesse negócio —, de modo que essa indústria acumula sujeitos que são propensos a ter uma moral mais flexível. Por acaso algum daqueles seus colegas do ensino médio que eram espertos nos negócios, malandros dotados da sabedoria das ruas ou academicamente talentosos declarou que tinha o sonho de se tornar o maior especialista mundial em difamar denunciantes? Ou até mesmo trabalhar como lobista ou especialista em relações públicas? Esse tipo de trabalho é necessariamente um indicativo de fracasso em outras coisas.

Então:

Para estar livre de conflitos, você não pode ter amigos.

É por isso que Cléon renunciou a todas as suas amizades quando ascendeu ao poder em Atenas.

Até agora, vimos que o elo entre o indivíduo e o coletivo é confuso demais para ser interpretado de maneira ingênua. Então, ponderemos sobre a clássica situação do terrorista que julga ser imune aos perigos.

COMO FAZER OS HOMENS-BOMBA ARRISCAREM A PRÓPRIA PELE

Alguém pode punir uma família pelos crimes de um indivíduo? As Escrituras são contraditórias: no Antigo Testamento é possível encontrar as duas respostas. *Êxodo* e *Números* mostram Deus como "*visitando a iniquidade dos pais nos filhos até a terceira e quarta geração*". *Deuteronômio* faz uma separação: "Os pais não serão mortos em lugar dos filhos, nem os filhos em lugar dos pais; cada um morrerá pelo seu próprio pecado". Até hoje a questão não está totalmente resolvida, não há consenso, tampouco a resposta é clara. Ninguém é responsável pelas dívidas dos pais, mas os contribuintes alemães ainda são responsáveis pelas reparações de guerra por crimes cometidos por seus avós e bisavós. E mesmo na Antiguidade, quando a dívida era um fardo que atravessava gerações, a resposta não era clara nem bem definida: havia um mecanismo de equilíbrio de limpeza periódica, em que se passava uma esponja (literalmente) no passado, com o hábito do perdão das dívidas no jubileu ou ano jubilar.

No entanto, a resposta é clara no caso do terrorismo. A regra deveria ser: *Você mata minha família com suposta impunidade; vou fazer com que a sua família pague algum preço indireto por isso.* A responsabilidade indireta não faz parte da metodologia padrão de crime-e-punição de uma sociedade civilizada, mas o confronto com terroristas (que ameaçam inocentes) também não é padrão. Pois em raros momentos na história enfrentamos uma situação em que o autor de um crime obtém uma compensação completamente assimétrica e vantajosa da própria morte.*

Na verdade, o Código de Hamurabi tem essa disposição legal, transferindo responsabilidade de uma geração para outra. Pois na mesma estela de basalto cercada por bastões de selfie coreanos está escrito o seguinte: "Se um construtor edifica uma casa mas não reforça seu trabalho e a casa que ele construiu desaba e causa a morte do proprietário, esse construtor deverá ser condenado à morte. Se o filho do proprietário morrer, o filho do construtor deverá ser condenado à morte". O indivíduo tal como o entendemos hoje não existia como uma unidade autônoma; a família, sim.

Os ciganos têm regras que por muito tempo permaneceram nebulosas para os estrangeiros; provavelmente foi somente depois do filme *Amarga vingança* (2000)** que o público geral descobriu um costume obscuro entre as tribos *gitanas* (ciganos espanhóis). Quando o membro de uma família mata um membro de outra, um parente direto do assassino será entregue à família da vítima.

O insólito incômodo com o terrorismo jihadista é que somos totalmente indefesos diante de uma pessoa iludida e frustrada e disposta a matar um sem-número de inocentes sem nenhuma desvantagem concreta, isto é, sem arriscar a própria pele. No norte da Fenícia, os alauítas são aterrorizados por salafistas usando jaquetas recheadas de bombas que planejam explodir em um lugar público. É quase impossível que sejam "capturados" sem que os

---

* A narrativa atual é que os terroristas acreditam que vão para o céu e lá encontrarão virgens que se parecem com suas belas vizinhas. Não é bem verdade: muitos apenas procuram uma morte considerada heroica, ou estão tentando impressionar os amigos. O desejo de ser herói pode nos ludibriar.
** No original, *Vengo*, de Tony Gatlif. (N. T.)

explosivos detonem. Matá-los de imediato, a máxima de atirar primeiro, fazer perguntas depois, leva a falsos positivos, mas não podemos nos dar ao luxo de falsos negativos. Como resultado, temos casos de cidadãos encurralando e "abraçando" suspeitos de serem homens-bomba em locais onde a detonação seria menos prejudicial. É uma forma de resistência aos ataques suicidas.

A punição comunitária explícita pode ser usada quando outros métodos de justiça falham, contanto que não se baseie em uma reação emocional, mas em um método de justiça bem delineado, definido antes do evento, para que se torne um impedimento e uma boa estratégia de dissuasão. Quem se sacrifica por um suposto benefício em prol da coletividade precisa de um impedimento, por isso, quando todos os outros métodos falham, é preciso obrigá-los a arriscar a pele alheia. E essa pele é visível: a própria coletividade.

A única maneira de que dispomos para controlar terroristas suicidas seria precisamente convencê-los de que explodirem a si mesmos não é o pior que pode acontecer, nem o fim da história. Fazer com que suas famílias e entes queridos arquem com um fardo financeiro — assim como os alemães ainda pagam por crimes de guerra — imediatamente acrescentaria consequências às suas ações. A penalidade precisa ser devidamente calculada para ser um verdadeiro estorvo, porém sem transmitir qualquer senso de heroísmo ou martírio às famílias em questão.

Não me sinto bem com a ideia de transferir um crime de uma unidade, um indivíduo, para outra, um coletivo. Mas também não me sinto mal em evitar que a família dos autores de atos terroristas se beneficie com tais atos — muitos grupos terroristas recompensam as famílias de homens-bomba, e é possível dar cabo disso, com segurança e sem qualquer dilema ético.

A SEGUIR

Nos últimos dois capítulos examinamos os aspectos positivos e negativos da dependência e as restrições às nossas liberdades advindas de arriscar a própria pele. A seguir, examinaremos as fortes emoções (do tipo certo) de correr riscos.

Livro V

Estar vivo significa assumir certos riscos

5. A vida na máquina de simulação

Como se vestir enquanto lê Borges e Proust — Há muitas maneiras de convencer alguém com um picador de gelo — Concílios de bispos briguentos — Theōsis — Por que Trump vai ganhar (e de fato ganhou)

Certa vez, em um jantar, eu me sentei a uma imensa mesa-redonda de frente para um cara muito educado e gentil chamado David. O anfitrião era um físico, Edgar C., em seu clube nova-iorquino, uma espécie de clube literário, onde, à exceção de David, quase todos estavam vestidos como pessoas que leem Borges e Proust, ou queriam ser conhecidos como leitores de Borges e Proust, ou apenas gostavam de passar tempo com pessoas que liam Borges e Proust (calça de veludo cotelê, gravata plastrão, sapato de camurça, ou apenas terno e gravata). Quanto a David, ele estava vestido como alguém que não sabia que pessoas que liam Borges e Proust precisavam se vestir de uma certa maneira quando se reuniam. Em algum momento durante o jantar, David inesperadamente sacou um picador de gelo e o enfiou na própria mão. Eu não tinha ideia do que aquele sujeito fazia para ganhar a vida — tampouco estava ciente de que Edgar gostava de praticar truques de mágica como passatempo. No fim, descobri que o David em questão era um mágico (seu nome é David Blaine), e que ele era muito famoso.

Eu sabia muito pouco sobre mágicos, presumindo que tudo era uma questão de ilusões de ótica — o problema inverso que mencionamos no prólogo (parte 2), que torna mais fácil fazer engenharia do que engenharia reversa. Mas algo me surpreendeu no fim da festa: David estava de pé junto à chapeleira, usando um lenço para secar gotas de sangue que escorriam de sua mão.

Então o sujeito estava realmente fazendo um picador de gelo atravessar sua mão — com todos os riscos que isso acarretava. De repente ele se tornou outra pessoa em meus olhos. Ele agora era real. Ele assumia riscos. Ele arriscava a própria pele.

Eu o encontrei de novo alguns meses depois e, quando tentei cumprimentá-lo com um aperto de mão, notei uma cicatriz onde o picador de gelo havia atravessado sua mão.

JESUS ERA AFEITO A RISCOS

Isso me permitiu finalmente entender esse negócio da Trindade. A religião cristã, passando por Calcedônia, Niceia e outros concílios ecumênicos e vários sínodos de bispos inclinados a discussões, teimou em insistir na natureza dual de Jesus Cristo. Seria teologicamente mais simples se Deus fosse um deus e Jesus fosse um homem, tal qual outro profeta, a maneira como o islã o vê, ou a forma como o judaísmo vê Abraão. Mas não, ele tinha que ser a um só tempo homem e deus; a dualidade é tão essencial que continuava voltando por meio de todo tipo de refinamento: se a dualidade permitia compartilhar a mesma substância (ortodoxia), a mesma vontade (monotelitas) ou a mesma natureza completa (monofisitas). A Trindade é o que levou outros monoteístas a ver traços de politeísmo no cristianismo, e fez com que muitos cristãos que caíram nas mãos do Estado Islâmico fossem decapitados.

Então parece que os fundadores da Igreja realmente queriam que Cristo arriscasse a própria pele; ele realmente sofreu na cruz, sacrificou-se e conheceu a experiência da morte. Ele era afeito a riscos. De forma mais decisiva para a nossa história, ele se sacrificou *pelo bem dos outros*. Um deus despido de humanidade não pode dar a cara a tapa dessa maneira, não pode realmente sofrer (ou, se o fizer, essa redefinição de um deus injetado com uma natureza humana corroboraria nosso argumento). Um deus que não sofreu de verdade na cruz seria como um mágico que encenou uma ilusão, não alguém que realmente sangrou depois de deslizar um picador de gelo por entre os ossos do carpo.

A Igreja ortodoxa vai além, valorizando o lado humano. O bispo Atanásio de Alexandria, do século IV, escreveu: "Jesus Cristo encarnou para que *nós* pudéssemos ser feitos Deus" (ênfase minha). É o próprio caráter humano de Jesus que possibilita que nós, mortais, tenhamos acesso a Deus, que nos tornemos parte Dele, a fim de partilhar do divino. Essa fusão é chamada *theōsis*. A natureza humana de Cristo torna o divino possível para todos.*

A APOSTA DE PASCAL

Esse argumento (de que a vida real é assumir riscos) revela a fraqueza teológica da Aposta de Pascal, que estipula que acreditar no Criador tem uma compensação positiva, caso ele realmente exista, e nenhuma desvantagem no caso de ele não existir. Portanto, a aposta seria acreditar em Deus como uma opção gratuita. Mas não há opções gratuitas. Se você seguir a ideia até seu fim lógico, poderá ver que ela propõe a religião sem nenhum risco, tornando-a uma atividade puramente acadêmica e estéril. Mas o que se aplica a Jesus também deveria se aplicar a outros crentes. Veremos que, tradicionalmente, não há religião sem que se arrisque a própria pele em algum grau.

A MATRIZ

Os filósofos, ao contrário dos bispos, igualmente inclinados ao debate porém vastamente mais sofisticados (e usando trajes muito mais coloridos), não entendem o experimento de pensamento da *máquina da experiência*. O procedimento é o seguinte. Simplesmente você se senta em um aparelho e um técnico conecta alguns cabos em seu cérebro, e depois disso você passa por uma "experiência". Tem a perfeita sensação de que o evento ocorreu, exceto que tudo aconteceu na realidade virtual; foi tudo na sua cabeça. Infelizmente, essa experiência nunca estará na mesma categoria que o real — apenas um

---

* "O Filho de Deus compartilha nossa natureza para que possamos compartilhar a Sua; como Ele nos tem Nele, assim nós O temos em nós" — Crisóstomo.

filósofo acadêmico que nunca assumiu riscos pode acreditar nesse tipo de absurdo. Por quê?

Porque, repetindo, a vida é sacrifício e admissão de riscos, e nada que não envolva uma quantidade moderada do primeiro, sob a restrição de satisfazer o último, está próximo do que podemos chamar de vida. Se você não assume um risco de dano real, reparável ou mesmo potencialmente irreparável, de uma aventura, não é uma aventura.

Nosso argumento — de que o real requer perigo — pode levar a sutilezas sobre o problema mente-corpo, mas não conte para o seu filósofo local.

Ora, pode-se argumentar que, uma vez dentro da máquina, talvez a pessoa *acredite* estar arriscando a própria pele, e talvez sinta as dores e consequências como se estivesse vivendo o dano real. Mas isso é lá *dentro*, não fora, e não há risco de danos irreversíveis, coisas que perduram e fazem o tempo fluir em uma direção e não na outra. A razão pela qual um sonho não é a realidade é que, quando acordamos subitamente ao despencar de um arranha-céu chinês, a vida continua, e não há nenhuma *barreira absorvente*, o conceito matemático para esse estado irreversível que discutiremos em detalhes no capítulo 19, juntamente com a *ergodicidade*, o conceito mais poderoso que conheço.

A seguir, examinaremos os benefícios de alardear as falhas evidentes.

O DONALD

Tenho a tendência de assistir à televisão no mudo. Quando vi Donald Trump nas primárias do Partido Republicana ao lado de outros candidatos, tive a certeza de que ele venceria aquela etapa, não importando o que ele dissesse ou fizesse. Na verdade, foi *porque* ele tinha defeitos visíveis. Por quê? Porque ele era real, e o público — composto de pessoas que usualmente correm riscos, não os analistas inertes e que não assumem riscos que apresentaremos no próximo capítulo — votaria a qualquer momento em alguém que sangrasse de verdade depois de perfurar a mão com um picador de gelo, e não em alguém que não derramasse uma gota sequer de sangue. Mesmo que verdadeiras, as alegações de que Trump era um empreendedor fracassado corroboram este argumento: você inclusive preferiria uma pessoa real e fracassada a uma bem-sucedida, já que defeitos, cicatrizes e falhas de caráter aumentam a distância entre um ser humano e um fantasma.*

Cicatrizes sinalizam as consequências de arriscar a própria pele.

E

*As pessoas são capazes de detectar a diferença entre os operadores da linha de frente e os da retaguarda.***

A SEGUIR

Antes de terminarmos, um pouco de sabedoria de Tony Gordo: sempre faça mais do que promete. E aja antes de falar. Pois sempre será válida a máxima de que *a ação sem conversa suplanta a conversa sem ação*.

Caso contrário, você se assemelhará à pessoa que desmascararemos no próximo capítulo (que, tomara e com sorte, ofenderá muitos "intelectuais"), a insidiosa doença dos tempos modernos: pessoas da retaguarda (isto é, o pessoal de apoio) atuando como pessoal da linha de frente (geradores de negócios).

---

* Aponto, inclusive, que mesmo o fato de Trump se expressar de maneira não convencional era sinal de que ele nunca teve um chefe na vida, nenhum supervisor a quem convencer, nenhum patrão para impressionar ou de quem buscar aprovação: pessoas que foram funcionárias são mais cuidadosas ao escolher as palavras.

** No original, o autor faz a distinção entre *back-office* e *front-office*. O primeiro termo denomina as operações de gestão interna, as quais requerem pouco ou nenhum contato com os clientes; também chamados de "departamentos dos bastidores", geralmente são a parte operacional ou gerencial e da área administrativa da empresa (produção, logística, estoque, contabilidade, gestão dos recursos humanos etc.). O segundo corresponde à parte frontal da empresa, aquela visível pela clientela e em contato direto com ela; por exemplo, as equipes de marketing, de atendimento ao cliente e o serviço de pós-venda. (N. T.)

6. O intelectual porém idiota

Pessoas que não arriscam a própria pele — Fobias de lipídios — Ensine um professor a levantar peso

O que vimos em todo o mundo entre 2014 e 2018, da Índia ao Reino Unido e aos Estados Unidos, foi uma rebelião contra o círculo interno de influentes formuladores de políticas que não arriscam a própria pele, "funcionários" e jornalistas com acesso a informações privilegiadas, aquela classe de semi-intelectuais paternalistas e especialistas com alguma educação universitária de elite estilo Ivy League, Oxford-Cambridge ou qualquer coisa que o valha, sempre impelida por rótulos, dizendo ao resto de nós 1) o que fazer, 2) o que comer, 3) como falar, 4) como pensar e.... 5) em quem votar.

ONDE ENCONTRAR UM COCO

Mas o problema é o caolho seguindo o cego: esses autonomeados membros descritos da *"intelligentsia"* não conseguem encontrar um coco na ilha dos Cocos, o que significa que não são inteligentes o suficiente para definir inteligência, portanto caem em mesmice — sua principal habilidade é a capacidade de passar em exames escritos por pessoas como eles, ou de escrever artigos lidos por pessoas como eles. Alguns de nós — não o Tony Gordo — têm sido cegos para sua incompetência em série. Com estudos de psicologia sendo reproduzidos em menos de 40% do tempo, as recomendações alimentares mudando depois de trinta anos de fobia de gorduras, a macroeconomia e a economia financeira (ainda que presas a um intrincado e gigantesco punhado de palavras) cientificamente piores que a astrologia (isso o leitor da *Incerto* sabe desde *Iludido pelo acaso*), a recondução de [Ben] Bernanke (em 2010), que, apesar de ser o presidente do Federal Reserve, não entendia *nada* de riscos, e testes farmacêuticos sendo replicados na melhor das hipóteses apenas um terço do tempo, as pessoas têm pleno direito de confiar em seus próprios instintos ancestrais e dar ouvidos a suas avós (ou a Montaigne e outro conhecimento clássico filtrado), que têm um histórico melhor do que esses capangas que formulam políticas.

CIÊNCIA E CIENTIFICISMO

De fato, pode-se ver que esses acadêmicos-burocratas que se sentem no direito de administrar nossa vida não são nem sequer rigorosos, seja nas estatísticas médicas ou na formulação de políticas oficiais. Eles não conseguem distinguir a ciência do *cientificismo* — a bem da verdade, aos olhos deles o cientificismo parece mais científico que a própria ciência. Por exemplo, é trivial mostrar o seguinte: boa parte do que figuras da laia de Cass Sunstein e Richard Thaler — aqueles que querem nos "enfiar garganta abaixo" algum comportamento* —, classificariam como "racional" ou "irracional" (ou algumas dessas categorias indicando desvio em relação a um protocolo desejado ou prescrito) deriva de sua incompreensão da teoria da probabilidade e do uso cosmético de modelos de primeira ordem. Eles também estão propensos a confundir o conjunto pela agregação linear de seus componentes — isto é, acham que a compreensão de indivíduos nos permite entender multidões e mercados, ou que a compreensão de formigas individualmente nos permite entender o formigueiro.

* Cass Sunstein e Richard Thaler, *Nudge: O empurrão para a escolha certa*. Rio de Janeiro: Elsevier, 2008. (N. T.)

O *intelectual porém idiota* (IPI) é um produto da modernidade, por isso tem proliferado desde pelo menos a metade do século XX, para alcançar hoje um supremo* local, a ponto de estarmos cercados por pessoas que não arriscam a própria pele. Na maioria dos países, o papel do governo é entre cinco e dez vezes o que era um século atrás (expresso em porcentagem do Produto Interno Bruto). Os IPIs parecem onipresentes em nossa vida, mas ainda são uma pequena minoria e raramente são vistos fora de estabelecimentos e agências especializados, institutos de políticas públicas, *think tanks*, mídia e departamentos universitários de ciências sociais — a maioria das pessoas tem empregos de verdade e não existem muitas vagas para os IPIs, o que explica como eles podem ser tão influentes a despeito de seus contingentes pouco numerosos.

O IPI patologiza outras pessoas por fazerem coisas que ele não entende, sem nunca perceber que é o entendimento *dele* que talvez seja limitado. A seu ver as pessoas deveriam agir de acordo com os melhores interesses delas, e ele sabe quais são os interesses delas, particularmente se são "caipiras" ou se pertencem à classe de ingleses incapazes de pronunciar vogais cristalinas e que votaram a favor do Brexit. Quando os plebeus fazem algo que faz sentido para si mesmos, mas não para ele, o IPI usa o termo "inculto". O que geralmente chamamos de "participação no processo político" ele define com duas designações distintas: "democracia", quando se encaixa no IPI, e "populismo", quando os plebeus se atrevem a votar de uma maneira que contradiz as preferências do IPI. Enquanto as pessoas ricas acreditam em *um dólar de imposto, um voto*; os mais humanistas, em *um homem, um voto*; a Monsanto, em *um lobista, um voto*; o IPI acredita em *um diploma de uma universidade prestigiosa, um voto*, com alguma equivalência para escolas de elite estrangeiras e doutorados, pois esses são necessários para entrar no clube.

Eles são o que Nietzsche chamou de *Bildungsphilisters* — filisteus da cultura. Cuidado com a pessoa ligeiramente erudita que julga ser um erudito, assim como com o barbeiro que decide realizar uma cirurgia cerebral.

O IPI também não consegue detectar sofismas e o raciocínio sofístico.

---

* Na matemática, o conceito de supremo de um conjunto é o elemento cujo valor é maior do que qualquer outro elemento do mesmo conjunto. (N. T.)

INTELECTUAL PORÉM FILISTEU

O IPI assina *The New Yorker*, revista criada para que os filisteus possam aprender a fingir uma conversa sobre evolução, neuroalgumacoisa, vieses cognitivos e mecânica quântica. Ele nunca amaldiçoa as mídias sociais. Ele fala de "igualdade de raças" e "igualdade econômica", mas nunca sai para beber com um taxista de alguma minoria (mais uma vez, nada de arriscar a própria pele, já que, vou repetir até ficar rouco, o conceito é fundamentalmente estranho para o IPI). O IPI moderno já assistiu a mais de uma palestra TED Talk, pessoalmente ou pelo YouTube. Ele não apenas votou em Hillary Monsanto-Malmaison porque ela parecia elegível ou por causa de algum raciocínio circular, mas considera qualquer um que não o tenha feito um doente mental.

O IPI confunde Oriente Próximo (antigo Mediterrâneo Oriental) com Oriente Médio.

O IPI guarda na prateleira um exemplar da primeira edição em capa dura de *A lógica do Cisne Negro*, mas confunde ausência de evidências com evidência de ausência. Ele acredita que os OGMs são "ciência", que a "tecnologia" deles está na mesma classe de risco que a reprodução convencional.

Normalmente, o IPI entende bem a lógica de primeira ordem, mas não os efeitos de segunda ordem (ou superior), o que o torna incompetente em domínios complexos.

O IPI está errado, historicamente, acerca do stalinismo, maoísmo, OGMs, Iraque, Líbia, Síria, lobotomias, planejamento urbano, dietas baseadas em baixo consumo de carboidratos, aparelhos de musculação, behaviorismo, gorduras trans, freudianismo, teoria do portfólio, regressão linear, xarope de milho rico em frutose (XMRF), gaussianismo, salafismo, modelos dinâmicos estocásticos de equilíbrio, projetos habitacionais, maratonas, genes egoístas, modelos de previsão eleitoral, Bernie Madoff (pré-explosão) e valores-P. Mas ainda está convencido de que sua opinião é a correta.*

---

* Os comentários de Pareto sobre este tópico são mais duros que os meus.

NUNCA FICOU BÊBADO COM RUSSOS

O IPI se associa a um clube para conseguir privilégios de viagem; se ele é um cientista social, usa estatísticas sem saber como elas são obtidas (como Steven Pinker e psicologuinhos em geral); quando está no Reino Unido, frequenta festivais literários e come sanduíches de pepino, mordiscando um bocadinho de cada vez; bebe vinho tinto com bife (vinho branco, jamais); antes acreditava que a gordura era prejudicial e agora mudou completamente de ideia (em ambos os casos a informação veio da mesma fonte); toma estatinas porque seu médico lhe disse para fazer isso; é incapaz de entender a ergodicidade e, quando lhe explicam, logo depois esquece; não usa o linguajar correto nem mesmo para falar sobre negócios; estuda gramática antes de falar um idioma; tem um primo que trabalhou com alguém que conhece a rainha; nunca leu Frédéric Dard, Libânio Antíoco, Michael Oakeshott, John Gray, Amiano Marcelino, Ibn Battuta, Saadia Gaon ou Joseph de Maistre; nunca ficou bêbado com russos; nunca bebe a ponto de começar a quebrar copos (ou, de preferência, cadeiras); nem sequer sabe a diferença entre Hécate e Hécuba (que em dialeto urbano é "não saca a diferença entre merda e titica" ou "não sabe necas de pitibiribas"); não sabe que não existe diferença entre "pseudointelectual" e "intelectual" quando não se arrisca a própria pele; mencionou mecânica quântica pelo menos duas vezes nos últimos cinco anos em conversas que nada tinham a ver com física.

O IPI gosta de usar clichês e palavras da moda da filosofia da ciência quando discute fenômenos não relacionados; ele fica dois ou três níveis teórico demais para resolver qualquer problema.

PARA CONCLUIR

O *intelectual porém idiota* sabe, em qualquer momento no decurso do tempo, o que suas palavras ou ações estão fazendo para sua reputação.

Mas há um indicador muito mais simples: ele não faz levantamento de peso.*

---

* Além disso, o IPI julga que essa crítica dos IPIs significa "todo mundo é um idiota", sem perceber que seu grupo representa, como dissemos, uma minúscula minoria — mas, regalistas e mimados, não gostam que se conteste a sua noção de que têm direitos adquiridos e que o

PÓS-ESCRITO

A julgar pelas reações a este capítulo (que foi publicado antes das eleições presidenciais de 2016), descobri que o típico IPI tem dificuldade, quando lê, para diferenciar entre o satírico e o literal.

A seguir, paramos com o satírico e voltamos ao livro principal com o muuuito incompreendido tema da desigualdade econômica. Por parte dos IPIs.

---

mundo lhes deve tudo; embora tratem o restante dos seres humanos como inferiores, eles não gostam quando a mangueira de água é virada para a direção oposta (o que os franceses chamam de *arroseur arrosé*). Por exemplo, o economista e psicoleguinho Richard Thaler, parceiro do perigoso defensor dos transgênicos e überempurrador Cass Sunstein, interpretou este texto como "não existem muitos não idiotas que não se chamem Taleb", sem perceber que pessoas como ele são menos de 1%, ou ainda inferiores a um décimo de 1% da população.

7. Igualdade e arriscar a própria pele

O estático e o dinâmico — Como ir à falência e ser amado por muita gente — Os iguais de Piketty

DESIGUALDADE VERSUS DESIGUALDADE

Há desigualdades e desigualdades.

A primeira é a desigualdade que as pessoas toleram, por exemplo, o entendimento de um indivíduo comparado ao de pessoas consideradas heróis — digamos, Einstein, Michelangelo ou o recluso matemático Grisha Perelman. Não é difícil reconhecer a superioridade deles. Isso se aplica a empresários, artistas, soldados, heróis, Bob Dylan, Sócrates, o atual chef-celebridade local, algum imperador romano de boa reputação, a exemplo de Marco Aurélio; em resumo, aqueles de quem alguém pode naturalmente ser um "fã". Você talvez goste de imitá-los, pode aspirar a ser como eles, mas não se ressente.

A segunda é a desigualdade que as pessoas consideram intolerável porque o sujeito parece ser apenas uma pessoa como você, exceto pelo fato de que ele vem manipulando o sistema e se metendo em negócio de *rent-seeking*, adquirindo privilégios injustificados — e, embora ele tenha algo que você não se importaria de ter (o que pode incluir uma namorada russa), você não é capaz de se tornar seu fã. A última categoria inclui banqueiros, burocratas que ficam ricos, ex-senadores que fazem lobby para a maligna Monsanto, executivos-chefes de barba feita que usam gravatas e âncoras e apresentadores de jornal que ganham bônus descomunais. Você não apenas os inveja; você se ofende com a fama deles, e a visão do carro caro, ou até mesmo um pouco mais caro que o normal, deles desencadeia certa amargura. Eles fazem com que você se sinta inferior.*

Talvez haja algo dissonante no espetáculo de um escravo rico.

A escritora Joan C. Williams, em um artigo perspicaz, explica que a classe trabalhadora estadunidense está impressionada com os ricos, como exemplos de vida e de comportamento, modelos a serem seguidos — algo que as pessoas na mídia, que se comunicam umas com as outras mas raramente com sujeitos no mundo real, não percebem, à medida que transmitem ideias normativas para as pessoas ("é assim que elas devem pensar"). Michèle Lamont, a autora de *The Dignity of Working Men* [A dignidade dos trabalhadores], citada por Williams, fez uma entrevista sistemática com operários norte-americanos e constatou um ressentimento com relação a profissionais liberais bem remunerados, mas, inesperadamente, não com os ricos.

É seguro dizer que o público norte-americano — na verdade, todos os públicos — despreza as pessoas que ganham um salário alto, ou melhor, assalariados que ganham muito dinheiro. Na verdade, isso é generalizado para outros países: há alguns anos, os suíços, logo eles, votaram em um referendo nacional um projeto de lei que visava a limitar o salário dos altos executivos do país a um múltiplo do piso salarial. A lei não foi aprovada, mas o fato de eles pensarem nesses termos é bastante significativo. Pois entre os mesmos suíços há empresários riquíssimos, e pessoas que obtiveram sua celebridade por outros meios, em algum aspecto.

Além disso, em países onde a riqueza vem do *rent-seeking*, do clientelismo político ou da captura regulatória (que, lembro ao leitor, é como os poderosos

---

* Chegou ao meu conhecimento que, em países com alto *rent-seeking*, a riqueza é vista como algo de soma zero: você toma de Pedro para dar a Paulo. Por outro lado, em lugares com baixo *rent-seeking* (digamos, os Estados Unidos antes do governo Obama), a riqueza é vista como um jogo de soma positiva, beneficiando a todos.

e os favorecidos com informações privilegiadas usam a regulamentação para enganar o público, ou a burocracia para retardar a concorrência), a riqueza é vista como soma zero.* O que Pedro recebe é tirado de Paulo. Alguém que fica rico está enriquecendo às custas de outras pessoas. Em países como os Estados Unidos, onde a riqueza pode vir da destruição, as pessoas podem facilmente ver que alguém que enriquece não está tirando dólares do bolso; se duvidar está até colocando algumas cédulas no seu bolso. Por outro lado, a desigualdade, por definição, é soma zero.

Neste capítulo, proporei que aquilo de que as pessoas se ressentem — ou o que deveria ofendê-las e melindrá-las — é o indivíduo que está no topo mas *não arrisca a própria pele*, isto é, porque não arca com seu quinhão de risco, ele é imune à possibilidade de cair de seu pedestal, saindo de sua faixa de renda ou riqueza e esperando na calçada na fila do seguro-desemprego. Novamente, por conta disso, os detratores de Donald Trump, quando ele ainda era candidato, não apenas entenderam mal o valor das cicatrizes como sinalização de risco, mas também não conseguiram perceber que, ao alardear o episódio de sua falência e seus prejuízos pessoais beirando o 1 bilhão de dólares, Trump eliminou o ressentimento (o segundo tipo de desigualdade) que as pessoas poderiam ter em relação a ele. Há algo de respeitável em perder 1 bilhão de dólares, contanto que seja seu próprio dinheiro.

Além disso, alguém que não arrisca a própria pele — digamos, um executivo corporativo em tendência de alta, com resultados positivos e nenhum risco de baixa (o tipo que fala claramente nas reuniões) — é pago de acordo com algumas métricas que não refletem necessariamente a saúde de sua empresa; ele pode manipulá-las, ocultar riscos, receber o bônus, depois se aposentar (ou fazer a mesma coisa em outra empresa) e culpar seu sucessor por resultados subsequentes.

No processo, também redefiniremos a desigualdade e fundamentaremos a noção em bases mais rigorosas. Mas primeiro precisamos introduzir a diferença entre dois tipos de enfoque, o estático e o dinâmico, já que arriscar a própria pele pode transformar um tipo de desigualdade em outro.

---

* Regulamentações complexas permitem que ex-funcionários do governo encontrem empregos ajudando as empresas a burlar as regras que eles mesmos criaram.

Atentemos também para estas duas observações:

A verdadeira igualdade é igualdade na probabilidade.

e

Arriscar a própria pele impede que os sistemas apodreçam.

O ESTÁTICO E O DINÂMICO

Visivelmente, um problema com os economistas (em especial aqueles que nunca correram riscos) é que eles têm dificuldades mentais com *coisas que se movem* e são incapazes de levar em consideração que as coisas que se movem têm atributos diferentes das coisas que não se movem. Essa é a razão pela qual a teoria da complexidade e as caudas longas (que explicaremos algumas páginas adiante) são desconhecidas para a maioria deles; os economistas também têm (severas) dificuldades com as intuições matemáticas e conceituais necessárias para se aprofundar na teoria de probabilidade. A cegueira à ergodicidade, que começaremos a definir daqui a alguns parágrafos é, de fato, na minha opinião, o melhor indicador para separar um estudioso genuíno que entende algo sobre o mundo de um picareta acadêmico que participa da redação ritualística de artigos acadêmicos.

Algumas definições:

A desigualdade estática é um instantâneo da desigualdade; não reflete o que vai acontecer com você ao longo da sua vida.

Considere que cerca de 10% dos norte-americanos passarão pelo menos um ano entre o 1% de mais abastados, e mais da metade de todos os norte-americanos passará um ano entre os 10% do topo.* É visível que o mesmo não ocorre na mais estática — mas nominalmente mais igualitária — Europa.

---

* Trinta e nove por cento dos norte-americanos passarão um ano na fatia dos 5% do topo da distribuição de renda; 56% estarão entre os 10% do topo, e 73% passarão um ano entre os 20%.

Por exemplo, apenas 10% dos quinhentos indivíduos ou dinastias estadunidenses mais ricos eram os mais afortunados trinta anos atrás; mais de 60% na lista francesa são herdeiros, e um terço dos europeus mais ricos já eram os mais ricos há séculos. Em Florença, acabou de ser revelado que as coisas são ainda piores: o mesmo punhado de famílias manteve a riqueza ao longo de cinco séculos.

A desigualdade dinâmica (ergódica) leva em conta todo o futuro e todo o passado.

Não se cria igualdade dinâmica apenas elevando-se o nível dos que estão na parte mais baixa, mas sim fazendo os ricos rotacionarem — ou forçando as pessoas a incorrerem na possibilidade de criar uma abertura.

A maneira de tornar a sociedade mais igualitária é forçando (por meio do conceito de arriscar-a-própria-pele) os ricos a se sujeitarem ao risco de sair do 1%.*

A condição que explicito aqui é mais forte do que a mera mobilidade de renda. Mobilidade significa que alguém pode ficar rico. A condição de *nenhuma barreira absorvente* significa que alguém que é rico jamais deveria ter certeza de que vai continuar rico.

Agora, em termos ainda mais matemáticos,

A igualdade dinâmica é o que restaura a ergodicidade, tornando o tempo e as probabilidades de agrupamento substituíveis.

Deixe-me falar sobre *ergodicidade* — algo que afirmamos ser desconhecido da *intelligentsia*. O capítulo 19, no final do livro, entra em detalhes; a *ergodicidade* cancela os mais decisivos experimentos psicológicos relacionados à probabilidade e racionalidade. A explicação por ora é a seguinte. Considere um panorama de corte transversal da população dos Estados Unidos. Temos,

---

* Ou, de forma mais matemática: a igualdade dinâmica supõe a cadeia de Markov sem estados absorventes.

digamos, uma minoria de milionários no 1% do topo, alguns acima do peso, alguns altos, outros bem-humorados. Há uma grande maioria de pessoas da classe média baixa, instrutores de ioga, especialistas em confeitaria, consultores de jardinagem, teóricos de planilhas, instrutores de dança e consertadores de piano — e, é claro, o especialista em gramática da língua espanhola. Considere as porcentagens de cada faixa de renda ou riqueza (note que a desigualdade de renda é tipicamente mais nivelada que a da riqueza). Ergodicidade perfeita significa que cada um de nós, se vivesse para sempre, passaria uma proporção do tempo nas condições econômicas de todo o corte transversal: no decorrer de, digamos, um século, uma média de sessenta anos na classe média baixa, dez anos na classe média alta, vinte anos na classe operária e talvez um único ano no 1% dos mais abastados.*,**

O exato oposto da ergodicidade perfeita é um estado absorvente. O termo *absorção* é derivado de partículas que, quando atingem um obstáculo, são absorvidas ou aderem a ele. Uma barreira absorvente é como uma armadilha: uma vez dentro dela, não há como sair, para o bem ou para o mal. Uma pessoa fica rica por algum processo, depois de ter alcançado o sucesso e o reconhecimento, e permanece rica. E se alguém entrar na classe média baixa (vindo de cima), nunca terá a chance de sair dali e enriquecer (se quiser, é claro), portanto, justifica-se que a pessoa se ressinta dos ricos. Você notará que, onde o Estado é forte, as pessoas no topo tendem a ter pouca mobilidade descendente — em lugares como a França, o Estado é amigo íntimo das grandes corporações e protege seus executivos e acionistas de sentirem na pele essa descendência; até mesmo encoraja a ascensão deles.

E nenhuma desvantagem para alguns significa nenhuma vantagem para os demais.

---

* Um comentário técnico (para os detalhistas): o que podemos chamar aqui de ergodicidade imperfeita significa que cada um de nós tem probabilidades ergódicas a longo prazo com alguma variação entre os indivíduos: a probabilidade de você terminar no 1% pode ser maior que a minha; no entanto, nenhum estado terá uma probabilidade de 0 para mim e nenhum estado terá uma probabilidade de transição de 1 para você.

** Outro comentário para os minuciosos. O "véu da ignorância" de Rawls, discutido em *Iludido pelo acaso*, pressupõe que uma sociedade justa é aquela que você selecionaria caso houvesse algum tipo de loteria. Aqui vamos mais adiante e discutimos uma estrutura dinâmica; em outras palavras, como tal sociedade se movimentaria, pois obviamente não será estática.

PIKETTISMO E A REVOLTA DA CLASSE DOS MANDARINS*

Há uma classe volta e meia chamada de mandarins, em virtude do livro de memórias romantizado da autora francesa Simone de Beauvoir, em referência aos burocratas e altos funcionários públicos pertencentes ao escalão dos letrados durante a dinastia Ming (a língua chinesa oficial também é chamada de mandarim). Eu sempre soube da existência deles, mas um atributo saliente — e pernicioso — me ocorreu enquanto observava as reações de seus membros às obras do economista francês Thomas Piketty.

Piketty imitou Karl Marx ao escrever um ambicioso livro sobre o capital. Um amigo me deu o livro de presente na edição em francês (quando a obra ainda era desconhecida fora da França), porque acho recomendável e louvável que as pessoas publiquem no formato de volume seus trabalhos originais e não matemáticos em ciências sociais. O livro *Le capital au XXI siècle*** faz afirmações agressivas acerca do alarmante aumento da desigualdade, acrescentando a isso uma teoria de por que o capital tende a exigir um retorno excessivo em relação ao trabalho e como a ausência de redistribuição e desapropriação pode causar o colapso mundial. A teoria de Piketty sobre o aumento no retorno do capital em relação ao trabalho está patentemente equivocada, como bem sabe qualquer pessoa que tenha testemunhado a ascensão do que é chamado de "economia do conhecimento" (ou qualquer pessoa que tenha tido investimentos em geral).

É claro, quando se diz que a desigualdade muda do primeiro para o segundo ano, é preciso mostrar que aqueles que estão no topo são as *mesmas pessoas* — algo que Piketty não faz (lembre-se de que ele é um economista e tem problemas com coisas que se movem). Mas o problema não para por aí. Não demorei muito tempo para descobrir que — além de tirar conclusões a partir de medidas estáticas de desigualdade — os métodos que o francês usou eram imperfeitos: as ferramentas de Piketty não correspondiam ao que ele pretendia demonstrar sobre o aumento da desigualdade. Não havia rigor matemático algum. Logo escrevi dois artigos (um em colaboração com Raphael Douady, outro com Andrea Fontanari e Pasquale Cirillo, publicado em *Physica*

---

* Esta seção é técnica e pode ser ignorada por aqueles que não se impressionam de modo especial com economistas.
** Thomas Piketty, *O capital no século XXI*. Rio de Janeiro: Intrínseca, 2014. (N. T.)

A: *Statistical Mechanics and Applications*), sobre a medida da desigualdade que consiste em considerar as posses, digamos, do 1% e monitorar suas variações. A falha é que, se levarmos em conta a desigualdade assim medida na Europa como um todo, veremos que ela é maior do que a desigualdade média entre os países componentes; o viés aumenta em severidade com processos que geram um alto grau de desigualdade. Em suma, os artigos incluíam teoremas e provas suficientes para torná-los obras tão sólidas quanto se pode ter na ciência; embora não fosse necessário, insisti em colocar os resultados em forma de teorema, porque uma pessoa não pode contestar um teorema sem pôr em questão sua própria compreensão matemática.

A razão pela qual esses erros foram ignorados é que os economistas que trabalham com desigualdade não estavam familiarizados com a... desigualdade. A desigualdade é a desproporção do papel da cauda — as pessoas ricas estavam nas caudas da distribuição.* Quanto mais desigualdade no sistema, maior o efeito "o vencedor leva tudo", e mais nos afastamos dos métodos Mediocristãos de cauda curta (ver Glossário) em que os economistas foram formados. O processo de riqueza é dominado pelos efeitos "o vencedor leva tudo". Qualquer forma de controle do processo de riqueza — normalmente instigado por burocratas — tende a prender as pessoas com privilégios em seu estado regalista de prerrogativa de direitos adquiridos. Portanto, a solução é permitir que o sistema destrua os fortes, algo que funciona melhor nos Estados Unidos.

Mas havia algo muito, muito mais grave do que um acadêmico erudito estar errado.

O problema nunca é o problema; é como as pessoas lidam com ele. Pior que as falhas de Piketty foi a descoberta de como funciona a tal classe de mandarins. Eles ficaram tão prematuramente empolgados com a "evidência" do aumento da desigualdade que suas reações se espalharam como as fake news. Na verdade, eram mesmo fake news. Economistas ficam arrebatados e se deixam levar; eles enalteceram Piketty por sua "erudição", porque ele discutia

---

* O tipo de distribuição — chamadas de caudas longas — associado a ela tornou as análises muito mais delicadas e se converteu em minha especialidade matemática. No Mediocristão, as mudanças ao longo do tempo são o resultado das contribuições coletivas do centro, o meio. No Extremistão essas mudanças vêm das caudas. Sinto muito se você não concorda, mas isso é puramente matemático.

Balzac e Jane Austen, o equivalente a saudar como um halterofilista alguém que foi visto atravessando o Terminal B carregando uma valise. E ignoraram completamente meus resultados — e quando não o fizeram, foi para declarar que eu era "arrogante" (lembre-se da estratégia de usar a matemática formal como uma maneira de tornar impossível dizer que você está errado) —, o que é praticamente uma forma de elogio científico. Até mesmo Paul Krugman (um economista e intelectual famoso nos dias de hoje) escreveu: "Se você acha que encontrou um furo óbvio, empírico ou lógico em Piketty, provavelmente está errado. Ele fez sua lição de casa!". Quando o conheci pessoalmente e apontei essa falha, ele se esquivou — não necessariamente por má intenção, mas muito provavelmente porque probabilidade e combinatória escapavam a sua compreensão, como ele próprio admitiu.

Agora, leve em consideração que figuras da laia de Krugman e Piketty não têm desvantagens e riscos de baixa em sua existência — a redução da desigualdade os coloca mais alto na escada da vida. A menos que o sistema universitário ou o Estado francês sofram um colapso financeiro e vão à bancarrota, eles continuarão recebendo seus contracheques. O camarada que você acabou de ver na churrascaria coberto de cordões de ouro está exposto ao risco da fila do seguro-desemprego, eles, não. Assim como aqueles que vivem da espada morrem pela espada, aqueles que ganham a vida assumindo riscos perderão seu sustento correndo riscos.*

Demos uma excessiva e retumbante importância a Piketty aqui porque o entusiasmo generalizado por seu livro foi representativo do comportamento daquela classe de pessoas que amam teorizar e se envolver em falsa solidariedade com os oprimidos, enquanto consolidam os próprios privilégios.

---

* Se o processo é de cauda longa (Extremistão), então a riqueza é gerada no topo, o que significa que os aumentos na riqueza levam a aumentos da desigualdade. Dentro das populações, a criação de riqueza é uma série de pequenas apostas de probabilidade. Portanto, é natural que o conjunto de riqueza (medido em anos de gastos, como faz Piketty) aumente com a riqueza. Considere cem pessoas em um mundo 80/20: a riqueza adicional deve vir de uma pessoa, e os cinquenta restantes da parte de baixo em nada contribuem. Não é um ganho de soma zero: elimine essa pessoa, e quase não haverá aumento de riqueza. De fato, o resto já está se beneficiando da contribuição da minoria.

SAPATEIRO TEM INVEJA DE SAPATEIRO

A razão pela qual as pessoas comuns não são tão rancorosas quanto os "intelectuais" e burocratas é que a inveja não percorre longas distâncias, tampouco atravessa muitas classes sociais. A inveja não se origina junto aos empobrecidos, preocupados com a melhoria de sua condição, mas no seio da classe administrativa e burocrática. Em termos simples, parece que foram os professores universitários (que "alcançaram o sucesso e o reconhecimento") e as pessoas com renda permanente, na forma de estabilidade de emprego, governamental ou acadêmico, que acreditaram de forma sincera e acrítica no argumento de Piketty. A partir de conversas, convenci-me de que as pessoas que contrafactualizam para cima (ou seja, comparam-se aos que são mais ricos) querem ativamente despojar os abastados. Como em todos os movimentos comunistas, muitas vezes são as classes burguesas ou burocráticas as primeiras a encampar as teorias revolucionárias. Então, a inveja de classe não se origina de um caminhoneiro no sul do Alabama, mas de um IPI de Nova York ou Washington, DC, educado em uma universidade de elite (Paul Krugman ou Joseph Stiglitz, por exemplo) com senso de merecimento de direitos adquiridos, incomodado com a ideia de que algumas pessoas "menos espertas do que ele" sejam muito mais ricas.

Aristóteles, em sua *Retórica*, postulou que as pessoas geralmente sentem inveja daquelas que são afins, iguais ou parecidas consigo em aspectos como idade, classificação social, proximidade, reputação e quantidade de bens: é mais provável que as classes mais baixas invejem seus primos ou a classe média do que os muito ricos. E a expressão *Ninguém é profeta em sua própria terra*, fazendo da inveja uma coisa geográfica (alguns julgam, equivocadamente, que se originou com Jesus), deriva dessa passagem da *Retórica*. O próprio Aristóteles estava se baseando em Hesíodo: *sapateiro tem inveja de sapateiro, carpinteiro tem inveja de carpinteiro*. Mais tarde, Jean de La Bruyère escreveu que a inveja é encontrada dentro da mesma arte, talento e condição.*

Portanto, duvido que Piketty tenha se dado ao trabalho de perguntar aos operários franceses o que eles querem, como fez Michèle Lamont (conforme vimos anteriormente no capítulo). Tenho certeza de que pediriam uma cerveja melhor, um novo lava-louça ou trens mais rápidos para o trajeto entre

---

* La Bruyère: *L'émulation et la jalousie ne se rencontrent guère que les personnes du même art, de même talent et de même condition.*

sua casa e o trabalho, e não a ruína de um empresário rico e distante. Porém, uma vez mais, as pessoas podem forjar perguntas e retratar o enriquecimento como roubo, o que foi feito antes da Revolução Francesa, caso em que a classe operária pediria, mais uma vez, que cabeças rolassem.*

DESIGUALDADE, RIQUEZA E SOCIALIZAÇÃO VERTICAL

Se os intelectuais estão excessivamente preocupados com a desigualdade, é porque tendem a ver a si mesmos em termos hierárquicos e, portanto, pensam que os outros também o fazem. Além disso, como que por patologia, as discussões em universidades "competitivas" giram todas em torno da hierarquia. A maioria das pessoas no mundo real não fica obcecada com isso.**

No passado mais rural, a inveja era bastante controlada; os ricos não eram tão expostos a outras pessoas de sua classe. Não sofriam a pressão para manter o mesmo nível de vida de outros ricos e competir com eles.

Os ricos permaneciam nos limites de sua região, rodeados de pessoas que dependiam deles — um lorde em sua propriedade, por exemplo. Exceto pela ocasional temporada nas cidades, sua vida social era bastante vertical. Seus filhos brincavam com os filhos dos servos.

Foi em ambientes mercantis urbanos que ocorreu a socialização dentro das classes sociais. E, com o passar do tempo, com a industrialização, os ricos começaram a se deslocar para cidades ou subúrbios, cercando-se de pessoas em condição similar a sua, mas não completamente. Por isso, não podiam ficar para trás e precisavam manter-se no mesmo nível dos outros, correndo em uma esteira.

---

* O que aconteceu com o escândalo das despesas do Parlamento do Reino Unido: os parlamentares estavam se presenteando com TVs e máquinas lava-louça, algo que o público conseguia facilmente perceber e que revoltou a opinião pública. Um parlamentar disse: "Não é a mesma coisa que roubar 1 milhão em títulos da dívida pública". O público entende de televisores, não de títulos.

** Há um argumento técnico de que, se olharmos para a questão dinamicamente, não estaticamente, um imposto sobre grandes fortunas favorece o assalariado em detrimento do empreendedor.

Para uma pessoa rica isolada da socialização vertical com os pobres, os pobres tornam-se algo inteiramente teórico, uma referência de livros didáticos. Como mencionei no capítulo anterior, ainda estou para ver um decano *bien pensant* de Cambridge saindo para beber com taxistas paquistaneses ou levantando peso na companhia de falantes do dialeto *cockney*. A *intelligentsia*, portanto, sente-se no direito de lidar com os pobres como um constructo; uma construção puramente mental que eles mesmos criaram. Assim, eles se convencem de que sabem o que é melhor para eles.

EMPATIA E HOMOFILIA

Lembre-se do problema da escala, do dimensionamento, a ideia de que as regras éticas das pessoas não são universais; eles variam de acordo com se alguém é "suíço", isto é, um forasteiro ou não.

O mesmo se aplica à empatia (o reverso da inveja). Você pode ver que as pessoas se compadecem mais por aqueles de sua própria classe. Tradicionalmente, a classe alta se dedicou a resgatar pessoas de famílias arruinadas tornando-as "mordomos" ou "damas de companhia". Essa proteção intragrupo tem uma característica de autosseguro — algo que só pode funcionar para um número limitado de pessoas e não pode ser universalizado: *você cuida da minha progênie se ela se arruinar; eu cuidarei da sua.*

DADOS, SHMATA

Outra lição do ambicioso volume de Piketty: está abarrotado de gráficos e tabelas. Há uma lição aqui: o que aprendemos com os profissionais do mundo real é que os dados não são necessariamente rigorosos. Uma razão pela qual eu — como profissional de probabilidade — deixei dados de fora de *A lógica do Cisne Negro* (exceto para fins ilustrativos) é que me parece que as pessoas inundam suas histórias com números e gráficos na ausência de argumentos sólidos ou lógicos. Ademais, as pessoas confundem empirismo com uma avalanche de dados. Quando se está certo, basta um punhado de dados significativos, particularmente quando é um empirismo desconfirmador, ou contraexemplos: apenas um ponto de dados (um único desvio extremo) é suficiente para mostrar que os Cisnes Negros existem.

Os traders, quando obtêm lucros, comunicam-se com brevidade; quando sofrem prejuízos, afogam o interlocutor em detalhes, teorias e gráficos.

Probabilidade, estatística e ciência de dados são principalmente lógica alimentada por observações — e ausência de observações. Para muitos ambientes, os pontos de dados relevantes são aqueles nos extremos; estes são raros por definição, e é suficiente concentrar-se naqueles *poucos mas grandes* para ter uma ideia da história. Se você quiser mostrar que uma pessoa tem mais que, digamos, 10 milhões de dólares, tudo de que você precisa é mostrar os 50 milhões de dólares na conta de corretagem dela, e não, além disso, listar cada peça de mobília na casa dela, incluindo a pintura de quinhentos dólares no escritório e as colheres de prata na despensa. Assim descobri, com a experiência, que quando você compra um livro grosso com toneladas de gráficos e tabelas usados para provar a pertinência de um argumento deve ficar desconfiado. Isso significa que ainda há alguma coisa a destilar, algo cujo cerne você não entendeu direito! Mas para o público em geral e aqueles que não são treinados em estatística, essas tabelas parecem convincentes — outra maneira de substituir o verdadeiro pelo complicado.

Por exemplo, o jornalista de ciência Steven Pinker apelou para esse truque com seu livro *The Better Angels of Our Nature*,* que alega ter havido um declínio da violência na história humana contemporânea, o que ele atribui a instituições modernas. Meu colaborador Pasquale Cirillo e eu, quando submetemos os "dados" de Pinker a escrutínio, descobrimos que ou ele não entendia seus próprios números (a bem da verdade, ele não entendia) ou tinha uma história em mente e continuou adicionando gráficos, sem perceber que estatísticas não dizem respeito a dados, mas a destilação, rigor e evitar ser *enganado pela aleatoriedade* — mas não importa, o público em geral e seus colegas IPIs adoradores do Estado acharam impressionante (por algum tempo).

---

* *Os anjos bons da nossa natureza: Por que a violência diminuiu.* São Paulo: Companhia das Letras, 2017. (N. T.)

ÉTICA DO FUNCIONALISMO PÚBLICO

Vamos terminar esta discussão com uma injustiça que é pior do que a desigualdade: a dolorosa visão dos indivíduos da retaguarda do funcionalismo público que não correm riscos e enriquecem.

Quando, ao deixar a presidência, Barack Obama aceitou uma quantia de mais de 40 milhões de dólares para escrever suas memórias, muitas pessoas ficaram indignadas. Seus partidários, por outro lado, estatistas que o defenderam, criticaram os ricos empreendedores contratados pelo governo que o sucedeu. Dinheiro é ganância, para eles — mas *aqueles que não ganharam o dinheiro via comércio foram ilogicamente poupados*. Sofri um bocado explicando que pessoas ricas ocupando um cargo público são algo muito diferente de pessoas públicas que se tornam ricas — de novo, é a dinâmica, a sequência, o que importa.

Pessoas ricas em cargos públicos mostraram algumas evidências de falta de incompetência total — o sucesso pode vir da aleatoriedade, é claro, mas pelo menos temos um indício de alguma habilidade no mundo real, alguma evidência de que a pessoa lidou com a realidade. Decerto isso está condicionado à pessoa ter arriscado a própria pele no jogo — e é melhor que ele ou ela tenha sofrido uma explosão, tenha sentido na pele ao menos uma vez a perda de parte de sua fortuna e a angústia associada a isso.

Como de costume, há uma mistura do ético e do efetivo aqui.

É absolutamente antiético usar um cargo público para enriquecer.

Uma boa regra para a sociedade é obrigar aqueles que começam no serviço público a jurar que, posteriormente, jamais receberão do setor privado mais do que uma quantia fixa determinada; o restante deve ir para o contribuinte. Isso garantirá sinceridade no, literalmente, "serviço" — funcionários públicos são supostamente mal pagos devido à recompensa emocional de servir à sociedade. Isso provaria que eles não ingressaram no setor público como uma estratégia de investimento: uma pessoa não se torna um padre jesuíta porque isso pode ajudá-la a ser contratada pela Goldman Sachs mais tarde, depois que ela finalmente largar a batina — dada a erudição e o magistral controle da casuística em geral associados à Companhia de Jesus.

Atualmente, em sua maioria os funcionários públicos tendem a permanecer no serviço público — exceto aqueles em áreas delicadas que a indústria controla: o segmento agroalimentar, finanças, aeroespacial, qualquer coisa relativa à Arábia Saudita...

Um servidor público ou servidora pública pode criar regras que sejam benéficas para um setor como o bancário — e depois correr em disparada para o J. P. Morgan e recuperar um múltiplo da diferença entre seu salário atual e a taxa de mercado (os reguladores, o leitor deve se lembrar, têm um incentivo para tornar as regras tão complexas quanto possível, para que seus conhecimentos especializados possam ser contratados mais tarde a um preço mais alto).

Portanto, há um suborno implícito no funcionalismo público: a pessoa atua como o criado de uma indústria, digamos, a Monsanto, e eles cuidam dela mais tarde. Eles não fazem isso movidos por um senso de honra: simplesmente, é necessário manter o sistema funcionando e incentivar o próximo a jogar de acordo com essas regras. O ex-secretário de Tesouro Tim Geithner, IPI e praticante de conchavos — e com quem compartilho o barbeiro calabrês do Prólogo — foi ostensivamente recompensado pelo setor que ele ajudou a resgatar. Geithner ajudou os banqueiros a obter socorro financeiro, deixou-os pagarem a si mesmos o maior volume de polpudos bônus da história *depois* da crise, em 2010 (ou seja, usando dinheiro do contribuinte), e, como recompensa por bom comportamento, conseguiu um emprego multimilionário em uma instituição financeira.

A SEGUIR

Há uma cruel dependência de domínio de conhecimentos especializados: o eletricista, o dentista, o estudioso de verbos irregulares do português, o assistente de colonoscopista, o taxista em Londres e o geômetra algébrico são especialistas (mais ou menos algumas variações locais), ao passo que o jornalista, o burocrata do Departamento de Estado, o psicólogo clínico, o teórico da administração, o editor-executivo e o macroeconomista, não. Isso nos permite responder às perguntas: Quem é o verdadeiro especialista? Quem decide quem é e quem não é um especialista? Onde está o metaespecialista?

O tempo é o especialista. Ou melhor, a temperamental e implacável Lindy, como vemos no próximo capítulo.

8. Uma especialista chamada Lindy

Ela é a única especialista — Não coma o cheesecake deles — Metaespecialistas julgados por metametaespecialistas — Prostitutas, não prostitutas e amadoras

A Lindy's é uma delicatéssen em Nova York, hoje em dia uma armadilha para turistas, que afirma com orgulho ser famosa por seu cheesecake, mas na verdade é conhecida há cerca de cinquenta anos por físicos e matemáticos graças à heurística que se desenvolveu lá. Atores que ficavam de bobeira na loja fofocando sobre outros atores descobriram que os espetáculos da Broadway que se mantinham em cartaz por, digamos, cem dias, tinham uma expectativa de vida futura de mais cem. Para aqueles que duravam duzentos dias, duzentos mais. A heurística ficou conhecida como efeito Lindy.

Deixe-me alertar o leitor: embora o efeito Lindy seja uma das heurísticas mais úteis, robustas e universais que conheço, o cheesecake da Lindy é... muito menos notável. O mais provável é que a delicatéssen não sobreviverá, de acordo com o efeito Lindy.

Um punhado de modelos matemáticos se encaixavam mais ou menos na história, embora não muito, até que a) este que vos fala descobriu que a melhor forma de compreender o efeito Lindy é usando a teoria da fragilidade e antifragilidade, e b) o matemático Iddo Eliazar formalizou sua estrutura probabilística. Na verdade, a teoria da fragilidade leva *diretamente* ao efeito

Lindy. De maneira simples, meus colaboradores e eu conseguimos definir a fragilidade como sensibilidade à desordem: a coruja de porcelana sentada à minha frente na escrivaninha, enquanto escrevo estas linhas, quer tranquilidade. Não gosta de choques, desordem, variações, terremotos, manuseio inadequado por funcionários de serviços de limpeza com fobia de poeira, viagem dentro de uma mala atravessando o Terminal 5 em Heathrow e bombardeio por milícias islâmicas patrocinadas pela Barbária Saudita. Claramente, a coruja não tem nenhuma vantagem a partir de eventos aleatórios e, geralmente, da desordem. (Tecnicamente, sendo frágil, ela necessariamente tem uma reação não linear a estressores: até seu ponto de ruptura, choques de maior intensidade a afetam desproporcionalmente mais que os menores.)

Agora, de modo decisivo, o tempo equivale à desordem, e a resistência aos estragos causados pelo tempo, isto é, o que gloriosamente chamamos de sobrevivência, é a capacidade de lidar com a desordem.

> *Aquilo que é frágil tem uma resposta assimétrica à volatilidade e a outros estressores, ou seja, sofrerá mais danos do que terá benefícios com ela.*

Em probabilidade, volatilidade e tempo são o mesmo. A ideia de fragilidade ajudou a incutir algum rigor em torno da noção de que o único juiz efetivo das coisas é o tempo — por *coisas* queremos dizer ideias, pessoas, produções intelectuais, modelos de carros, teorias científicas, livros etc. Não dá para enganar Lindy: livros como os escritos pelo atual colunista bambambã da página de artigos de opinião do *New York Times* podem suscitar algum burburinho, fabricado ou espontâneo, na época da publicação, mas sua taxa de sobrevida de cinco anos é geralmente menor que a do câncer de pâncreas.

QUEM É O "VERDADEIRO" ESPECIALISTA?

Efetivamente, o efeito Lindy responde às antiquíssimas metaperguntas: Quem julgará o especialista? Quem vai vigiar os vigilantes? (*Quis custodiet ipsos custodes?*) Quem julgará os juízes? Bem, a sobrevivência fará isso.

Pois o tempo depende de arriscar a própria pele. As coisas que sobreviveram estão insinuando para nós *ex post* que têm alguma robustez — dependendo de serem expostas a danos. Pois sem arriscar a própria pele, por meio da exposição à realidade, o mecanismo de fragilidade é desestruturado: as coisas podem sobreviver sem razão por algum tempo, em alguma escala, e no fim das contas desmoronar, causando um bocado de danos colaterais.

Mais alguns detalhes (para os interessados nas complexidades, o efeito Lindy foi descrito exaustivamente em *Antifrágil*). Há duas maneiras pelas quais as coisas lidam com o tempo. Em primeiro lugar, há envelhecimento e perecibilidade: as coisas morrem porque têm um relógio biológico, o que chamamos de senescência. Em segundo, há o perigo, o acaso, a taxa de acidentes. O que testemunhamos na vida física é a combinação dos dois: quando a pessoa está velha e frágil, não lida muito bem com acidentes. Esses acidentes não precisam ser externos, como cair de uma escada ou ser atacado por um urso; podem também ser internos, decorrentes do mau funcionamento aleatório dos órgãos ou de problemas de circulação. Por outro lado, animais que na verdade não envelhecem, tartarugas e crocodilos, por exemplo, parecem ter uma expectativa de vida que permanece constante por muito tempo. Se um crocodilo de vinte anos tiver mais quarenta anos para viver (devido aos perigos do seu hábitat), um de quarenta anos também terá cerca de quarenta anos de vida.

Vamos usar como abreviação "prova de Lindy", "é Lindy" ou "compatível com Lindy" (uma pode substituir a outra) para mostrar algo que parece pertencer à classe de coisas que provaram ter a seguinte propriedade:

> *Aquilo que é "Lindy" é o que envelhece ao contrário,*
> *ou seja, sua expectativa de vida se prolonga com*
> *o tempo, condicionada à sobrevivência.*

Somente o imperecível pode ser Lindy. Quando se trata de ideias, livros, tecnologias, procedimentos, instituições e sistemas políticos sob Lindy, não existe envelhecimento ou perecibilidade intrínsecos. Um exemplar físico de *Guerra e paz* pode envelhecer (particularmente quando o editor corta custos com papel para economizar vinte centavos por unidade); o livro em si, como ideia, não.

Note que, graças a Lindy, nenhum especialista é o especialista soberano e definitivo, e não precisamos de metaespecialistas que julguem a competência e qualidade de especialistas um nível abaixo deles. Resolvemos o problema das "tartarugas até lá embaixo".* A fragilidade é o especialista, portanto o tempo e a sobrevivência.

O LINDY DE LINDY

A ideia do efeito Lindy é, em si, à prova de Lindy. O pensador pré-socrático Periandro de Corinto escreveu, há mais de dois mil e quinhentos anos: *Use leis que sejam antigas, mas alimentos que sejam frescos.*

Da mesma forma, Afonso x da Espanha, apelidado de El Sabio, "o sábio", tinha uma máxima: *Queime lenha velha. Beba vinho envelhecido. Leia livros antigos. Mantenha velhos amigos.*

O perspicaz e felizmente não acadêmico historiador Tom Holland comentou certa vez: "O que eu mais admiro nos romanos é o total desprezo que eles eram capazes de demonstrar pelo culto à juventude". Ele também escreveu: "Os romanos julgavam seu sistema político perguntando-se não se fazia sentido, mas se funcionava", e é por essa razão que, ao escrever a dedicatória deste livro, chamei Ron Paul de um romano entre os gregos.

PRECISAMOS DE UM JUIZ?

Como mencionei no prólogo (parte 3), durante a maior parte da minha carreira (mais ou menos) acadêmica mantive um cargo de professor lecionando por não mais do que um trimestre. Um trimestre é suficiente para ter um lugar aonde ir, especialmente quando chove em Nova York, sem ser emocionalmente socializado nem perder a independência intelectual por medo de perder uma festa ou ter que almoçar sozinho. Mas um (agora "aposentado") chefe de departamento um dia veio falar comigo e emitiu o alerta: "Assim como quando você é um empresário e autor e é julgado por outros empresários e autores, aqui, como acadêmico, você é julgado por outros acadêmicos. A vida gira em torno de avaliação por pares".

---

* A expressão "tartarugas até lá embaixo" expressa um problema de regresso infinito, como se segue. Certa vez disseram ao lógico Bertrand Russell que o mundo estava apoiado em cima de uma tartaruga. "E essa tartaruga está em cima de quê?", perguntou ele. "São tartarugas até lá embaixo, a perder de vista", foi a resposta.

Levei algum tempo para superar meu nojo — ainda não estou totalmente familiarizado com o modo como os avessos a riscos funcionam; na verdade eles não percebem que os outros não são como eles, e são incapazes de entender o que move as pessoas reais. Não, os empresários, como arrojados e *afeitos a riscos*, não estão sujeitos ao julgamento de outros empresários, apenas ao de seu contador pessoal. Eles só precisam evitar um registro documentado de (algumas) violações éticas. Além disso, a pessoa não apenas não quer a aprovação dos colegas, mas quer a desaprovação (exceto para questões éticas): um velho colega, trader do pregão, certa vez compartilhou sua sabedoria comigo: "Se as pessoas aqui gostarem de você, provavelmente está fazendo algo errado".

Indo além,

Pode-se definir uma pessoa livre precisamente como alguém cujo destino não é central ou diretamente dependente da avaliação por pares.

E, como ensaísta, não sou julgado por outros escritores, editores de livros e críticos, mas por leitores. Leitores? Talvez, mas espere um minuto... não os leitores de hoje. Apenas aqueles de amanhã e de depois de amanhã. Então, meu único juiz verdadeiro sendo o tempo, o que conta são a estabilidade e a robustez do público leitor (isto é, *futuros* leitores). O leitor constante e orientado pela moda dos livros resenhados mais recentemente nas páginas do *New York Times* não me interessa. E, como um arrojado afeito a riscos, só o tempo conta — pois eu poderia enganar meu contador com ganhos estáveis e um bocado de risco oculto, mas, mais dia, menos dia, o tempo acabará por revelá-los.

Ser analisado, examinado ou avaliado por outros só é importante se e somente se alguém estiver sujeito ao julgamento de outros do futuro — não apenas do presente.

E lembre-se de que uma pessoa livre não precisa ganhar discussões, basta ganhar.*

---

* Uma observação sobre a modernidade. A mudança pela mudança em si, como vemos na arquitetura, na comida e no estilo de vida, é frequentemente o oposto do progresso. Como expliquei em *Antifrágil*, uma taxa de mutação alta demais impede a manutenção dos benefícios das mudanças anteriores: a evolução (e o progresso) exige, apesar de não muito frequente, alguma variação.

CHÁ COM A RAINHA

Os pares delegam honrarias, associações a academias, prêmios Nobel, convites para Davos e locais semelhantes, chá (e sanduíches de pepino) com a rainha, pedidos de ricaços que adoram citar nomes de celebridades para participar de coquetéis onde só se veem pessoas famosas. Acredite em mim, existem pessoas ricas cuja vida gira em torno dessas coisas. Elas geralmente afirmam que estão tentando salvar o mundo, os ursos, as crianças, as montanhas, os desertos — todos os ingredientes para propagandear a virtude.

Mas claramente não conseguem influenciar Lindy — na verdade, é o contrário. Se você gastar seu tempo tentando impressionar os outros em um bar chique de Nova York, talvez haja algo de errado com você.

Os pares contemporâneos são colaboradores valiosos, não juízes definitivos e soberanos.*

INSTITUIÇÕES

De fato, há algo pior do que a avaliação por pares — a burocratização da atividade cria uma classe de novos juízes: administradores universitários, que

---

* Os prêmios podem ser uma maldição. De fato, há uma antiga e longeva crença entre traders de que o elogio dos jornalistas é um indicador reverso. Aprendi isso a duras penas e do jeito mais difícil. Em 1983, pouco antes de eu me tornar um trader, a gigante da computação IBM apareceu na capa da *BusinessWeek*, revista norte-americana influente na época, como "a melhor empresa". Ingenuamente, corri para comprar suas ações. Tomei uma sonora surra. Então me ocorreu que, quando muito, eu deveria estar vendendo a empresa a descoberto, para me beneficiar do seu declínio. Então inverti a negociação e aprendi que o elogio coletivo dos jornalistas é, no mínimo, suspeito e, na melhor das hipóteses, uma maldição. A IBM entrou em uma derrocada que durou uma década e meia; quase foi à falência. Além disso, aprendi a evitar honrarias e prêmios em parte porque, uma vez que são concedidos pelos juízes errados, é provável que atinjam você no auge (melhor ser ignorado ou, melhor, não ser apreciado pela mídia em geral). Um ex-trader que investe no ramo de restaurantes, Brian Hinchcliffe, transmitiu para mim a seguinte heurística: restaurantes que ganham prêmios como "O Melhor" *em alguma coisa* (melhor atmosfera, melhor serviço de garçons, melhor iogurte fermentado e outras bebidas não alcoólicas para receber a visita de xeques etc.) fecham as portas antes da cerimônia de premiação. Empiricamente, se você quer que um escritor ou escritora perdure por algumas gerações, certifique-se de que ele ou ela nunca receba uma coisa chamada prêmio Nobel de Literatura.

não têm ideia do que alguém está fazendo exceto por meio de sinais externos, mas ainda assim tornam-se os árbitros efetivos.

Esses árbitros não percebem que a publicação "de prestígio", determinada por pares-resenhistas de maneira circular, não é compatível com Lindy — significa apenas que um certo conjunto de pessoas (atualmente) poderosas está feliz com o seu trabalho.

As ciências naturais talvez sejam resistentes a patologias. Então, vamos dar uma olhada nas ciências sociais. Dado que os únicos juízes de um colaborador são seus "colegas", há em curso um conluio de citações que pode levar a todos os tipos de podridão. A macroeconomia, por exemplo, pode ser um disparate, uma vez que é mais fácil manipular a macrobaboseira do que a microbaboseira — ninguém é capaz de dizer se uma teoria realmente funciona.

Se você disser algo maluco, será considerado louco. Mas se você juntar umas, digamos, vinte pessoas para fundar uma academia e disser coisas malucas aceitas pelo coletivo, agora você tem "revisão por pares" e pode abrir um departamento em uma universidade.

A academia, quando desenfreada, tem uma tendência (por não arriscar a própria pele) de evoluir para um jogo ritualístico de publicação autorreferencial.

Ora, se a academia se transformou em uma competição atlética, Wittgenstein defendia o ponto de vista exatamente oposto: na verdade, o conhecimento é o contrário de um campeonato esportivo. Em filosofia, o vencedor é aquele que termina por último, disse ele.

Indo além,

Qualquer coisa que cheire a concorrência destrói o conhecimento.

Em algumas áreas, como estudos de gênero ou psicologia, o jogo ritualístico de publicação gradualmente mapeia cada vez menos a pesquisa real, pela própria natureza do problema de agência, para alcançar uma divergência de interesses semelhante à máfia: os pesquisadores têm seus próprios objetivos e prioridades, em desacordo com aquilo por que pagam seus clientes, ou seja, a sociedade e os alunos. A opacidade do assunto para pessoas de fora os ajuda a controlar os portões. Entender de "economia" não significa saber alguma coisa sobre economia no sentido da atividade real, mas antes as teorias, que em sua maioria não passam de baboseiras produzidas por economistas. E os cursos nas universidades, custeadas por pais trabalhadores que precisam economizar durante décadas para bancar a educação dos filhos, degeneram facilmente em modismos. Você trabalha com afinco e economiza para que seus filhos aprendam uma crítica da mecânica quântica orientada por estudos pós-colonialistas.

Mas há esperança. Na verdade, eventos recentes indicam como o sistema vai fechar as portas: ex-alunos (que por acaso trabalharam no mundo real) estão começando a cortar fundos para disciplinas espúrias e falcatruosas (embora não para os enfoques farsescos dentro das disciplinas tradicionais). Afinal, acontece que alguém precisa pagar os salários de macroeconomistas e "especialistas" em gênero pós-colonialistas. E o ensino universitário precisa competir com seminários e oficinas de treinamento profissional: era uma vez, uma época em que estudar teorias pós-coloniais poderia ajudar alguém a obter um emprego diferente de servir batatas fritas. Não mais.

CONTRA OS PRÓPRIOS INTERESSES

As afirmações mais convincentes são aquelas em que a pessoa tem algo a perder, aquelas em que alguém arrisca a própria pele no nível máximo; as menos convincentes são aqueles em que alguém (embora sem ter consciência disso) tenta melhorar seu status sem dar uma contribuição tangível (por exemplo, como vimos, na grande maioria dos artigos acadêmicos que não dizem nada e não correm riscos). Mas não tem que ser assim. Exibir-se é razoável; é humano. Contanto que a substância exceda a ostentação, tudo bem. Permaneça humano, pegue o máximo que puder, sob a condição de dar mais do que você recebe.

Deve-se dar mais peso à pesquisa que, apesar de ser rigorosa, contradiz outros pares, particularmente se isso implicar custos e prejuízos representativos para o autor.

Indo além,

*Alguém que tem presença pública notória, que é controverso
e assume riscos por sua opinião, está pouco propenso
a ser um vendedor ambulante de baboseiras.**

ARRISCANDO A PRÓPRIA ALMA, DE NOVO

No fim das contas, a desprostitucionalização da pesquisa será feita da seguinte maneira: forçar as pessoas que queiram fazer "pesquisa" a fazê-la durante suas folgas, em seu tempo livre, isto é, obtendo sua renda a partir de outras fontes. Sacrifício é necessário. Pode parecer absurdo para os contemporâneos que sofreram lavagem cerebral, mas *Antifrágil* documenta as descomunais contribuições históricas dos não profissionais, ou melhor, dos não meretrícios. Para que suas pesquisas sejam genuínas, eles devem primeiro ter um emprego do mundo real como sua fonte de renda primária, ou pelo menos passar dez anos como: fabricante de lentes, funcionário de patentes, mafioso, apostador profissional, carteiro, agente penitenciário, médico, motorista de limusine, integrante de milícia, agente de segurança social, advogado de tribunal, agricultor, chef, garçom com experiência em bares lotados, bombeiro (meu favorito), faroleiro etc., enquanto vão construindo as próprias ideias originais.

É um mecanismo de filtragem, de expurgo da baboseira. Não tenho simpatia nenhuma por pesquisadores profissionais chorões. De minha parte, passei 23 anos em uma profissão de tempo integral, muito exigente e extremamente estressante, enquanto estudava, pesquisava e escrevia durante a noite meus três primeiros livros; isso diminuiu (verdade seja dita, eliminou) a minha tolerância pela pesquisa de construção de carreira.

(Existe a ilusão de que, assim como os empresários são motivados e recompensados pelos lucros, os cientistas deveriam ser motivados e recompensados por títulos, cargos honoríficos e reconhecimento. Não é assim que a coisa funciona. Lembre-se de que a ciência é uma regra da minoria: poucos vão comandar o show e fazê-la funcionar, os outros são apenas os soldados da retaguarda).

---

* Por via de regra sou alérgico a algumas personalidades públicas, mas não a outras. Demorei algum tempo para descobrir como estabelecer o limite explicitamente. A diferença é a exposição a riscos e se a pessoa se preocupa com a própria reputação.

A CIÊNCIA É PROPENSA A LINDY

Já afirmamos que, sem arriscar a própria pele, os mecanismos de sobrevivência são gravemente interrompidos. Isso também se aplica a ideias.

A ideia de ciência de Karl Popper é a de um empreendimento que produz enunciados que podem ser desmentidos e contestados por eventuais observações, não uma série de alegações verificáveis: a ciência é fundamentalmente desconfirmatória, não confirmatória. Esse mecanismo de falsificação é inteiramente compatível com Lindy; na verdade, requer a operação do efeito Lindy (em combinação com a regra da minoria). Embora Popper tenha visto a estática, ele não estudou a dinâmica, tampouco examinou a dimensão de risco das coisas. A razão pela qual a ciência funciona não é porque existe um "método científico" adequado, obtido por alguns nerds isolados, ou algum "padrão" que passa em um teste semelhante ao exame oftalmológico do Detran; ao contrário, é porque as ideias científicas são propensas a Lindy, isto é, sujeitas à própria fragilidade natural. As ideias precisam arriscar a própria pele. Você sabe que uma ideia fracassará se ela não for útil — portanto, pode ser vulnerável à *falsificação* do tempo (e não do falsificacionismo ingênuo, isto é, de acordo com alguma diretriz governamental impressa em preto e branco). Quanto mais tempo uma ideia existir sem ser falsificada, maior será sua expectativa de vida futura. Pois, se você ler o relato de Paul Feyerabend sobre a história das descobertas científicas, poderá ver claramente que vale tudo no processo — mas não com o teste do tempo. Isso parece ser inegociável.

Note que estou modificando a ideia de Popper; podemos substituir "verdadeiro" (ou melhor, *não falso*) por "útil", até mesmo "não prejudicial", até mesmo "protetor para seus usuários". Assim, divergirei de Popper no seguinte: para que as coisas sobrevivam, elas necessariamente precisam se sair bem na dimensão de risco, isto é, ser boas em *não morrer*. Pelo efeito Lindy, se uma ideia arrisca a pele no jogo, não é no jogo da verdade, mas no jogo do dano. Uma ideia sobrevive se for um bom gestor de risco, isto é, não só não prejudica aqueles que a ela se aferram, mas favorece a sobrevivência deles — isso também se aplica a superstições que atravessaram séculos porque conduziram a algumas ações de proteção. Em termos mais técnicos, uma ideia precisa ser convexa (antifrágil), ou pelo menos ocasionar uma redução benéfica da fragilidade em algum lugar.

EMPÍRICA OU TEÓRICA?

Os acadêmicos dividem a pesquisa em áreas teóricas e empíricas. O empirismo consiste em analisar dados em um computador em busca do que eles chamam de "estatisticamente significativo", ou fazer experimentos no laboratório sob algumas condições propositadamente restritas. Fazer as coisas no mundo real, em algumas profissões (como a medicina), ostenta o nome *clínico*, que não é considerado científico. Muitas disciplinas carecem desta terceira dimensão, a clínica.

Pois, de fato, pelo efeito Lindy, a robustez ao tempo, ou seja, fazer as coisas sob condições de exposição ao risco, é controlada e verificada pela sobrevivência. As coisas funcionam 1) se aqueles que estiveram fazendo o trabalho assumiram algum tipo de risco, e 2) seu trabalho consegue atravessar gerações.

O que me leva às avós.

A AVÓ VERSUS OS PESQUISADORES

Se você ouvir o conselho de uma avó ou de um idoso, é provável que funcione em 90% do tempo. Por outro lado, em parte por causa do cientificismo e da prostituição acadêmica, em parte porque o mundo é difícil, se você ler qualquer coisa escrita por psicólogos e cientistas comportamentais, as probabilidades são de que funcione em menos de 10% das vezes, a menos que também tenha sido analisado pela avó e pelos clássicos, e nesse caso por que você precisaria de um psicólogo?* Saiba que um esforço recente para reproduzir os cem artigos de psicologia em periódicos "prestigiosos" de 2008 constatou que, de cem, apenas 39 foram replicados. Destes 39, creio que menos de dez sejam realmente robustos e se transfiram para fora da estreiteza da experiência. Defeitos semelhantes foram encontrados na medicina e na neurociência; discutirei mais sobre eles depois (no capítulo 18 e, principal-

---

* Em uma nota técnica chamada "Metadistribuição de valores-P" em torno da estocasticidade de "valores-P" e sua mutilação por pesquisadores charlatães, mostro que a significância estatística desses artigos é pelo menos uma ordem de grandeza menor do que o alegado.

mente, no 19, além disso, abordarei por que as advertências de sua avó ou os interditos e proibições não são "irracionais"; a maior parte do que é chamado de "irracional" vem da incompreensão da probabilidade).

É fundamental que não seja apenas que os livros dos antigos ainda existam por aí e tenham sido filtrados por Lindy, mas que as populações que os leem também sobreviveram.

Embora nosso conhecimento de física não estivesse disponível para os antigos, a natureza humana estava. Portanto, tudo o que é válido nas ciências sociais e tudo o que se aplica à psicologia devem ser à prova de Lindy, ou seja, ter um antecedente nos clássicos; caso contrário, não será replicado ou não se generalizará além do experimento. Por clássicos podemos definir a literatura moral latina e a helenística tardia (as ciências morais significavam algo diferente do que fazem hoje): Cícero, Sêneca, Marco Aurélio, Epíteto, Luciano, ou os poetas Juvenal, Horácio, ou os franceses posteriores chamados "moralistas" (La Rochefoucauld, Vauvenargues, La Bruyère, Chamfort). Bossuet é em si uma aula. Pode-se usar Montaigne e Erasmo como um portal para os antigos: Montaigne foi o divulgador e popularizador de seu tempo; Erasmo foi o rematado compilador.

UM BREVE GUIA DA SABEDORIA DOS SEUS AVÓS

Agora vamos encerrar com a amostragem de algumas ideias que existem nos saberes antigos e são meio que consagradas pela psicologia moderna. São mostradas aqui organicamente, o que significa que não são o resultado de pesquisa, mas do que vem espontaneamente à mente (lembre-se de que o título deste livro é *Arriscando a própria pele*), e depois verificado nos textos.

Dissonância cognitiva (teoria psicológica de Leon Festinger sobre as *uvas verdes*, de acordo com a qual as pessoas, a fim de evitar crenças inconsistentes, racionalizam que, por exemplo, as uvas que elas não conseguem obter só podem ser verdes): vista pela primeira vez em Esopo, é claro, reescrita por La Fontaine. Mas suas raízes parecem ainda mais antigas, com o assírio Ahiqar de Nínive.

Aversão à perda (teoria psicológica segundo a qual a perda é mais dolorosa do que um ganho é agradável): nos Anais de Lívio (XXX, 21), *Os homens* sentem o que é bom com menos intensidade do que o que é ruim.* Quase todas as cartas de Sêneca têm algum elemento de aversão à perda.

Conselho negativo (*via negativa*): conhecemos melhor o que é errado do que sabemos o que é certo; lembre-se da superioridade da Regra de Prata com relação à Regra de Ouro. *O bem não é tão bom quanto a ausência do mal*,** Ênio, repetido por Cícero.

Arriscar a própria pele (literalmente): começamos com o provérbio iídiche: *Ninguém consegue mastigar com os dentes de outra pessoa*. "Para coçar sua coceira, nada melhor que a própria unha",*** recolhido por Scaliger por volta de 1614 em *Proverborum Arabicorum*.

Antifragilidade: existem dezenas de ditos e provérbios antigos. Vamos mencionar apenas Cícero. *Quando nossas almas estão apaziguadas, a abelha pode picar*. Ver também Maquiavel e Rousseau, por sua aplicação aos sistemas políticos.

Desconto do tempo: "Mais vale um pássaro na mão do que dez na árvore"**** (provérbio levantino).

Loucura das multidões: Nietzsche: *A loucura é muito rara em indivíduos, mas em grupos, partidos políticos, nações e épocas, é a regra*. (Isso conta como sabedoria antiga, já que Nietzsche era um classicista; já vi muitas dessas referências em Platão.)

Menos é mais: *Altercação demais faz a verdade se perder*,***** em Públio Siro. Mas é claro que a expressão "menos é mais" está em um poema de 1855 de Robert Browning.

Excesso de confiança: "Perdi dinheiro por causa de excesso de confiança",****** Erasmo inspirado por Teógnis de Mégara (*Confiante, tudo perdi; audacioso, tudo guardei*) e Epicarmo de Cós (*Permanece sóbrio e lembra-te de ficar atento*).

O paradoxo do progresso e o paradoxo da escolha: há uma famosa história de um banqueiro de Nova York em férias na Grécia, que, ao conversar com um pescador e esquadrinhar a atividade pesqueira dele, cria um esquema

---

* *Segnius homines bona quam mala sentiunt.*
** *Nimium boni est, cui nihil est mali.*
*** *Non scabat caput praeter unges tuo, Ma bih ikkak illa difrak.*
**** *xasfour bil 'id ahsan min xasra xalsajra.*
***** *Nimium allercando veritas amittitur.*
****** *Fiducia pecunias amici.*

para ajudar o pescador a transformar seu trabalho em um grande negócio. O pescador perguntou-lhe quais eram os benefícios; o banqueiro respondeu que ele poderia ganhar uma pilha de dinheiro em Nova York e voltar para passar as férias na Grécia; algo que pareceu ridículo aos olhos do pescador, que já estava lá fazendo o tipo de coisa que os banqueiros fazem quando vão passar férias na Grécia.

A história era bem conhecida na Antiguidade, sob uma forma mais elegante, conforme foi recontada por Montaigne (em tradução livre): Quando o rei Pirro organizava uma expedição para tentar invadir a Itália, Cíneas, seu sábio conselheiro, tentou fazê-lo ponderar sobre a vaidade de tal ação. "Qual é o propósito desse empreendimento?", perguntou ele. Pirro respondeu: "É para me tornar o senhor da Itália". Cíneas: "E depois?". Pirro: "Para chegar à Gália, depois tomar a Espanha". Cíneas: "E depois?". Pirro: "Conquistar a África, e então... descansar". Cíneas: "Mas se nada nos impede de fazermos isso já; por que correr mais riscos?". Montaigne a seguir cita a conhecida passagem de *De Rerum Natura* [*Da natureza das coisas*] (v, 1431), de Lucrécio, sobre como a natureza humana não conhece limites superiores, como se para punir a si mesma.

Livro VI

Agência adentro

9. Cirurgiões não deveriam ter aparência de cirurgiões

A literatura não parece literatura — Donaldo contratando praticantes — A glória da burocracia — Ensine um professor a levantar peso — A aparência adequada para o papel

A APARÊNCIA ADEQUADA PARA O PAPEL

Digamos que você tivesse a opção de escolher entre dois cirurgiões de nível semelhante no mesmo departamento em algum hospital. O primeiro tem aparência refinadíssima; usa óculos de aro prateado, seu corpo é esguio, tem mãos delicadas, a fala comedida e gestos elegantes. Seu cabelo é grisalho e bem penteado. Ele é a pessoa que escalaria em um filme se precisasse de alguém para personificar um cirurgião. O consultório dele ostenta com alarde diplomas de universidades de elite, tanto de graduação como de especialização.

O segundo parece um açougueiro; está acima do peso, tem mãos grandes, a fala bronca e uma aparência descuidada. A camisa amarrotada está para fora da calça. Nenhum alfaiate na Costa Leste dos Estados Unidos é capaz de fazer a camisa dele abotoar no pescoço. Ele tem um forte sotaque nova-iorquino, mas não parece se importar. Ele tem até um dente de ouro, que aparece quando abre a boca. A ausência de diplomas na parede sugere a falta de orgulho em sua educação formal: talvez tenha frequentado alguma faculdadezinha local. Em um filme, é de se esperar que ele fizesse o papel do guarda-costas aposentado de um congressista em primeiro mandato ou um cozinheiro da terceira geração em uma lanchonete de Nova Jersey.

Ora, se eu tivesse que escolher, passaria por cima da minha tendência a ser um otário e ficaria com o açougueiro, sem titubear. E mais ainda: eu procuraria o açougueiro como uma terceira opção se tivesse que escolher entre dois médicos com aparência de médicos. Por quê? Simplesmente aquele que *não* parece ter a aparência física adequada, desde que tenha feito uma carreira (mais ou menos) bem-sucedida em sua profissão, teve que superar muita coisa em termos de percepção. E se temos a sorte suficiente de contar com pessoas que não parecem adequadas e não aparentam possuir as características esperadas e compatíveis com seu cargo, é porque precisou arriscar a própria pele, o contato com a realidade que filtra e deixa de fora a incompetência, já que a realidade é cega para as aparências.

Quando os resultados decorrem do trato direto com a realidade, e não derivam da ação de comentaristas, a imagem é menos importante, mesmo que se correlacione com as habilidades. Mas a imagem importa um bocado quando existe hierarquia e padronização na "avaliação profissional" das "atribuições da função" e "responsabilidades do cargo". Pense nos diretores-executivos das corporações: eles não apenas têm a aparência física adequada para o papel, eles inclusive parecem idênticos. E, pior, quando você os ouve falar, o som de sua voz é igual, com o mesmo vocabulário e as mesmas metáforas. Mas esse é o trabalho deles: como vou continuar lembrando o leitor, ao contrário do senso comum, executivos são diferentes de empreendedores, e devem mesmo se parecer com atores.

Assim, pode haver alguma correlação entre a aparência física e as habilidades (alguém que tem aparência atlética provavelmente é atlético); contudo, ter tido sucesso *apesar de não ter a aparência adequada*, é informação poderosa e até mesmo decisiva.

Portanto, não é de admirar que o cargo de executivo-chefe (e chefe do Executivo) dos Estados Unidos tenha sido preenchido pelo ex-ator Ronald Reagan. Na verdade, o melhor ator é aquele que ninguém percebe ser um ator: um olhar mais atento sobre Barack Obama mostra que ele era mais ator ainda — uma educação sofisticada de uma universidade de elite combinada a uma reputação liberal é convincente no que diz respeito à construção da imagem.

Muitas páginas têm sido escritas sobre o *milionário da casa ao lado*: a pessoa que é muito rica, considerando todos os fatos, mas não tem a aparência que alguém esperaria de uma pessoa rica, e vice-versa. Praticamente todo banqueiro privado é ensinado a não se deixar enganar pela aparência do cliente e evitar ir atrás de donos de Ferraris em country clubs. Enquanto escrevo estas linhas, um vizinho do meu vilarejo ancestral (e, como quase todos lá, um parente remoto), que levava uma vida modesta mas confortável, comia a comida que ele mesmo cultivava, bebia o pastis (áraque) que ele próprio fazia, esse tipo de coisa, deixou um patrimônio de cem milhões de dólares, uma centena de vezes o que era de esperar que ele deixasse.

Então, da próxima vez que escolher aleatoriamente um romance, evite aquele com a foto do autor representando um homem pensativo com uma gravata chique, diante de estantes forradas de livros.

Pelo mesmo raciocínio, e invertendo os argumentos, os ladrões habilidosos e em liberdade não devem ter a aparência de ladrões. Estes provavelmente estão atrás das grades.

Na sequência, nós nos aprofundaremos no seguinte:

> *Em qualquer tipo de atividade ou negócio dissociado do filtro direto de arriscar-a-própria-pele, a grande maioria das pessoas conhece o jargão, desempenha o papel e tem intimidade com os detalhes cosméticos, mas não entende nada sobre o assunto.*

A FALÁCIA DA MADEIRA VERDE

A ideia deste capítulo é compatível com Lindy. Não pense que maçãs bonitas têm um gosto melhor, diz o provérbio latino.* Essa é uma versão mais sutil da conhecida expressão "nem tudo o que reluz é ouro" — algo que os consumidores demoraram meio século para descobrir; mesmo assim, eles vêm sendo continuamente enganados pela estética do produto.

Uma regra especializada no meu ofício é nunca contratar um trader bem vestido. Mas a norma vai além:

---

* *Non teneas aurum totum quod splendet ut aurum/nec pulchrum pomum quodlibet esse bonum.*

Contrate o trader bem-sucedido, contanto que ele tenha um histórico sólido de cujos detalhes você seja capaz de entender o mínimo.

Não o máximo: o mínimo. Por quê?

Introduzi este aspecto em *Antifrágil*, ao qual chamei de *a falácia da madeira verde*. Um sujeito faz fortuna vendendo um produto chamado "madeira verde" sem aparentemente saber os detalhes essenciais sobre o artigo que está comercializando — não sabia que o produto era uma madeira pintada de verde (e não uma madeira recém-cortada, chamada de verde por não ter passado por um processo de secagem). Enquanto isso, o narrador da história foi à falência, embora soubesse todas as minúcias sobre a madeira verde. A falácia é que aquilo de que uma pessoa talvez precise saber no mundo real não necessariamente corresponde ao que se pode perceber por meio do intelecto: isso não significa que os detalhes não sejam relevantes, apenas que aqueles em quem tendemos (ao estilo do IPI) a acreditar que são importantes podem nos distrair de atributos mais centrais do mecanismo de preço.

Em qualquer atividade, os detalhes ocultos só são revelados via Lindy.

Outro aspecto:

O que pode ser formulado e expresso em uma narrativa clara que convença os otários será uma armadilha para otários.

Meu amigo Terry B., que deu um curso de investimento, convidou dois oradores. Um deles tinha a aparência adequada de gerente de investimentos, o perfeito *physique du rôle*: roupas feitas sob medida, relógio caro, sapatos brilhantes e clareza de exposição. E também se gabou, contou vantagem, projetando o tipo de confiança que é desejável em um executivo. O segundo era mais parecido com o nosso cirurgião-açougueiro, e sua fala foi totalmente incompreensível; ele chegou a dar a impressão de estar confuso. Agora, quando Terry perguntou aos alunos qual dos dois eles acreditavam ser mais bem-sucedido, não chegaram nem perto. O primeiro, o que não é surpresa nenhuma, ocupava uma posição equivalente à fila do seguro-desemprego na profissão; o segundo era no mínimo um centimilionário.

O falecido Jimmy Powers, um irlandês cabeça-dura de Nova York com quem trabalhei em um banco de investimentos no início de minha carreira de operador, teve sucesso apesar de ter abandonado a faculdade e de ter um passado como ladrão de rua do Brooklyn. Ele discutia nossas atividades comerciais em reuniões com frases do tipo: "Fizemos isso e depois fizemos aquilo, etecetera e tal, e no fim deu tudo certo", para uma plateia de executivos extremamente perplexos que não se importavam com o fato de não entenderem o que ele estava falando, contanto que nosso departamento fosse lucrativo. Extraordinariamente, depois de algum tempo aprendi a entender sem esforço o que Jimmy queria dizer. Aprendi também, aos vinte e poucos anos, que as pessoas que você entende com mais facilidade são necessariamente os fanfarrões que falam baboseiras.

O MAIS BEM VESTIDO PLANO DE NEGÓCIOS

A literatura *não deve* parecer literatura. Ainda adolescente, o autor Georges Simenon trabalhou como assistente da famosa escritora francesa Colette; ela o ensinou a resistir à ideia de usar em seus textos subjuntivos imperfeitos e referências a zéfiros, rododendros e firmamentos — o tipo de coisa que a pessoa faz quando se torna literária. Simenon levou esse conselho ao extremo: seu estilo é semelhante ao de, digamos, Graham Greene; é completamente despojado, e, como resultado, as palavras não atrapalham a transmissão da atmosfera (você sente a umidade penetrar seus sapatos só de ler os relatos do comissário Maigret passando horas a fio sob a chuva parisiense; é como se o personagem central fosse o cenário).

Da mesma forma, prevalece a ilusão de que as empresas trabalham por meio de planos de negócios, e a ciência, via financiamento. Isso não é estritamente inverídico: um plano de negócios é uma narrativa útil para aqueles que querem convencer um otário. Funciona porque, como afirmei no prólogo (parte 2), as firmas do ramo do empreendedorismo tiram o máximo proveito de seu dinheiro empacotando empresas e vendendo-as; não é fácil vender sem uma narrativa forte. Mas para um negócio real (em oposição a um esquema de arrecadação de fundos), algo que deve sobreviver por conta própria, os planos de negócios e o financiamento funcionam de trás para a frente. No momento em que escrevo, a maioria dos gigantescos sucessos recentes (Microsoft, Apple, Facebook, Google) foi iniciada por pessoas que se dedicaram de corpo e alma e cresceram organicamente — se recorreram ao financiamento, foi para expandir ou para permitir que os sócios vendessem ativos a fim de sacar dinheiro durante tempos difíceis; o financiamento não era a principal fonte de criação. Ninguém cria uma empresa criando uma empresa; tampouco se faz ciência fazendo ciência.

UM BISPO PARA O DIA DAS BRUXAS

O que me leva de volta às ciências sociais. Em muitas ocasiões rabisquei rapidamente ideias em post-its, junto com justificativas matemáticas, e as fixei em algum lugar, planejando publicá-las. Nada de trivialidades água com açúcar nem da circularidade verborrágica desprovida de ideias dos artigos de ciências sociais. Em alguns campos embusteiros como economia, ritualísticos e dominados por conluios de citação, descobri que *tudo* está na apresentação. Assim, as críticas que recebi nunca foram em relação ao conteúdo, mas sim à aparência. Há uma certa linguagem que a pessoa precisa aprender por meio de um longo investimento, e os artigos são apenas iterações em torno dessa linguagem.

Nunca contrate um acadêmico a menos que a função dele seja participar dos rituais de escrita de artigos ou fazer provas.

O que nos leva aos atributos do cientificismo. Pois não é apenas uma apresentação que interessa a esses idiotas. É uma complicação desnecessária.

Mas há uma lógica por trás dessas complicações e desses rituais acadêmicos. Você já se perguntou por que um bispo se veste como se estivesse fantasiado para o Dia das Bruxas?

As sociedades do Mediterrâneo são tradicionalmente aquelas em que a pessoa de posição mais elevada na hierarquia é a que mais arrisca a própria pele. E se há alguma coisa que caracteriza os Estados Unidos hoje é a exposição a riscos econômicos, graças a uma feliz transferência de valores marciais para os negócios e o comércio na sociedade anglo-saxônica — é digno de nota que a cultura árabe tradicional também dá a mesma ênfase à honra de correr risco econômico. Mas a história mostra que existiam — e ainda existem — sociedades nas quais o intelectual estava no topo. Para os hindus, o brâmane ocupava o primeiro lugar na hierarquia, os celtas tinham os druidas (assim como os drusos, seus possíveis primos), os egípcios tinham seus escribas, e os chineses, por um tempo relativamente breve, os eruditos. Permita-me adicionar a França do pós-guerra. Pode-se notar uma extraordinária semelhança com a forma como esses intelectuais detiveram o poder e se apartaram dos demais: por meio de rituais complexos e extremamente elaborados, mistérios que permaneciam dentro da casta, e um foco primordial no cosmético.

Mesmo no âmbito das sociedades "normais", administradas por guerreiros ou administradas por realizadores, a classe de intelectuais tem extremo entusiasmo por rituais: sem pompa e cerimônia, o intelectual não passa de um tagarela, isto é, um nada. Pense no bispo da minha religião, a Igreja Ortodoxa Grega: é um show de dignidade. Um bispo de patins deixaria de ser bispo. Não há nada de errado com o decorativo se ele permanecer sendo o que é, decoração, o que ainda é válido hoje. No entanto, ciência e negócios não devem ser decorativos.

A seguir, examinamos os seguintes pontos:

Assim como o sujeito vistoso de Ferrari parece mais rico que o centimilionário amarrotado, o cientificismo parece mais científico que a própria ciência.

O verdadeiro intelecto não deve parecer intelectual.

O NÓ GÓRDIO

Nunca pague pela complexidade da apresentação quando tudo de que você precisa é de resultados.

Alexandre, o Grande, foi chamado certa vez para resolver um desafio na cidade frígia de Górdio (como de costume com histórias gregas, na atual Turquia). Quando Alexandre chegou a Górdio, encontrou uma velha carroça, cujo jugo estava amarrado a uma coluna com uma multidão de nós, todos entrelaçados com tanta firmeza que era impossível descobrir como estavam presos. Um oráculo tinha declarado que quem desatasse o nó governaria todo o território que à época chamava-se "Ásia", isto é, a Ásia Menor, o Levante e o Oriente Médio.

Depois de lutar com o nó, Alexandre recuou do aglomerado de cordas retorcidas e proclamou que para a profecia não importava como o emaranhado seria desfeito. A seguir, desembainhou a espada e, com um único golpe, cortou o nó ao meio.

Nenhum acadêmico "bem-sucedido" poderia dar-se ao luxo de solucionar o problema adotando tal diretriz política... E também nenhum *Intelectual porém idiota*. A medicina levou um longo tempo para perceber que, quando um paciente aparece com dor de cabeça, é muito melhor dar-lhe aspirina ou recomendar uma boa noite de sono do que submetê-lo a uma cirurgia no cérebro, embora a última pareça mais "científica". Entretanto, a maior parte dos "consultores" e outros profissionais pagos por hora ainda não chegaram a essa conclusão.

SUPERINTELECTUALIZAÇÃO DA VIDA

Os pesquisadores Gerd Gigerenzer e Henry Brighton contrastam os enfoques da escola "racionalista" (entre aspas, pois há pouco de racional nesses racionalistas) e a perspectiva heurística, no exemplo a seguir sobre como um jogador de beisebol agarra a bola segundo Richard Dawkins:

> Richard Dawkins [...] argumenta que "Ele se comporta como se tivesse solucionado um conjunto de equações diferenciais para prever a trajetória da bola. Em algum nível subconsciente, algo funcionalmente equivalente a cálculos matemáticos está acontecendo".
>
> [...] Em vez disso, experimentos mostraram que os jogadores confiam em várias heurísticas. A heurística do olhar fixo é a mais simples e funciona se a bola já estiver no ar: fixe seu olhar na bola, comece a correr e ajuste sua velocidade de corrida de modo que o ângulo do olhar permaneça constante.

Esse erro do escritor de ciência Richard Dawkins generaliza-se, em termos simples, para a superintelectualização dos seres humanos em suas respostas a todos os tipos de fenômenos naturais, em vez de aceitar o papel de um conjunto de heurísticas mentais usadas *para propósitos específicos*. O jogador de beisebol não tem a menor ideia sobre a heurística exata, mas ele a acompanha — caso contrário, perderia o jogo para outro competidor, não afeito a intelectualizações. Da mesma forma, como veremos no capítulo 18, as "crenças" religiosas são simplesmente heurísticas mentais que resolvem uma gama de problemas — sem que o agente saiba de fato como. Solucionar equações a fim de tomar uma decisão não é uma habilidade a que nós, humanos, possamos aspirar — é computacionalmente impossível. O que podemos fazer do ponto de vista racional é neutralizar alguns aspectos prejudiciais dessas heurísticas, tornando-as inofensivas, por assim dizer.

OUTRO NEGÓCIO DE INTERVENÇÃO

Pessoas que sempre atuaram sem arriscar a própria pele (ou que não arriscam a própria pele no lugar certo) buscam o complicado e o centralizado, e evitam o simples como o diabo foge da cruz. Os profissionais, por outro lado, têm instintos opostos, procurando as heurísticas mais simples. Algumas regras:

> *As pessoas que são criadas, selecionadas e recompensadas para encontrar soluções complicadas não têm incentivo para implementar as soluções simplificadas.*

E fica mais complicado, uma vez o próprio remédio em si tem um problema de arriscar a própria pele.

> *Isso é particularmente agudo no metaproblema, quando a solução tem a ver com a resolução desse mesmo problema.*

Em outras palavras, muitos problemas na sociedade vêm das intervenções de pessoas que vendem soluções complicadas, porque é isso que sua posição e treinamento os estimulam a fazer. Não há absolutamente nenhum ganho para alguém nessa posição propor algo simples: a pessoa é recompensada pela percepção, não pelos resultados. Enquanto isso, ninguém paga preço algum pelos efeitos colaterais que crescem de forma não linear com tais complicações.

Isso também permanece verdadeiro quando se trata de soluções lucrativas para os tecnólogos.

OURO E ARROZ

Agora, de fato, sabemos por instinto que a cirurgia cerebral não é mais "científica" que a aspirina, assim como percorrer de avião os sessenta e poucos quilômetros entre os aeroportos JFK e Newark representam "eficiência", embora haja mais tecnologia envolvida. Mas não traduzimos isso facilmente para outros domínios, e continuamos sendo vítimas do *cientificismo*, que é para a ciência o que uma pirâmide financeira é para o investimento, ou o que a propaganda ou a publicidade são para uma comunicação científica genuína. Você amplia os atributos cosméticos.

Lembre-se das modificações genéticas do livro III (e da campanha de difamação do capítulo 4). Analisemos a história do Arroz Dourado geneticamente modificado. Houve um problema de desnutrição e deficiência nutricional em muitos países em desenvolvimento, o que meus colaboradores Yaneer Bar-Yam e Joe Norman atribuem a uma questão trivial e muito direta de transporte. Em termos simples, desperdiçamos mais de um terço do nosso suprimento de alimentos, e os ganhos da simples melhoria na distribuição superariam em muito os da modificação da oferta. Basta considerar que cerca de 80 ou 85% do custo de um tomate pode ser atribuído ao transporte, armazenamento e desperdício (estoques que não são vendidos), em vez do custo ao nível do agricultor. Então, nossos esforços ostensivamente deveriam estar na distribuição de baixa tecnologia.

Agora os "obcecados por tecnologia" viram um ângulo de intervenção. Em primeiro lugar, você mostra fotos de crianças famintas para provocar simpatia e evitar discussões mais aprofundadas — qualquer um que queira debater na presença de crianças morrendo de fome é um babaca insensível e sem coração. Em segundo, você faz com que qualquer crítica a seu método pareça um argumento *contra* salvar as crianças. Em terceiro, você propõe uma técnica de aparência científica que seja lucrativa para você e, caso cause uma catástrofe ou uma doença nas plantas, o isole dos efeitos a longo prazo. Em quarto, você recruta jornalistas e idiotas úteis, pessoas que odeiam coisas que a seus olhos anticientíficos pareçam "anticientíficas". Em quinto, você cria uma campanha difamatória para prejudicar a reputação de pesquisadores que, não tendo dinheiro o bastante para mandar todo mundo à merda, são muito vulneráveis à menor das manchas à reputação deles.

A técnica em questão consiste em modificar geneticamente o arroz para que os grãos incluam vitaminas. Meus colegas e eu fizemos um esforço para mostrar o seguinte, que é uma crítica ao método em geral. Em primeiro lugar, os transgênicos, que é como esse tipo de modificações genéticas são conhecidas, não estão analiticamente na mesma categoria que a hibridização de plantas e animais que caracterizaram as atividades humanas desde a agricultura e a aplicação de princípios científicos à agricultura — digamos, batatas ou tangerinas. Pulamos classes de complexidade, e os efeitos no meio ambiente não são previsíveis — ninguém estudou as interações. Lembre-se de que a fragilidade está na dosagem: despencar do vigésimo andar não está na mesma categoria de risco que cair da cadeira. Nós até mesmo mostramos que houve um aumento patente no risco sistêmico. Em segundo lugar, não houve propriamente um estudo de risco adequado, e os métodos estatísticos nos artigos em apoio ao argumento eram falhos. Em terceiro lugar, invocamos o princípio da simplicidade, que foi chamado de *anticiência*. Por que não damos a essas pessoas arroz e vitaminas separadamente? Afinal, não temos café geneticamente modificado que contenha leite. Em quarto lugar, pudemos mostrar que os OGMs trouxeram um risco oculto ao meio ambiente, devido ao maior uso de pesticidas, que matam o microbioma (isto é, as bactérias e outras formas de vida no solo).

Logo depois disso percebi, devido à regra da minoria, que não havia sentido em continuar. Como eu disse no livro III, os OGMs perderam simplesmente porque uma minoria de pessoas inteligentes e intransigentes se opôs a eles.

A COMPENSAÇÃO

De forma simples, no minuto em que uma pessoa é julgada por outras e não pela realidade, as coisas se tornam deturpadas. As empresas que ainda não foram à falência têm algo chamado departamento de pessoal. Portanto, há métricas usadas e "formulários de avaliação" para preencher.

No minuto em que a pessoa precisa preencher um formulário de avaliação de desempenho, ocorrem distorções. Lembre-se de que em *A lógica do Cisne Negro* tive que preencher meu formulário de avaliação pedindo a porcentagem de dias lucrativos, incentivando os traders a ganhar dinheiro estável à custa dos riscos ocultos dos Cisnes Negros, perdas importantes. A roleta-russa permite que você ganhe dinheiro cinco vezes em seis. Isso leva bancos à falência, uma vez que os bancos têm perdas em menos de um a cada cem trimestres, mas depois registram um prejuízo inaudito, maior do que nunca. Minha perspectiva declarada era tentar ganhar dinheiro com pouca frequência. Rasguei em pedacinhos o formulário de avaliação de desempenho na frente do meu patrão, e eles me deixaram em paz.

Agora, o mero fato de que uma avaliação faz com que você seja julgado não pelos resultados finais, mas por alguma métrica intermediária que o convida a parecer sofisticado, traz algumas distorções.

EDUCAÇÃO COMO ARTIGO DE LUXO

As universidades de elite dos Estados Unidos estão se tornando a última palavra em status de luxo para a nova classe alta asiática. Harvard é como uma bolsa Louis Vuitton e um relógio Cartier. É um enorme empecilho para a classe média, que tem enfiado uma parcela maior de suas economias em instituições educacionais, transferindo seu dinheiro para burocratas, incorporadoras imobiliárias, professores titulares de alguma disciplina que de outra forma não existiriam (estudos de gênero, literatura comparada, ou economia internacional) e outros parasitas. Nos Estados Unidos, temos um acúmulo de empréstimos estudantis que são transferidos automaticamente para esses extratores de riqueza alheia. De certa forma, não é diferente da extorsão: a pessoa precisa de um "nome" universitário decente para progredir na vida. Mas temos evidências de que coletivamente a sociedade não avança com a educação organizada, muito pelo contrário: o nível de educação (formal) em um país é o resultado da riqueza.*

---

* O mesmo argumento se aplica a biografias de cientistas e matemáticos escritas por jornalistas científicos ou biógrafos profissionais. Eles encontrarão alguma narrativa e, pior, colocarão os cientistas em pedestais.

UMA HEURÍSTICA DE DETECÇÃO DE BABOSEIRAS

A heurística aqui seria usar a educação ao contrário: contratar, com base em um mesmo conjunto de capacidades e habilidades, a pessoa com a educação formal menos orientada por rótulos. Isso significa que a pessoa tem de obter sucesso apesar das credenciais de seus concorrentes e superar obstáculos mais sérios. Além disso, na vida real é mais fácil lidar com pessoas que não passaram por Harvard.

É possível dizer se uma disciplina é baboseira se o diploma depende severamente do prestígio da escola que o confere. Lembro-me de quando me inscrevi em programas de MBA tendo ouvido dizer que qualquer coisa fora dos dez ou vinte primeiros seria perda de tempo. Por outro lado, uma graduação em matemática é muito menos dependente da faculdade (contanto que o curso esteja acima de um certo nível, de modo que a heurística se aplique à diferença entre as dez primeiras e as duas mil instituições universitárias mais bem ranqueadas).

O mesmo se aplica à pesquisa. Em matemática e física, um resultado postado no site repositório arXiv (com um mínimo de retorno esperado) é bom. Em campos de baixa qualidade, como finanças acadêmicas (em que os artigos são geralmente uma forma de complicadas narrativas), o "prestígio" da revista é o único critério.

ACADEMIAS DE VERDADE NÃO PARECEM ACADEMIAS

Essa rotulação educacional propicia muitos aspectos cosméticos, mas deixa escapar algo essencial sobre a antifragilidade e o verdadeiro aprendizado, que faz lembrar as academias de musculação. As pessoas ficam impressionadas com equipamentos caros — elegantes, complicados, multicoloridos —, cuja intenção é dar a impressão de que saíram de alguma espaçonave. As coisas parecem sofisticadas e científicas no máximo grau possível — mas lembre-se de que o que parece científico geralmente é cientificismo, não ciência. Tal como acontece com as universidades de grife, a pessoa paga um bocado de dinheiro para participar, em larga medida para o benefício da incorporadora imobiliária. No entanto, as pessoas que se dedicam ao treino de força (aquelas que são realmente fortes em muitas facetas da vida real) sabem que os usuários dessas máquinas não ganham força além de uma fase inicial. Ao recorrer a equipamentos complicados, que normalmente têm como objetivo fortalecer poucos músculos, no decorrer do tempo os usuários regulares acabarão ficando com o corpo em formato de pera e se enfraquecendo, com habilidades que não se transferem para fora da própria máquina em que eles treinaram. O equipamento talvez tenha algum uso em um hospital ou um programa de reabilitação, mas só. Por outro lado, a mais simples barra de haltere (uma barra de metal com dois pesos em ambas as extremidades) é a única peça padrão de equipamento que faz com que a pessoa mobilize seu corpo inteiro para exercícios — é o mais simples e barato. Tudo o que o usuário precisa aprender são as habilidades de segurança para erguer a barra do chão o máximo que conseguir, evitando lesões. Lindy novamente: levantadores de peso conhecem a fenomenologia há pelo menos dois milênios e meio.

Tudo de que a pessoa precisa é um par de tênis para correr ao ar livre quando puder (e talvez calças que não a deixem com a aparência ridícula) e uma barra de haltere. Enquanto escrevo estas linhas, folheio a brochura de um hotel chique onde passarei os próximos dois dias. O material foi impresso por algum cara com diploma de MBA: é reluzente, em papel couchê, mostra todas as máquinas e as garrafas de sucos ricas em cores para "melhorar" a saúde do hóspede. Eles têm até uma piscina; mas nenhuma barra de haltere.

E se as academias não deveriam parecer academias, os exercícios não devem parecer exercícios. A maioria dos ganhos em força física vem de trabalhar as caudas da distribuição, perto do limite de quem está se exercitando.

A SEGUIR

Este capítulo conseguiu misturar levantamento de peso e pesquisa fundamental sob o único argumento de que, enquanto a presença de arriscar a própria pele acaba com a aparência, sua ausência causa um besteirol multiplicativo. Em seguida, vamos analisar a divergência de interesses entre você e você mesmo quando você se torna rico.

10. Somente os ricos são envenenados: as preferências dos outros

O vendedor é quem manda — Como ingerir veneno — Publicidade e manipulação — O insuportável silêncio das enormes mansões nas noites de domingo

Quando as pessoas ficam ricas, perdem seu mecanismo experiencial movido por arriscar a própria pele. Elas perdem o controle de suas preferências, substituindo suas próprias preferências por predileções construídas, complicando desnecessariamente sua vida, desencadeando seu próprio sofrimento. E essas preferências construídas são, naturalmente, as preferências daqueles que querem vender-lhes alguma coisa. Esse é um problema de arriscar a própria pele, assim como as escolhas dos ricos são ditadas por outras pessoas, que têm algo a ganhar com a venda e não sofrem seus efeitos colaterais. E dado que elas são ricas, mas seus exploradores nem sempre o são, ninguém os considera vítimas.

Certa vez jantei em um restaurante estrelado Michelin na companhia de um sujeito que insistiu em comer lá, em vez de acatar a minha escolha de uma taverna grega caseira com um simpático proprietário cuja prima de segundo grau era a gerente, e a prima de terceiro grau, a recepcionista. Os outros clientes do restaurante pareciam, como dizemos nas línguas do Mediterrâneo, ter uma rolha enfiada no traseiro, obstruindo a ventilação adequada, o que fazia com que os vapores se acumulassem no interior das paredes gastrointestinais, levando ao tipo de decoro irritadiço que só se nota em indivíduos das classes semialtas instruídas. Notei que, além das rolhas lhes entupindo os traseiros, todos os homens usavam gravatas.

O jantar consistiu em uma sucessão de pequeninas porções de coisas complicadas, com ingredientes microscópicos e sabores contrastantes que forçam o comensal a concentrar-se como se estivesse prestando uma prova de vestibular. Aquilo não era comer, mas sim visitar algum tipo de museu na companhia de um esnobe bacharel em literatura inglesa dando uma palestra sobre alguma dimensão artística em que você jamais teria pensado por conta própria. Naquela comida havia tão pouca coisa com a qual meu paladar estava familiarizado, tão pouca coisa que se ajustava a minhas papilas gustativas: vez por outra surgia um sabor com gosto de algo real, mas eu não tinha chance de saborear um pouco mais disso, porque passávamos para o prato seguinte. Penando entre um prato e outro enquanto ouvia algumas besteiras do sommelier sobre harmonização do vinho, tive medo de perder a concentração. Custa um bocado de energia fingir que não estamos entediados. Com efeito, descobri uma otimização no lugar errado: a única coisa com a qual eu me importava, o pão, não estava quente. Parece que este não é um requisito da Michelin para conferir três estrelas a um estabelecimento.

VENENUM IN AURO BIBITUR

Saí de lá morrendo de fome. Ora, se eu tivesse escolha, teria ficado com uma receita testada e consagrada pelo tempo (uma pizza com ingredientes muito frescos ou um hambúrguer suculento, digamos) em um local animado e por um vigésimo do preço. Mas, como o meu parceiro de jantar tinha condições de pagar o restaurante caro, acabamos sendo vítimas dos complicados experimentos de um chef julgado por algum burocrata da Michelin. O tal restaurante teria sido reprovado no efeito Lindy: a comida se sai melhor através de ínfimas variações de avó siciliana para avó siciliana. Ocorreu-me que os ricos eram alvos naturais; e como Tiestes brada na tragédia epônima de Sêneca, o ladrão não entra na casa que não tem pecúnia, e é mais provável que uma pessoa beba veneno em uma taça de ouro do que em um copo de vidro. Veneno ingere-se em taças de ouro (*venenum in auro bibitur*).

É fácil enganar as pessoas enredando-as em complicações — os pobres são poupados desse tipo de golpe fraudulento. Essa é a mesma complicação que vimos no capítulo 9, a que faz com que os acadêmicos vendam a solução mais complicada possível quando uma solução simples daria conta do recado. Ademais, os ricos começam a usar "especialistas" e "consultores". Toda uma indústria cujo intento é ludibriar vai enganar as pessoas: consultores financeiros, conselheiros de dieta, especialistas em exercícios físicos, engenheiros de estilo de vida, consultores do sono, mentores em respiração etc.

Hambúrgueres, para muitos de nós, são muito mais saborosos do que filé mignon por causa do maior teor de gordura, mas as pessoas têm sido convencidas de que este último é melhor porque custa mais caro.

Minha ideia de vida boa é *não* comparecer a um jantar de gala, uma daquelas situações em que você fica preso, sentado por duas horas entre a esposa de um dono de incorporadora imobiliária de Kansas City (que acaba de visitar o Nepal) e um lobista de Washington (que acaba de retornar das férias em Bali).

IMENSAS FUNERÁRIAS

O mesmo acontece com os imóveis: a maioria das pessoas, estou convencido, é mais feliz em um lugar pequeno, na proximidade de outras pessoas, uma vizinhança tradicional, onde podem sentir o calor humano e a companhia. Mas quando elas são cheias da grana acabam sendo pressionadas a se mudar para mansões descomunais, impessoais e silenciosas, longe dos vizinhos. No final da tarde, no silêncio dessas imensas galerias paira uma sensação fúnebre, mas sem a música reconfortante. Isso é algo historicamente raro: no passado, as mansões estavam repletas de criados, lacaios, mordomos, chefes da criadagem, governantas, cozinheiros, assistentes de cozinha, valetes, serviçais, preceptores, primos empobrecidos, cavalariços, até mesmo musicistas pessoais. Mas hoje ninguém virá para consolar a pessoa por ela ter uma mansão — poucos perceberão que é muito triste estar lá no domingo à noite.

Como Vauvenargues, o moralista francês, descobriu, o pequeno é preferível devido ao que poderíamos chamar hoje de propriedades de escala. Algumas coisas podem ser simplesmente grandes demais para o nosso coração. Roma, ele escreveu, era fácil de ser amada por seus habitantes quando não passava de uma pequena aldeia, e mais difícil quando se tornou um vasto império.

Pessoas prósperas do tipo que não parecem ricas estão certamente cientes desse aspecto — vivem em acomodações confortáveis e sabem instintivamente que uma mudança será um fardo mental. Muitos ainda vivem em suas casas originais.

Pouquíssimas pessoas entendem as próprias escolhas, e acabam sendo manipuladas por aquelas que querem vender-lhes alguma coisa. Nesse sentido, o empobrecimento pode até ser desejável. Olhando para a Arábia Saudita, que deveria progressivamente regredir para o nível de pobreza pré-petróleo, eu me pergunto se tirar deles algumas coisas — incluindo o enxame de estrangeiros bajuladores que vão para lá a fim de esfolá-los — seria uma vantagem.

Em outras palavras: se a riqueza é dar a uma pessoa menos opções em vez de mais (e mais variadas) opções, a pessoa está fazendo a coisa errada.

CONVERSAÇÃO

Na verdade, sendo rica, a pessoa precisa esconder seu dinheiro se quiser ter o que eu chamo de amigos. Disso talvez todo mundo saiba; o que é menos óbvio é que pode ser que a pessoa precise esconder também sua erudição e seu conhecimento. As pessoas só podem ser amigos se não se esnobarem arrogantemente entre si, se não passarem a perna uma na outra e se uma não quiser ofuscar a outra. De fato, a clássica arte da conversação é evitar qualquer tipo de desequilíbrio, como no *Livro do cortesão*, de Baldassare Castiglione: as pessoas precisam ser iguais, pelo menos para o propósito da conversação, caso contrário a comunicação fracassa. A conversa tem que ser livre de hierarquia e igualitária na contribuição. A pessoa prefere jantar com seus amigos do que com seu professor, a menos é claro que seu professor entenda "a arte" da conversação.

Com efeito, pode-se generalizar e definir uma comunidade como um espaço no âmbito do qual muitas regras de competição e hierarquia são abolidas, onde o coletivo prevalece sobre o interesse individual. Claro que haverá tensão com o lado de fora, mas essa é outra discussão. A ideia da ausência de competição dentro de um grupo ou uma tribo estava, mais uma vez, presente na noção de grupo conforme estudada por Elinor Ostrom.

NÃO LINEARIDADE DO PROGRESSO

Agora vamos generalizar para o progresso em geral. Você quer que a sociedade fique rica, ou há alguma outra coisa que você prefira, como evitar a pobreza? Suas escolhas são suas ou de vendedores?

Voltemos à experiência do restaurante para discutir as preferências construídas em comparação às naturais. Se eu tivesse a opção de escolha entre pagar duzentos dólares por uma pizza ou 6,95 dólares pela experiência gastronômica francesa, eu prontamente pagaria os duzentos pela pizza, mais 9,95 dólares por uma garrafa de vinho Malbec. Na verdade, eu pagaria para *não* ter a experiência Michelin.

Esse raciocínio mostra que a sofisticação pode, em algum nível, causar degradação, o que os economistas chamam de "utilidade negativa". Isso nos diz algo sobre a riqueza e o crescimento do produto interno bruto na sociedade; mostra a presença de uma curva U invertida com um nível além do qual se obtém dano incremental. Ele é detectável somente se a pessoa se livrar das preferências construídas.

Ora, muitas sociedades têm se tornado cada vez mais e mais abastadas, muitas além da parte positiva da curva U invertida, sem contar o efeito do incremento do conforto de suas crianças mimadas. E tenho certeza de que, se a pizza custasse duzentos dólares, as pessoas com rolhas enfiadas no traseiro fariam fila para comprá-la. Mas a iguaria italiana é muito fácil de produzir, então eles optam por aquilo que custa caro, e pizza com ingredientes frescos e naturais será sempre mais barata do que o fru-fru complicado.

Enquanto a sociedade enriquecer cada vez mais, alguém tentará vender a você alguma coisa até o ponto de degradação do seu bem-estar, e um pouco além disso.

A SEGUIR

O próximo capítulo apresentará a regra *sem ameaça verbal* que auxiliou os peritos do ofício, a seita dos Assassinos, ao longo da história.

11. *Facta non Verba*

(Agir antes de falar)

Cavalo morto na sua cama — Amizade via bolo envenenado — Imperadores romanos e presidentes dos Estados Unidos — Um inimigo vivo vale dez mortos

O melhor inimigo é aquele sobre o qual você tem controle, quando você arrisca a própria pele e permite que ele saiba as regras exatas que vêm com essa ação. Você o mantém vivo e ciente de que ele deve a vida à sua benevolência. A noção de que um inimigo do qual você é dono é melhor que um inimigo morto foi aperfeiçoada pela ordem dos Assassinos, por isso vamos investigar mais a fundo o trabalho dessa sociedade secreta.

UMA OFERTA IRRECUSÁVEL

Há em O poderoso chefão uma cena formidável em que um executivo de Hollywood acorda e descobre em sua cama a cabeça decepada e ensanguentada do seu estimado cavalo de corrida.

Ele se recusara a contratar um ator siciliano-americano por motivos que pareciam banais, pois, embora soubesse que o tal ator era o melhor para o papel, estava ressentido com o fato de que o sujeito de "voz mansa" seduzira uma de suas antigas amantes e temia que usasse seu charme para enfeitiçar as futuras amantes. Acontece que o ator, que na vida real era (possivelmente) Frank Sinatra, tinha amigos e amigos de amigos, esse tipo de coisa; era inclusive o afilhado de um *capo*. Nem mesmo uma visita do *consigliere* da "família" foi capaz de demover o executivo, tampouco de apaziguar sua abrasividade hollywoodiana — o sujeito não conseguiu perceber que o mafioso de alto escalão, ao cruzar o país de uma ponta à outra de avião para lhe fazer o pedido, não estava apenas fornecendo o tipo de carta de recomendação que a gente envia para o departamento de pessoal de uma universidade estadual. O mafioso tinha feito *uma oferta irrecusável* (a expressão foi popularizada por essa cena).

Era uma ameaça, e não era uma ameaça vazia.

Enquanto escrevo estas linhas, as pessoas discutem terrorismo e grupos terroristas e cometem graves erros de categorização; existem, de fato, duas variedades totalmente distintas. O primeiro grupo é composto por aqueles que são tidos como terroristas para mais ou menos todo o mundo, ou seja, para todas as pessoas dotadas da capacidade de discernimento e que não são residentes da Arábia Saudita e não trabalham para um *think tank* financiado por xeques; o segundo são grupos de milicianos em grande medida chamados de terroristas por seus inimigos e de "resistência" ou "defensores da liberdade" por quem não lhes tem aversão.

O primeiro grupo inclui não soldados que matam civis indiscriminadamente para impressionar e chamar a atenção e não se importam com alvos militares, pois seu objetivo não é obter ganhos bélicos, apenas fazer uma declaração de princípios, prejudicar alguns seres humanos, produzir algum ruído e, para alguns, encontrar o caminho mais curto para o paraíso. A maioria dos jihadistas sunitas, do tipo que sente um incomensurável prazer em explodir civis, tais como Al-Qaeda, o EI e os "rebeldes moderados" na Síria, patrocinados pelo ex-presidente estadunidense Obama, estão nessa categoria. O segundo grupo gira em torno de assassinatos políticos estratégicos — o Exército Republicano Irlandês (IRA), a maior parte das organizações xiitas, os combatentes pela independência da Argélia contra a França, os combatentes da resistência francesa durante a ocupação alemã etc.

Para os xiitas e variantes similares no Oriente Médio e Oriente Próximo, os antepassados, métodos e regras originam-se na ordem dos Assassinos, que por sua vez imitava o *modus operandi* dos sicários da Judeia durante a época romana. Os sicários eram assim chamados por causa das pequenas adagas (*sica*) que usavam para matar soldados romanos e, principalmente, os colaboradores e judeus simpatizantes da ocupação romana, devido ao que julgavam ser a profanação de seu templo e da terra.

Tenho a infelicidade de saber um pouco sobre o tema. A minha escola de ensino médio, o Liceu Franco-Libanês de Beirute, tem uma lista de ex-alunos "notáveis". Eu sou o único que é "notável" por razões outras que não ter sido assassinado ou vítima de uma tentativa de assassinato (embora eu possua inimigos salafistas suficientes e ainda haja tempo para satisfazer tal exigência — arriscar minha própria pele).

OS ASSASSINOS

A coisa mais interessante sobre os Assassinos é que o assassinato propriamente dito não era uma prioridade. Eles preferiam outros meios. Preferiam ser donos de seus inimigos e controlá-los. E o único inimigo que não se pode manipular é um inimigo morto.

Em 1118, Ahmad Sanjar tornou-se o sultão do Império Turco Seljúcida da Ásia Menor (isto é, a Turquia dos tempos modernos), o Irã e partes do Afeganistão. Logo após ascender ao poder, um dia ele acordou com um punhal ao lado de sua cama, firmemente plantado no chão. Em uma versão da lenda, uma carta informava que a adaga enfiada no solo duro era preferível à alternativa de ser cravada em seu peito macio. Era uma mensagem característica dos *Hashishins*, também conhecidos como Assassinos, com a intenção de alertá-lo acerca da necessidade de deixá-los em paz, enviar-lhes presentes de aniversário ou contratar seus atores para o próximo filme. O sultão já havia desprezado os negociadores de paz, por isso a Ordem passou para a fase dois de um processo comprovadamente bem planejado. Eles convenceram Sanjar de que a sua vida estava efetivamente nas mãos *deles* e que, na verdade, o sultão não precisava se preocupar se fizesse a coisa certa. No fim, Sanjar e os Assassinos viveram felizes para sempre.

O leitor notará que nenhuma ameaça verbal explícita foi feita. Ameaças verbais não revelam nada além de fraqueza e insegurança. Lembre-se, mais uma vez, *nada* de ameaças verbais.

Os Assassinos, seita que atuou do século XI até o século XIV e que tinha relações com o islamismo xiita, eram (e ainda são, por meio de suas reencarnações) violentamente antissunitas. Invariavelmente eram associados aos Cavaleiros Templários, pois amiúde lutavam do lado dos cruzados — e, se parecem compartilhar alguns dos valores dos Templários, poupando os inocentes e os fracos, provavelmente é porque o primeiro grupo transmitiu alguns de seus princípios para este. O código de honra da cavalaria tem como segunda cláusula: *Respeitarei e defenderei os fracos, os doentes e os necessitados*.

Os Assassinos supostamente enviaram a mesma mensagem a Saladino (o governante curdo da Síria que tomou Jerusalém dos cruzados), informando-o de que o bolo que ele estava prestes a comer fora envenenado... por eles mesmos.

O sistema ético dos Assassinos defendia a ideia de que o assassinato político ajudava a prevenir a guerra; as ameaças da variedade punhal-ao-lado-da-sua-cama são ainda melhores, já que não exigem derramamento de sangue.* Supostamente os Assassinos visavam poupar civis e pessoas que não eram seus alvos diretos. Sua precisão tinha o intuito de reduzir o que agora é chamado de "danos colaterais".

ASSASSINATO COMO MARKETING

Os leitores que já tentaram se livrar de *pedras no sapato* (isto é, alguém que o incomoda e não veste a carapuça) talvez saibam que "contratos" para dar cabo de cidadãos comuns (isto é, encomendar seu funeral) são relativamente fáceis de executar e de baixo custo. Existe um mercado clandestino ativo para esses contratos. Em geral, basta pagar um pouco mais para "fazer com que a coisa pareça um acidente". No entanto, historiadores qualificados e especializados e observadores da história marcial recomendariam exatamente o oposto: na política, deve-se pagar mais para parecer intencional.

Na verdade, o que o capitão Mark Weisenborn, Pasquale Cirillo e eu descobrimos quando tentamos realizar um estudo sistemático da violência (desmascarando a tese confabulatória de Steven Pinker que mencionamos anteriormente e segundo a qual a violência diminuiu) foi que os números das

---

* Parece que o que lemos sobre os Assassinos pode ser difamado por seus inimigos, incluindo os relatos apócrifos, de acordo com os quais o nome da Ordem vem do consumo de haxixe (*cannabis*, em árabe), pois é dito que eles entravam em transe antes de cometer os assassinatos.

guerras são historicamente inflados... por ambos os lados. Tanto os mongóis (durante sua devastadora passagem pela Eurásia na Idade Média) quanto suas vítimas em pânico tinham um incentivo para exagerar, o que funcionava como dissuasão. Os mongóis não estavam interessados em matar todo mundo; queriam apenas submissão, o que, por meio do terror, custava barato. Além disso, tendo passado algum tempo examinando minuciosamente as impressões genéticas das populações invadidas, fica claro que se os guerreiros vindos das estepes orientais deixaram sua marca cultural, com certeza esqueceram seus genes em casa. A transferência de genes entre as áreas ocorre por migrações em grupo, clima inclemente e solos desguarnecidos, e não pela guerra.

Mais recentemente, o "massacre" de jihadistas em Hama em 1982, quando o exército sírio sob o comando de al-Assad, irmão mais novo do então presidente Hafez al-Assad, causou baixas documentadas (de acordo com minha estimativa) pelo menos uma ordem de magnitude menor do que o relatado; o resto decorreu da inflação — números que ao longo do tempo incharam de 2 mil para quase 40 mil vítimas sem novas informações significativas. Tanto o regime sírio como seus inimigos tinham interesse em inflacionar os números. Curiosamente, o número continuou a subir nos últimos anos. Voltaremos aos historiadores no capítulo 14, em que mostramos como o rigor empírico é totalmente alheio à sua disciplina.

ASSASSINATO COMO DEMOCRACIA

Agora, a vida política; se o sistema democrático não cumpre totalmente a governança — é evidente que não o faz, devido ao clientelismo e ao estilo Hillary Monsanto-Malmaison de corrupção legal encoberta —, sabemos há uma eternidade o que o faz: uma maior rotatividade no topo. A descrição epigramática que o conde Ernst zu Münster faz da Constituição russa explica: "Absolutismo reforçado por assassinatos".

Já os políticos de hoje não arriscam a própria pele e não precisam se preocupar, pois, contanto que joguem o jogo, ficam mais e mais tempo no cargo, graças ao aumento da expectativa de vida dos tempos modernos. O esquerda-caviar François Mitterrand reinou na França por catorze anos, mais do que muitos reis franceses; e graças à tecnologia ele tinha mais poder sobre a população do que a maioria dos reis franceses. Mesmo um presidente dos Estados Unidos, o tipo moderno de imperador (ao contrário de Napoleão e dos tsares, os imperadores romanos antes de Diocleciano não eram absolutistas) tende a durar pelo menos quatro anos no trono, ao passo que Roma teve cinco imperadores em um único ano e quatro em outro. O mecanismo funcionava: leve em conta que todos os maus imperadores — Calígula, Caracala, Heliogábalo e Nero — terminaram suas carreiras assassinados pela Guarda Pretoriana, à exceção de Nero, que se suicidou antes. Lembre-se de que, nos primeiros quatrocentos anos do Império, menos de um terço dos imperadores morreu de morte natural, supondo que essas mortes tenham sido de fato naturais.

A CÂMERA E O RISCO

Graças à câmera, você não precisa mais colocar cabeças decepadas de cavalos em quartos de hotéis ou casas de campo nos Hamptons para controlar as pessoas. Talvez você nem precise mais assassinar ninguém.

Costumávamos viver em pequenas comunidades; nossas reputações eram diretamente determinadas por aquilo que fazíamos — éramos observados. Hoje, o anonimato traz à tona o babaca que existe nas pessoas. Então eu descobri por acaso uma maneira *sem ameaça verbal* de mudar o comportamento de pessoas antiéticas e abusivas. Tire fotos delas. O simples ato de tirar fotos dessas pessoas é semelhante a manter a vida delas em suas mãos e controlar seu comportamento futuro graças ao seu silêncio. Elas não sabem o que você pode fazer com as fotos, e viverão em um estado de incerteza.

Descobri da seguinte maneira a magia da câmera no restabelecimento do comportamento civil/ético. Um dia, no corredor do metrô de Nova York, hesitei alguns segundos tentando me orientar diante das saídas. Um homem bem vestido, de corpo esguio e personalidade neurótica, começou a me xingar "por ficar na frente dele". Em vez de iniciar uma conversa com um murro, como eu teria feito em 1921, saquei meu celular e calmamente tirei a foto dele, chamando-o de "idiota maldoso, abusivo com pessoas perdidas". Ele se assustou e correu para longe de mim, escondendo o rosto nas mãos para evitar mais fotografias.

Em outra ocasião, um homem no norte do estado de Nova York entrou na minha vaga de estacionamento enquanto eu dava a marcha a ré. Eu disse a ele que aquela era uma atitude deselegante, e ele agiu feito um babaca. Mesma coisa: em silêncio tirei uma foto dele e da placa de seu carro. O homem rapidamente foi embora e liberou a vaga. Por fim, perto da minha casa há uma reserva florestal em que bicicletas são proibidas, pois prejudicam o meio ambiente. Dois praticantes de mountain bike pedalavam lá todos os finais de semana durante a minha caminhada vespertina. Eu os adverti, mas em vão. Um dia, calmamente, tirei uma dúzia de fotos, certificando-me de que eles notassem. Um deles, o maior, reclamou, mas depois a dupla foi embora rapidinho. Nunca mais voltaram.

Claro que apaguei as fotografias. Mas nunca pensei que esses aparelhos portáteis pudessem ser uma arma tão poderosa. E seria injusto usar as fotos dessas pessoas para uma campanha de cyberbullying ou assédio virtual na internet. No passado, más ações eram transmitidas apenas para conhecidos que estavam a par do contexto da situação. Hoje, desconhecidos, incapazes de julgar o caráter de uma pessoa, tornaram-se autointitulados policiais do bom comportamento. A perseguição e a humilhação on-line são muito mais poderosas do que as antigas manchas na reputação, e estão mais para um risco de cauda.

No livro II de *A república* de Platão, há uma discussão entre Sócrates e o irmão de Platão, Glauco, sobre o anel de Giges, que dá ao seu detentor o poder de ser invisível à vontade e observar os outros. Claramente, Platão antecipou o sagaz artifício cristão posterior do "você está sendo vigiado". A discussão era se as pessoas se comportam de maneira correta porque são vigiadas — ou, de acordo com Sócrates, por causa de seu caráter. É claro que estamos do lado de Sócrates, mas vamos inclusive além, definindo a virtude como algo que vai além de agradar os observadores e pode chegar a irritá-los. Lembre-se de que Sócrates foi condenado à morte porque não fez concessões e não abriu mão do que acreditava. Mais sobre isso daqui a alguns capítulos, quando discutimos a verdadeira virtude.

12. Os fatos são verdadeiros, a notícia é falsa

Eu nunca disse que disse — Nenhuma notícia é na maioria dos casos novidade — A informação flui em ambas as direções

COMO DISCORDAR DE SI MESMO

No verão de 2009, participei de uma discussão pública de uma hora com David Cameron, que estava na disputa para concorrer a primeiro-ministro do Reino Unido, cargo que passou a ocupar em 2010. A discussão tratou de como tornar a sociedade forte, até mesmo imune aos Cisnes Negros, que estrutura era necessária tanto para a descentralização quanto para a prestação de contas, e como o sistema deveria ser construído, *ce genre de trucs*. Foram interessantes 59 minutos em torno dos tópicos da *Incerto*, e me senti muito bem por comunicar todas as questões juntas pela primeira vez. O salão da elegante Royal Society for the Arts (Sociedade Real das Artes) estava repleto de jornalistas. Depois fui a um restaurante chinês no Soho (de Londres) para comemorar com algumas pessoas, quando recebi o telefonema de um amigo horrorizado. Todos os jornais londrinos estavam me chamando de "contestador do aquecimento global", me retratando como parte de uma sombria conspiração antiambiental.

Os 59 minutos inteiros foram resumidos pela imprensa e relatados a partir de um comentário tangencial que durou vinte segundos em sentido inverso ao signifi-

cado pretendido. Alguém que não participou da conferência teria a impressão de que aquilo tinha sido toda a conversa.

Acontece que durante o colóquio apresentei a minha versão do princípio da precaução, que vale a pena expor novamente aqui. Esse princípio afirma que não são necessários modelos complexos como justificativa para evitar determinada ação. Se você não entende alguma coisa e ela tem um efeito sistêmico, simplesmente evite-a. Modelos são suscetíveis e propensos a erros, algo de que eu sabia muito bem no campo das finanças; a maioria dos riscos só aparece nas análises depois que o estrago está feito, e o dano, consumado. Até onde sei, temos um único planeta. Portanto, é sobre aqueles que poluem — ou que introduzem novas substâncias em quantidades maiores do que as usuais — que recai o ônus de mostrar a falta de risco de cauda. De fato, quanto mais incerteza acerca dos modelos, mais conservadores devemos ser. Os mesmos jornais haviam enaltecido *A lógica do Cisne Negro*, em que esse mesmo ponto foi claramente discutido em detalhe — era muito evidente que o ataque nada tinha a ver com o argumento que eu estava propondo; ao contrário, queriam enfraquecer Cameron ao me demonizar. Percebi que eles teriam encontrado outro motivo para manchar minha reputação, pouco importava o que eu dissesse.

Consegui me defender fazendo uma baita barulheira e, com ameaças legais explícitas, obriguei todos os jornais a publicar uma retratação. Mesmo assim, alguém do *The Guardian* tentou (sem sucesso) amenizar o tom da minha carta mostrando que era algum tipo de *divergência* com o que eu havia dito, não uma correção da deturpação feita pelo jornal. Em outras palavras, queriam que eu dissesse que eu estava discordando de mim mesmo.

Os jornais de Londres estavam ativamente distorcendo algo para *seu* próprio público leitor. Quem lia o jornal estava confundindo o jornalista com um intermediário entre ele ou ela e o produto, a notícia. Mas se no fim das contas consegui esclarecer as coisas e pôr tudo em pratos limpos graças ao meu formidável púlpito, muitos não conseguem fazer a mesma coisa.

Então claramente há um problema de agência. Não existe diferença entre um jornalista do *The Guardian* e o dono do restaurante em Milão, que, quando o cliente pede um táxi, liga para o primo que faz um passeio pela cidade para inflar o taxímetro antes de aparecer. Ou o médico que intencionalmente faz um diagnóstico errado para vender ao paciente um medicamento no qual ele tem algum interesse.

INFORMAÇÃO NÃO GOSTA DE TER DONO

O jornalismo não é compatível com Lindy. A informação é transmitida organicamente pelo boca a boca, que circula numa via de mão dupla. Na Roma Antiga, as pessoas recebiam informações sem um filtro. Nos antigos mercados mediterrâneos, as pessoas falavam; elas eram os receptores e os fornecedores de notícias. Os barbeiros ofereciam serviços abrangentes; desdobravam-se fazendo as vezes de cirurgiões, especialistas em resolução de disputas, e repórteres. Se as pessoas eram incumbidas de filtrar seus próprios boatos, elas também faziam parte da transmissão. O mesmo nos pubs e cafés de Londres. No Mediterrâneo Oriental (atualmente a Grécia e o Levante), as condolências eram a fonte de coleta e transmissão — e representavam a maior parte da vida social. A disseminação das notícias ocorria nessas reuniões. Em alguns dias da semana a minha avó sociável fazia suas "rondas" de visitas de condolências na então considerável comunidade ortodoxa grega de Beirute, e sabia de praticamente tudo, até os detalhes mais insignificantes. Se o filho de alguém importante tinha sido reprovado numa prova, ela sabia. Quase todos os casos amorosos na cidade eram desvendados.

Pessoas não confiáveis tinham menos peso do que as confiáveis. Não se pode enganar as pessoas mais do que duas vezes.*

O período de tempo que corresponde à dependência dos relatos unilaterais de veículos como televisão e jornais, que podem ser controladas pelos mandarins, durou de meados do século XX até a eleição norte-americana de 2016. Nesse ponto, as redes sociais, permitindo um fluxo bidirecional de informações, devolveu o mecanismo das notícias e informações ao seu formato natural — Lindy teve que atacar. Tal como acontece com os participantes em mercados e *souks*, há uma vantagem a longo prazo em ser confiável.

Ademais, um problema de agência como o da imprensa atual é sistêmico, uma vez que seus interesses continuarão divergindo dos do público até a consequente explosão sistêmica, como vimos no negócio de Bob Rubin. A título de ilustração, fiquei menos frustrado com a interpretação incorreta de minhas

---

* Houve alguns episódios ocasionais de frenesi coletivo, com a disseminação de rumores falsos, mas, devido ao baixo nível de conectividade entre as comunidades, estes não viajavam tão rápido como hoje.

ideias do que com o fato de que nenhum leitor teria percebido que 99% de minha discussão com Cameron era sobre outros assuntos além da mudança climática. Se a primeira poderia ter sido um mal-entendido, a última é um defeito estrutural. E não se curam defeitos estruturais; o sistema se corrige entrando em colapso.*

A divergência é evidente já que os jornais se preocupam consideravelmente mais com a opinião de outros jornalistas do que com o julgamento dos leitores. Comparemos isso com um sistema saudável, digamos, de restaurantes. Como vimos no capítulo 8, os proprietários de restaurantes preocupam-se com a opinião de seus clientes, não com a dos outros donos de restaurantes, o que os mantém sob controle e evita que os negócios se desencaminhem e se afastem coletivamente de seus interesses. Além disso, arriscar a própria pele cria diversidade, não monocultura. A insegurança econômica piora a condição. Os jornalistas estão atualmente na profissão mais insegura que existe: a maioria vive de maneira precária, e o ostracismo por seus amigos seria fatal. Assim, eles se tornam facilmente propensos à manipulação por lobistas, como vimos com os OGMs, as guerras na Síria etc. Nessa profissão, quem diz algo impopular sobre Brexit, OGMs ou Pútin já era. Isso é o oposto dos negócios em que o eu-tambémismo é penalizado.

A ÉTICA DO DESACORDO

Agora vamos nos aprofundar na aplicação da Regra de Prata em debates intelectuais. Pode-se criticar o que uma pessoa *disse* ou o que uma pessoa *quis dizer*. O primeiro é mais sensacional, por essa razão se presta mais prontamente

---

* Uma maneira pela qual o jornalismo se autodestruirá a partir de sua crescente divergência em relação ao público é ilustrada pela história da Gawker. A Gawker era uma empresa de voyeurismo especializada em divulgar a vida privada das pessoas em proporções industriais. No fim das contas a empresa, que intimidava suas vítimas financeiramente mais fracas (em geral jovens de 21 anos em cenas de *revenge porn*), foi intimidada por alguém mais rico e acabou indo à falência. Revelador foi o fato de que a esmagadora maioria dos jornalistas se posicionou ao lado da Gawker com base na alegação de "liberdade de informação", a mais equivocada exploração desse conceito, em vez de tomar o partido do público, que naturalmente se aliou à vítima. Isso é para lembrar ao leitor que o jornalismo tem a mãe de todos os problemas de agência.

à disseminação. A marca de um charlatão — o escritor e pseudorracionalista Sam Harris, por exemplo — é defender sua posição ou atacar um crítico, concentrando-se em alguma afirmação específica ("vejam só o que ele disse") em vez de disparar contra sua posição exata ("vejam só o que ele quer dizer", ou, em termos mais abrangentes, "vejam só o que ele defende"), pois o segundo requer uma extensa compreensão da ideia proposta. Note que o mesmo se aplica à interpretação de textos religiosos, invariavelmente arrancados de suas circunstâncias mais amplas.

É impossível alguém escrever um documento com argumentação racionalmente perfeita sem que haja um segmento que, fora de contexto, pode ser transformado por algum redator desonesto em algo absurdo e sensacionalista; assim, políticos, charlatães e, de forma mais perturbadora, jornalistas, saem à caça desses segmentos. "Deem-me algumas linhas escritas pelo mais honrado dos homens, e encontrarei nelas uma desculpa para enforcá-lo", diz o ditado atribuído a Richelieu, Voltaire, Talleyrand (um cruel censor durante a fase do Terror da Revolução Francesa) e a alguns outros. Como disse Donald Trump: "Os fatos são verdadeiros, a notícia é falsa" — ironicamente em uma coletiva de imprensa após a qual sofreu a mesma espécie de reportagem seletiva que meu evento na Royal Society of Arts.

O grande Karl Popper invariavelmente iniciava uma discussão com uma infalível representação das posições de seu adversário, muitas vezes exaustiva, como se as estivesse vendendo como suas próprias ideias, antes de passar sistematicamente a desmantelá-las. Além disso, veja as diatribes de Hayek, *Contra Keynes e Cambridge*: era um "contra", mas nem uma única linha sequer deturpa Keynes ou faz uma tentativa explícita de sensacionalismo (ajudava o fato de que as pessoas se sentiam intimidadas demais pelo intelecto e a personalidade agressiva de Keynes para se arriscarem a despertar sua ira).

Leia a *Suma Teológica* de Tomás de Aquino, escrita oito séculos atrás; você notará as seções intituladas "Questio", depois "Praeteria", "Objectiones", "Sed Contra" etc., descrevendo com uma precisão legalista, as posições sendo contestadas e procurando nelas uma falha antes de apresentar propor submeter um meio-termo. Se você vê semelhanças com o *Talmude*, não é por acaso: parece que ambos os métodos se originam do raciocínio jurídico romano.

Vale mencionar os correlatos argumentos da falácia do homem de palha (ou do espantalho) pelos quais uma pessoa não apenas extrai um comentário, mas *também* o distorce ou promove uma interpretação errônea. Como autor, considero que não há diferença entre essa falácia e roubo.

Alguns tipos de mentiras em um mercado aberto fazem com que outros tratem o mentiroso como se ele fosse invisível. Não tem a ver com a mentira em si; a questão é que o sistema requer uma mínima dose de confiança. Pois fornecedores de calúnias não sobreviviam em ambientes antigos.

O princípio da caridade estipula que a pessoa deve tentar entender uma mensagem como se fosse ela mesma seu autor. O princípio, e o repúdio a suas violações, são compatíveis com Lindy. Por exemplo, Isaías 29,21 assevera: "Os que com uma palavra tornam culpado o inocente, e armam laços ao que faz repreensões na porta, e os que por um nada derrubam o justo". Os maus nos enredam em armadilhas. A calúnia já era um crime gravíssimo na Babilônia, onde a pessoa que fazia uma acusação falsa era punida como se tivesse cometido o mesmo crime.

No entanto, na filosofia, o princípio da caridade — como um princípio — tem apenas sessenta anos. Tal como acontece com outras coisas, se o princípio da caridade teve de se tornar um princípio, deve ser porque algumas antigas práticas éticas foram abandonadas.

A SEGUIR

O próximo capítulo nos mostrará como a virtude exige que arrisquemos a nossa pele.

13. A mercantilização da virtude

Sontag só quer saber de Sontag — Virtude é o que você faz quando ninguém está olhando — Tenha a coragem de ser impopular — Reuniões geram só mais reuniões — Ligue para alguém solitário no sábado depois do tênis

Licurgo, o legislador espartano, respondeu à proposta para a instauração da democracia na cidade-estado dizendo "Comece com sua própria família".

Sempre me lembrarei do meu encontro com a escritora e ícone cultural Susan Sontag, principalmente porque no mesmo dia conheci o formidável Benoît Mandelbrot. Aconteceu em 2001, dois meses após o Onze de Setembro, em uma estação de rádio em Nova York. Sontag, que estava sendo entrevistada, ficou empolgada com a ideia de um colega que "estuda aleatoriedade" e veio conversar comigo. Quando descobriu que eu era um trader, proclamou que era "contra a economia de mercado" e me deu as costas quando eu estava no meio de uma frase, apenas para me humilhar (note aqui que a cortesia é uma aplicação da Regra de Prata), enquanto sua assistente me fuzilava com o olhar como se eu tivesse sido condenado por matar criancinhas. Eu tentei justificar o comportamento dela para esquecer o incidente, imaginando que ela vivia em alguma comunidade rural, cultivava seus próprios legumes e verduras, escrevia com lápis e papel, fazia escambo, esse tipo de coisa.

Não, no fim ficou claro que ela não cultivava seus próprios legumes e verduras. Dois anos depois, acidentalmente topei com seu obituário (esperei uma década e meia antes de escrever sobre o episódio a fim de evitar falar mal dos que já partiram desta para melhor). As pessoas do meio editorial estavam reclamando da ganância de Sontag; ela havia extorquido sua editora, a Farrar, Straus & Giroux, exigindo o que seriam vários milhões de dólares por um romance. Ela dividia com a namorada uma mansão em Nova York, mais tarde vendida por 28 milhões de dólares. Sontag provavelmente julgou que insultar as pessoas endinheiradas infundia nela alguma espécie de santidade incontestável e irrepreensível, isentando-a de arriscar a própria pele.

É imoral se opor à economia de mercado e não viver (em algum lugar em Vermont ou no noroeste do Afeganistão) em uma cabana ou caverna isoladas dele.

Mas há coisa pior:

É muito mais imoral alegar virtude sem viver plenamente com suas consequências diretas.

Este será o tópico principal deste capítulo: a exploração da virtude para a imagem, ganhos pessoais, carreira, status social, esse tipo de coisa — e por ganhos pessoais quero dizer qualquer coisa que não compartilhe o lado negativo de uma ação negativa.

Em contraste com Sontag, conheci algumas poucas pessoas que vivem suas ideias públicas. Ralph Nader, por exemplo, leva uma vida monástica, idêntica à de um membro de um mosteiro no século XVI. E a santa secular Simone Weil, embora proveniente da classe alta judaica francesa, passou um ano em uma fábrica de automóveis para que a classe trabalhadora pudesse ser para ela algo diferente de uma construção abstrata.

O PÚBLICO E O PRIVADO

Como vimos com os intervencionistas, uma certa classe de teóricos pode desprezar os detalhes da realidade. A pessoa que consegue se convencer de que está certa em teoria, não dá a mínima para como suas ideias afetam os outros. Suas ideias dão a ela um status virtuoso que a torna indiferente a como elas afetam os outros.

Da mesma forma, se você acredita que está "ajudando os pobres" gastando dinheiro em apresentações em PowerPoint e reuniões internacionais, reuniões do tipo que levam a mais reuniões (e apresentações em PowerPoint), você pode ignorar completamente os indivíduos — os pobres se tornam um constructo reificado abstrato, que você não encontra na vida real. Seus empenhos em conferências lhe dão licença para humilhá-los pessoalmente. Hillary Monsanto--Malmaison, às vezes conhecida como Hillary Clinton, achou permissível desferir uma torrente de insultos a agentes do serviço secreto. Recentemente me disseram que um famoso ambientalista socialista canadense, com quem participei de uma série de conferências, maltratou garçons em restaurantes, entre uma e outra palestra sobre igualdade, diversidade e justiça.

Crianças com pais ricos falam sobre "privilégio de classe" em faculdades privilegiadas como Amherst — mas em certa ocasião uma delas não conseguiu responder à sugestão simples e lógica de Dinesh D'Souza: por que você não vai até a secretaria acadêmica, onde se fazem as matrículas, e cede sua privilegiada vaga para o próximo aluno de alguma minoria na fila?

Claramente a defesa apresentada por pessoas em tal situação é a de que querem que outros façam a mesma coisa — exigem uma solução sistêmica para cada injustiça observada, por menor que ela seja. Acho isso imoral. Não conheço nenhum sistema ético que permita que uma pessoa deixe alguém se afogar sem oferecer ajuda porque outras pessoas não estão ajudando, nenhum sistema que diga: "Vou impedir que as pessoas se afoguem somente se os outros também salvarem outras pessoas do afogamento".

O que nos leva ao princípio:

Se sua vida privada entra em conflito com sua opinião intelectual, isso anula suas ideias intelectuais, não sua vida privada.

E uma solução para o universalismo insípido que discutimos no prólogo:

Se suas ações privadas não se generalizam, então você não pode ter ideias gerais.

Isto não diz respeito estritamente à ética, mas concerne à informação. Se um vendedor de carros tenta lhe vender um carro de Detroit enquanto dirige um Honda, está sinalizando que os produtos que ele vende podem ter um problema.

OS MERCADORES DA VIRTUDE

Em praticamente todas as cadeias de hotéis, da Argentina ao Cazaquistão, o banheiro terá uma placa destinada a chamar a atenção do hóspede: PROTEJA O MEIO AMBIENTE. Eles querem que você evite enviar toalhas para a lavanderia e que as reutilize por algum tempo, porque evitar a excessiva lavagem de roupa significa para o hotel uma economia anual de dezenas de milhares de dólares. Isso é semelhante ao vendedor dizendo-lhe o que é bom para você quando (de maneira decisiva) é bom principalmente para ele. Os hotéis, é claro, amam o meio ambiente, mas pode apostar que eles não anunciariam isso com tanto alarde se não fosse bom para o resultado líquido.

Portanto, essas causas globais — pobreza (especialmente a de crianças), meio ambiente, justiça para minorias oprimidas por potências coloniais, ou algum gênero ainda desconhecido que será perseguido — são agora o último refúgio do canalha que ostenta virtude.

A virtude não é algo que se alardeia, que se anuncia. Não é uma estratégia de investimento. Não é um esquema de corte de custos. Não é uma estratégia de venda de livros (ou, pior, venda de ingressos de shows).

Ora, já me perguntei por quê, pelo efeito Lindy, nos textos antigos há tão pouca menção ao que é chamado de sinalização de virtude. Como poderia ser novo?

Bem, não é novo, mas no passado não era visto como predominante o bastante para justificar um bocado de queixas e ser considerado um vício. Mas há menções; vamos checar Mateus 6,1-4, em que a mais elevada mitzvá é aquela feita secretamente:

> *Tende o cuidado de não praticar as vossas boas ações à frente das pessoas para serdes vistos por elas. Se assim não for, não tendes recompensa da parte do vosso Pai que está nos céus.*

*Quando praticares a dádiva de esmolas, não mandes tocar trombetas
à tua frente como fazem os hipócritas nas sinagogas e nas ruas,
para serem elogiados pelas pessoas. Amém vos digo: têm [nisso]
a sua recompensa. Ao dares esmola, que a tua mão esquerda não
saiba o que faz a direita, para que fique a tua esmola em segredo.
E o teu Pai, que vê no que está escondido, recompensar-te-á.*

SER OU PARECER?

Certa vez o investidor Charlie Munger disse: "Olha só. Você prefere ser o melhor amante do mundo, mas de modo que todos achem que é o pior amante do mundo, ou prefere ser o pior amante do mundo, ainda que todo o mundo julgue que você é o melhor amante do mundo?". Como de costume, se faz sentido tem que estar nos clássicos, onde isso é encontrado sob o nome *esse quam videri*, que eu traduzo livremente como *ser ou ser visto como tal*. Isso aparece em Cícero, Salústio e até mesmo em Maquiavel, que, de maneira característica, inverteu para *videri quam esse*, "parecer ao invés de ser".

SIMONIA

Em certo momento da história, quem tivesse dinheiro poderia se desfazer de parte dele para exonerar-se de seus pecados. Os opulentos podiam limpar sua consciência graças à compra de favores eclesiásticos e indulgências, e embora essa prática tenha atingido o apogeu nos séculos IX e X, continuou em uma forma mais suave e mais sutil mais tarde, e certamente contribuiu para a exasperação com os hábitos da Igreja que levou à Reforma.

A simonia era uma maneira conveniente de a Igreja angariar fundos, vendendo ofícios e sacramentos, e todos ficavam felizes com o esquema. O mesmo com as indulgências: o comprador tinha uma opção barata do paraíso, o vendedor estava vendendo algo que não custava nada. Era, como chamamos no mercado de negociação de ações, "dinheiro livre". Tecnicamente era uma violação do direito canônico, à medida que trocava algo temporal pelo espiritual e intemporal. Sem dúvida, era compatível com Lindy: do ponto de vista técnico, as indulgências não eram tão diferentes da prática pagã de dar oferendas para apaziguar os deuses, uma parte das quais se destinava a encher os bolsos do sumo sacerdote.

Agora, pense em quem doa publicamente 1 milhão de dólares para alguma "entidade beneficente". Parte desse dinheiro será gasta para propagandear que a pessoa está dando dinheiro, uma instituição de caridade sendo definida como uma organização que visa a não obter lucro e a "gastar" um bocado do dinheiro em sua especialidade: reuniões, captação de recursos futuros e envio de múltiplos e-mails entre empresas (tudo destinado a ajudar um país após um terremoto, por exemplo). Você vê alguma diferença entre isso e a simonia e as indulgências? A bem da verdade, a simonia e as indulgências reencarnaram na sociedade laica na forma de jantares beneficentes e humanitários (por alguma razão, com traje a rigor) povoados de pessoas que se sentem úteis e de resto estão envolvidas na egoísta atividade de correr maratonas — agora não mais egoístas, pois visam salvar os rins de outras pessoas (como se os rins não pudessem ser salvos por pessoas preenchendo cheques para salvar rins), e de executivos dando seu nome a edifícios para que possam ser lembrados como cidadãos virtuosos. Dessa forma, é possível enganar o mundo por 1 bilhão; tudo o que você precisa fazer é gastar parte dessa bolada, digamos, 1 ou 2 milhões, para entrar na seção do paraíso reservada aos "doadores".

Ora, não estou dizendo que todos aqueles que colocam seus nomes em prédios são necessariamente não virtuosos e estão comprando um lugar cativo no céu. Muitos são forçados pelas pressões sociais e dos pares a fazê-lo, então isso talvez seja uma forma de fazer com que as pessoas parem de encher seu saco.

Argumentamos que a virtude não é um ornamento, não é algo que se possa comprar. Vamos dar um passo além e ver onde a virtude exige arriscar a própria pele, especialmente quando é sua reputação que está em jogo.

A VIRTUDE TEM A VER COM OS OUTROS E O COLETIVO

A partir da propriedade do dimensionamento das escalas, podemos determinar com segurança que a virtude está fazendo algo pelo coletivo, particularmente quando tal ação entra em conflito com os interesses estritamente definidos de um indivíduo. A virtude não é apenas ser gentil com aqueles com que todos tendem a se importar.

Assim, a verdadeira virtude reside principalmente em ser gentil com os negligenciados, os casos menos óbvios, aquelas pessoas que o grande negócio da caridade tende a ignorar. Ou pessoas que não têm amigos e gostariam que alguém, de vez em quando, apenas lhes telefonasse para bater papo ou convidá-las para uma xícara de café fresco torrado ao estilo italiano.

VIRTUDE IMPOPULAR

Ademais, a mais alta forma de virtude é impopular. Isso não significa que a virtude seja inerentemente impopular ou se correlacione com a impopularidade, apenas que atos impopulares sinalizam alguma exposição ao risco e comportamento genuíno.

A coragem é a única virtude que não se pode fingir.

Se eu tivesse que descrever o ato virtuoso perfeito, seria assumir uma posição desconfortável, uma posição que o discurso comum penaliza.

Analisemos um exemplo. Por alguma razão, durante a guerra na Síria, graças a empresas de relações públicas financiadas pelo Qatar, a monocultura conseguiu penalizar todos os que se posicionavam contra os decapitadores jihadistas (os supostos rebeldes sírios que na verdade lutavam pelo estabelecimento de um Estado salafista-wahhabista na Síria). Os rótulos "assadista" e "assassino de bebês" foram projetados para assustar os jornalistas de modo a evitar que questionassem qualquer apoio dado a esses jihadistas. E são sempre as crianças. Lembre-se de que os aliciadores e marqueteiros da Monsanto costumam acusar os que se opõem a eles de "deixar as crianças morrerem de fome".

Defender a verdade quando ela é impopular é uma virtude muito maior, porque custa algo para quem ousa fazê-lo: sua reputação. O jornalista que age de uma forma que o leva a correr o risco de ostracismo é virtuoso. Algumas pessoas apenas expressam suas opiniões como parte de uma humilhação coletiva, quando é seguro fazê-lo, e, na vantajosa transação, acham que estão exibindo virtude. Isso não é virtude, mas vício, uma mistura de intimidação e covardia.

CORRA RISCOS

Por fim, quando os jovens que "querem ajudar a humanidade" me perguntam: "O que devo fazer? Eu quero reduzir a pobreza, salvar o mundo", e nobres aspirações similares no nível macro, a minha sugestão é:

1) Nunca se envolva em sinalização de virtude;
2) Nunca se envolva com *rent-seeking*;
3) Você *deve* começar um negócio. Dê a cara a tapa, comece um negócio.

Sim, arrisque-se e, se você ficar rico (o que é opcional), gaste seu dinheiro generosamente com outras pessoas. Precisamos que as pessoas assumam riscos (limitados). Toda a ideia é afastar os descendentes do *Homo sapiens* do macro, para longe dos objetivos universais abstratos, distantes do tipo de engenharia social que engendra riscos de cauda para a sociedade. Fazer negócios sempre ajudará (porque gera atividade econômica sem arriscadas mudanças de larga escala na economia); instituições (como a indústria do amparo) podem ajudar, mas são igualmente propensas a prejudicar (estou sendo otimista; tenho certeza de que, exceto por algumas delas, a maioria acaba prejudicando).

Coragem (correr riscos) é a forma mais elevada de virtude. Precisamos de empreendedores.

14. Paz, nem tinta nem sangue

Árabes combatendo até o último palestino — Cadê os leões? — Italianos não morrem fácil — Façam os historiadores construir foguetes — O comércio torna as pessoas iguais (ou desiguais, mas essa é outra questão)

Um dos problemas dos intervencionistas — querer envolver-se nos assuntos de outras pessoas "para ajudar" — resulta em interromper alguns dos mecanismos de paz inerentes aos assuntos humanos, uma combinação de colaboração e hostilidade estratégica. Como vimos no prólogo (parte 1), o erro perdura porque alguém está pagando o preço.

Eu especulo que se os IPIs e seus amigos não tivessem se envolvido, problemas como a questão israelense-palestina teriam sido resolvidos, mais ou menos — e ambas as partes, especialmente os palestinos, estariam em melhor situação. Enquanto escrevo estas linhas, o problema já dura setenta anos, com cozinheiros demais na mesma minúscula cozinha, a maioria dos quais jamais tem que provar a comida. A minha conjectura é que quando você deixa as pessoas em paz elas tendem a se conformar com razões práticas.

As pessoas onde as coisas acontecem de verdade, aquelas que arriscam a própria pele, não estão muito interessadas em geopolítica ou grandiosos conceitos abstratos, mas sim em ter pão na mesa, cerveja (ou, para alguns, bebidas fermentadas não alcoólicas, como drinques à base de iogurte) na geladeira e tempo aberto nos piqueniques familiares ao ar livre. Além disso, não querem ser humilhados em seu contato humano com os outros.

Imagine o absurdo dos estados árabes incitando os palestinos a lutar por seus princípios enquanto seus potentados estão sentados em palácios sem álcool (com geladeiras bem abastecidas e repletas de bebidas não alcoólicas fermentadas, como iogurte) enquanto os que recebem seus conselhos vivem em acampamentos de refugiados. Se os palestinos tivessem chegado a um acordo em 1947, estariam em melhor situação. Mas a ideia era lançar no Mediterrâneo os judeus e neocruzados; a retórica árabe veio de partidos árabes que estavam a centenas, milhares de quilômetros de distância, defendendo "princípios" enquanto os palestinos eram desalojados e viviam em barracas. Então veio a guerra de 1948. Se nesse momento os palestinos tivessem aceitado um acordo, as coisas teriam dado certo. Mas não, tinham que seguir seus "princípios". Entretanto, depois veio a guerra de 1967. Agora eles acreditam que seria um golpe de sorte se recuperassem o território perdido em 1967. Então, em 1992, veio o acordo de paz de Oslo, um tratado burocrático e descendente. Nenhuma paz se origina da tinta burocrática. Se alguém quer a paz, deve fazer as pessoas negociarem, como elas fizeram durante milênios. Em algum momento serão forçadas a chegar a um acordo.

Somos em grande medida colaborativos — exceto quando as instituições atravancam o caminho. Suponho que se colocarmos as pessoas "que querem ajudar" no Departamento de Estado em férias remuneradas para fazer cerâmica, artesanato ou qualquer coisa que as pessoas com baixo nível de testosterona fazem quando tiram uma licença sabática, seria ótimo para a paz.

Ademais, essas pessoas tendem a ver tudo como geopolítica, como se o mundo estivesse polarizado em dois grandes jogadores, e não uma coleção de pessoas com interesses diversos. Para irritar a Rússia, o Departamento de Estado é instigado a perpetuar a guerra na Síria, que na verdade pune apenas os sírios.

A paz burocrática difere da paz real: leve em consideração que o Marrocos, o Egito e em certa medida a Arábia Saudita atuais, com governos mais ou menos declaradamente pró-israelenses (com geladeiras bem abastecidas e repletas de bebidas não alcoólicas fermentadas, como iogurte), têm populações nitidamente hostis aos judeus. Compare isso ao Irã, com uma população local que é francamente pró-ocidental e tolerante com os judeus. No entanto, algumas pessoas que não arriscam a própria pele e que leram muito sobre o Tratado de Vestfália (e não o suficiente sobre sistemas complexos) ainda insistem em confundir as relações entre países com as relações entre governos.

MARTE VERSUS SATURNO

Quando a pessoa não entende patavina sobre o problema (como os especialistas em Washington) e não arrisca a própria pele, então tudo é visto através do prisma da geopolítica. Para esses sabichões ignorantes, tudo é Irã versus Arábia Saudita, os Estados Unidos versus a Rússia, Marte versus Saturno.

Eu me lembro, durante a guerra do Líbano, de reparar em como o conflito local foi metamorfoseado em um problema "Israel versus Irã". Em *A lógica do Cisne Negro*, descrevi como os correspondentes de guerra que foram ao Líbano recebiam todas as informações de segunda mão de outros jornalistas que tinham ido ao Líbano, portanto podiam viver em um mundo paralelo sem nunca ver os verdadeiros problemas — não arriscar a própria pele faz maravilhas na distorção da informação. Mas, para aqueles que estão nas áreas de conflito, o objetivo era fazer as coisas funcionarem e ter uma vida, não sacrificar nossa existência em prol da geopolítica. Pessoas reais estão interessadas em bens comuns e paz, não em conflitos e guerras.

Examinemos agora a história tal qual ela se desenrola por si mesma, em oposição ao que é visto por "intelectuais" e instituições.

CADÊ OS LEÕES?

Quando eu estava escrevendo *Antifrágil*, passei algum tempo na África do Sul em uma reserva selvagem, fazendo passeios ao estilo safári durante parte do dia e me dedicando ao livro à tarde. Fui à reserva para "ver os leões". Em uma semana inteira, vi apenas um único leão, e foi um evento tão descomunal que causou um engarrafamento de turistas vindos de todos os resorts da região. As pessoas ficaram gritando "*kuru*" em zulu, como se tivessem encontrado ouro.

Enquanto isso, nas malogradas excursões duas vezes ao dia para encontrar os leões, vi girafas, elefantes, zebras, javalis selvagens, antílopes, mais antílopes, ainda mais antílopes. Todos os outros turistas estavam na mesma situação que eu, à procura de *kurus* mas deparando-se apenas com animais pacíficos: um camarada sul-africano que encontramos em outro carro no meio da savana, depois de avistar mais uma vez um bando de habituais animais entediantes (e entediados), fez a piada enquanto apontava o dedo para uma colina: "Olha, vimos duas girafas e três antílopes ali".

No fim ficou evidente que eu tinha cometido o grave erro a respeito do qual eu mesmo chamo a atenção, confundir o melodramático e chocante com o empírico: existem pouquíssimos predadores comparados ao que podemos chamar de animais colaborativos. O acampamento na reserva selvagem ficava ao lado de um lago e, à tarde, ficava lotado de centenas de animais de diferentes espécies que aparentemente se davam bem uns com os outros. Mas, dos milhares de animais que eu avistei cumulativamente, a imagem do leão em um estado de majestosa calma domina a minha memória. Talvez faça sentido de um ponto de vista do gerenciamento de risco superestimar o papel do leão — mas não em nossa interpretação dos assuntos do mundo.

Se a "lei da selva" significa alguma coisa, na maioria dos casos é a colaboração, com algumas poucas distorções de percepção causadas por nossas intuições de gerenciamento de risco, em geral tão eficazes. Até mesmo os predadores fazem algum tipo de acordo com suas presas.

A HISTÓRIA VISTA DO PRONTO-SOCORRO

A história é basicamente um período de paz pontuado por guerras, em vez de guerras pontuadas por períodos de paz. O problema é que nós, humanos, somos propensos à heurística da disponibilidade, pela qual o saliente é confundido com o estatístico, e o efeito evidente e emocional de um evento nos faz pensar que ele está ocorrendo com mais regularidade do que na realidade. Isso nos ajuda a ser prudentes e cautelosos na vida cotidiana, forçando-nos a adicionar uma camada extra de proteção, mas isso não ajuda no conhecimento e erudição.

Pois quando alguém lê sobre a história do mundo pode ter a impressão de que a história é principalmente uma sucessão de guerras, que Estados gostam de lutar como uma condição padrão, sempre que tiverem a chance, e que a única coordenação entre entidades ocorre quando dois países firmam uma aliança "estratégica" contra um inimigo em comum. Ou alguma unificação sob uma estrutura burocrática. A paz recente entre os países europeus é atribuída ao jugo de burocratas verborrágicos desprovidos de "masculinidade tóxica" (a mais recente patologização nas universidades), e não à ocupação norte-americana e soviética.

Somos alimentados com uma dieta constante de histórias de guerras, e uma quantidade bem menor de histórias de paz. Como trader, fui treinado para procurar a primeira pergunta que as pessoas se esquecem de fazer: *quem escreveu esses livros?* Bem, *historiadores, autoridades em questões internacionais e especialistas em política* os escreveram. Essas pessoas podem ser enganadas? Sejamos educados e digamos que em sua maioria não são cientistas espaciais ou astrofísicos, e operam sob um viés estrutural. Parece, apesar de um bocado de conversa fiada e introspecção, que em história e em relações internacionais um enfoque empiricamente rigoroso é uma raridade.

Em primeiro lugar, há problemas de "sobreajuste", excesso de narrativa, extraindo-se de dados passados *via positiva* em demasia e não o suficiente de *via negativa*. Mesmo nas ciências empíricas, resultados positivos ("isso funciona") tendem a receber divulgação mais ampla e favorável do que resultados negativos ("isso não funciona"), por isso não deveria ser surpresa que historiadores e especialistas em relações internacionais caiam de peito aberto na mesma armadilha.

Em segundo lugar, esses estudiosos e acadêmicos, que nada têm de gênios, não conseguem obter uma propriedade matemática central, confundindo intensidade com frequência. Nos cinco séculos que antecederam a unificação da Itália, supostamente houve "muitos conflitos armados" devastando o lugar. Portanto, muitos desses estudiosos insistem em dizer que a unificação "trouxe a paz". Porém, mais de 600 mil italianos morreram na Grande Guerra, e durante o "período de estabilidade", quase uma ordem de grandeza maior do que todas as fatalidades acumuladas nos quinhentos anos que a precederam. Muitos dos "conflitos" que ocorreram entre Estados ou estadozinhos foram travados entre soldados profissionais, amiúde mercenários, e grande parte da população nem tomava conhecimento. Ora, na minha experiência, depois de apresentar esses fatos, quase sempre me deparo com "Ainda assim, havia *mais* guerras e instabilidade". Esse é o argumento do negócio de Robert Rubin, de que as negociações que perdem dinheiro *com pouca frequência* são mais estáveis, mesmo que no fim das contas acabem varrendo você do mapa.*

Em terceiro lugar, há um problema de representatividade, ou de até que ponto os mapas narrados são empíricos. Os historiadores e especialistas em relações internacionais que chegam até nós são mais motivados por histórias de conflito do que por colaboração orgânica no terreno entre um conjunto mais amplo de atores não institucionais, mercadores, barbeiros, médicos, cambistas, encanadores, prostitutas e outros. Paz e comércio podem ser de algum interesse, mas não são exatamente o que interessa às pessoas — e embora a Escola dos *Annales* francesa tenha suscitado alguma consciência de que a história é toda a vida de um organismo, não episódios de guerras horripilantes, o movimento fracassou no que tange a mudar muita coisa na mentalidade das disciplinas contíguas, como as relações internacionais. Mesmo eu, embora ciente da questão e escrevendo um capítulo sobre o tema, tendo a considerar enfadonhos os relatos da vida real.

Em quarto lugar, como dissemos antes com a pesquisa feita pelo capitão Mark Weisenborn, Pasquale Cirillo e eu, os relatos de guerras passadas estão repletos de vieses de superestimação. O chocante e pavoroso vem à tona e continua aumentando de relato a relato.

O jornalismo trata de "eventos", não da ausência de eventos, e muitos historiadores e estudiosos de políticas são jornalistas incensados e sacrossantos, com altos padrões de verificação de fatos e que se permitem ser um pouco chatos para serem levados a sério. Mas ser chato não os torna cientistas, tampouco a "checagem de fatos" faz com que sejam empíricos, já que esses acadêmicos deixam escapar a noção de ausência de pontos de dados e fatos silenciosos. Aprender com a escola russa de probabilidade torna uma pessoa consciente

---

* Esse é um erro elementar, mas muito comum, que apontei em *Iludido pelo acaso*, de confundir frequência com expectativa (ou média). Para aqueles que não são traders, é muito difícil entender que, se o banco J. P. Morgan ganhou dinheiro negociando em 251 de 252 dias, isso não é necessariamente uma coisa boa e muitas vezes deve ser interpretado como um alerta vermelho.

acerca da necessidade de pensar em termos de desigualdades unilaterais: o que está ausente dos dados deve ser levado em consideração — a ausência de Cisnes Negros no registro não significa que eles não estavam lá. O registro é insuficiente, e essa assimetria precisa estar permanentemente presente nas análises. A evidência silenciosa deveria ser o motor, o condutor. Ler um livro de história sem colocar seus eventos em perspectiva oferece um viés semelhante a ler um relato da vida em Nova York vista a partir da sala do pronto-socorro do Hospital Bellevue.

Por isso, tenha sempre em mente que os historiadores e os acadêmicos eruditos especialistas em políticas são selecionados junto a uma legião de pessoas que extraem seu conhecimento de livros, não da vida real e dos negócios. O mesmo vale para os funcionários do Departamento de Estado, uma vez que não são contratados entre aventureiros e pessoas proativas, mas alunos desses mesmos acadêmicos. Digamos sem papas na língua: desperdiçar parte de sua vida lendo arquivos nas pilhas de volumes da biblioteca de Yale não se encaixa no temperamento não acadêmico de alguém que precisa estar ciente das coisas e tomar cuidado — digamos, um cobrador de dívidas da máfia ou um especulador do pregão em commodities rápidas. (Se você não sabe o que é isso, então você é um acadêmico.)

Tomemos, por exemplo, o relato-padrão dos árabes na Espanha, dos turcos em partes do Império Bizantino, ou dos árabes e bizantinos. De um ponto de vista geopolítico, todas essas situações seriam vistas como um cabo de guerra. Sim, houve um cabo de guerra, mas não no sentido que alguém poderia imaginar. Os comerciantes estavam fazendo negócios muito ativamente durante esses períodos. Minha própria existência como greco-ortodoxo de rito bizantino vivendo sob o islamismo (embora a uma distância física segura, muito segura, dos muçulmanos sunitas) é um testemunho dessa colaboração. E jamais ignore as racionalizações teológicas para justificar a colaboração com os poderes econômicos — antes da descoberta da América, o centro de gravidade dos negócios estava no Oriente. A expressão "Antes o turbante dos turcos do que a tiara do papa!" originou-se do grão-duque Lucas Notaras, que negociou um tratado de amizade com os otomanos, repetido em vários estágios da história. Também é atribuído a São Marcos de Éfeso, e com frequência era gritado pelos camponeses balcânicos para justificar terem apoiado os turcos contra seus senhores católicos.

Como o leitor já deve saber a essa altura, eu mesmo vivi de perto a pior parte da guerra civil no Líbano. Exceto por áreas próximas à Linha Verde, não parecia uma guerra. Mas aqueles que leem sobre isso em livros de história não entenderão minha experiência.*

A SEGUIR

Acabamos de ver no livro VI várias assimetrias na vida provenientes de problemas de agência em grande medida não detectados, em que a ausência de riscos contamina os campos e produz distorções.

Mas lembre-se de que a religião exige que arrisquemos a própria pele — não se trata exatamente de "crença". Passaremos os próximos capítulos com o que as pessoas chamam de "religião", o que nos levará a um mergulho cada vez mais profundo no cerne do livro: racionalidade e exposição a riscos.

---

* O que ler? Não curaria o problema da *via negativa*, mas, para começar, em vez de estudar a história romana em termos de César e Pompeia ou de equilíbrios de poder peloponésios ou intrigas diplomáticas em Viena, considere estudar a vida cotidiana e o corpo de leis e costumes. Acidentalmente descobri, há cerca de trinta anos, a coleção *História da vida privada* (quatro volumes em inglês, cinco volumes em português), de Paul Veyne, Philippe Ariès e Georges Duby (São Paulo: Companhia das Letras, 2009). Desde então o primeiro volume (*Do Império Romano ao ano mil*) tem estado a uma distância confortável da minha cabeceira. Outro livro representativo para o enfoque é *Montaillou Village Occitan*, de Emmanuel Le Roy Ladurie. E, para o nosso amado ainda que conturbado Mediterrâneo, escolha a magnífica obra de Fernand Braudel: *O Mediterrâneo e o mundo do Mediterrâneo na Era de Felipe II* (São Paulo: Edusp, 2016).

É, de certo modo, mais agradável ler um relato sobre Veneza baseado no comércio e não na abstrata baboseira geopolítica. Alguns livros fazem o leitor sentir o cheiro das especiarias. Desde a descoberta das obras de Duby, Braudel, Bloch, Ariès e outros, tenho sido incapaz de ler, sem me irritar, livros de história convencionais — digamos, por exemplo, um livro sobre o Império Otomano que se concentre nos sultões. A sensação é a de que os historiadores de todos os segmentos e escalões estão empenhados no repulsivo estilo de "narrativa de não ficção" da revista *The New Yorker*.

Outros livros: *Courtesans and Fishcakes* [Cortesãos e bolinhos de peixe], de James Davidson, em que se vê como os gregos comiam pão com a mão esquerda. Ou *A descoberta da França*, de Graham Robb (Rio de Janeiro: Record, 2010), que nos informa de que os franceses falavam pouco francês em 1914. E muitos mais.

Livro VII

Religião, crença e arriscar a própria pele

15. Eles não sabem do que estão falando quando falam de religião

Quanto mais eles falam, menos você entende — Lei ou nomous? — Em religião, como em outras coisas, você paga pelo rótulo

Meu lema de vida é que *os matemáticos pensam em termos de objetos e relações (bem, precisamente definidos e mapeados); os juristas e os pensadores legais, em constructos; os lógicos, em operadores maximamente abstratos; e os tolos... em palavras.*

Pode ser que duas pessoas estejam usando a mesma palavra, querendo dizer coisas diferentes, mas continuam a conversa, o que é bom para tomar um café, mas não quando se tomam decisões, particularmente decisões políticas que afetam outras pessoas. Mas é fácil enganá-las, como Sócrates, simplesmente perguntando-lhes *o que elas pensam que querem dizer* com o que disseram — daí a filosofia ter nascido como rigor no discurso e desvencilhamento de noções confusas, em oposição precisa à promoção que o sofista faz da retórica. Desde Sócrates, temos uma longa tradição de ciência matemática e direito contratual impelida pela precisão em termos de mapeamento. Mas temos também muitos pronunciamentos de tolos usando rótulos — fora da poesia, cuidado com o verbalista, esse arqui-inimigo do conhecimento.

Pessoas diferentes raramente querem dizer a mesma coisa quando falam de "religião", tampouco percebem isso. Para os primeiros judeus e muçulmanos, a religião era lei. *Din* significa lei em hebraico e religião em árabe. Para os judeus primitivos, a religião também era tribal; para os primeiros muçulmanos, era universal. Para os romanos, a religião eram eventos sociais, rituais e festivais — a palavra *religio* era uma contraposição a *superstitio* e, embora presente no zeitgeist romano, não tinha conceito equivalente no Oriente grego-bizantino. De uma ponta à outra do mundo antigo, a lei era processual e mecanicamente independente. O cristianismo primitivo, graças a Santo Agostinho, permaneceu relativamente distante da lei e, mais tarde, relembrando suas origens, teve uma relação desassossegada com ela. Por exemplo, mesmo durante a Inquisição, um tribunal leigo decidia formalmente a sentença definitiva. Além disso, o código de Teodósio (compilado no século V para unificar a lei romana) foi "cristianizado" com uma breve introdução, uma espécie de bênção — o restante permaneceu idêntico ao raciocínio jurídico pagão romano conforme exposto em Constantinopla e (principalmente) Berytus. O código continuou dominado pelos sábios juristas fenícios Ulpiano e Papiniano, que eram pagãos: ao contrário das teorias geopolíticas, a escola romana de direito de Berytus (atual Beirute) não foi fechada pelo cristianismo, mas por um terremoto.

A diferença é patente no fato de que o aramaico cristão usa palavras diferentes: *din* para religião e *nomous* (do grego) para lei. Jesus, com seu imperativo "dá a César o que é de César", separou o sagrado e o profano: o cristianismo era para um outro domínio, "o reino por vir", mesclando-se a este apenas no *eschaton*.* Nem o islamismo nem o judaísmo têm uma separação tão marcada entre o sagrado e o profano. E é claro que o cristianismo se distanciou do domínio estritamente espiritual para abraçar o cerimonial e ritualístico, integrando grande parte dos ritos pagãos do Levante e da Ásia Menor. Como ilustração da separação simbólica entre Igreja e Estado, o título Pontifex Maximus (sumo sacerdote), adotado pelos imperadores romanos depois de Augusto, foi revertido depois de Teodósio, no final do século IV, para "bispo de Roma" e, mais tarde, de maneira mais ou menos informal, para "papa" católico.

---

* Os coptas egípcios têm sofrido uma perseguição cada vez mais intensa pelos muçulmanos sunitas, mas a Igreja copta opõe-se à criação de um Estado autônomo em algum lugar no Egito, usando o argumento de que "não é cristão" querer uma entidade política neste mundo.

Para a maioria dos judeus de hoje, sem a lei a religião tornou-se etnocultural — e para muitos, uma nação. O mesmo para armênios, siríacos, caldeus, coptas e maroneus. Para os cristãos ortodoxos e católicos a religião é em larga medida estética, pompa e rituais. Para os protestantes, a religião é crença sem estética, pompa ou lei. Mais a leste, para os budistas, xintoístas e hindus, a religião é uma filosofia prática e espiritual, com um código de ética (e, para alguns, uma cosmogonia). Assim, quando os hindus falam sobre a "religião" hinduísta, isso não significa a mesma coisa para um paquistanês, e certamente significa algo diferente para um persa.

Quando o sonho do estado-nação surgiu, as coisas ficaram muito, muito mais complicadas. Quando um árabe dizia "judeu", costumava referir-se basicamente a um credo; para os árabes, um judeu convertido já não era mais um judeu. Mas, para um judeu, um judeu era simplesmente definido como alguém cuja mãe era judia. Porém, o judaísmo de certa forma fundiu-se em estado-nação e agora, para muitos, indica pertencer a uma nação.

Na Sérvia, Croácia e Líbano, religião significa uma coisa em tempos de paz, e algo bastante diferente em tempos de guerra.

Quando alguém discute a "minoria cristã" no Levante, isso não equivale (como os árabes tendem a pensar) a promover uma teocracia cristã (teocracias plenas foram raras na história cristã, apenas Bizâncio e uma breve tentativa de Calvino). Ele quer dizer apenas "secular", ou uma separação distinta entre Igreja e Estado. O mesmo para os gnósticos (druidas, drusos, mandeanos, alauítas, alevitas) que têm uma religião em grande medida desconhecida por seus membros, temerosos de vir a público e ser perseguidos pela maioria dominante.

O problema com a União Europeia é que burocratas ingênuos (aqueles que são incapazes de ver um palmo na frente do nariz) são ludibriados pelo rótulo. Eles tratam o salafismo, digamos, como apenas uma religião — com suas casas de "adoração" —, quando na verdade é um sistema político intolerante, que promove (ou permite) a violência e rejeita as instituições ocidentais, as mesmas que lhes permitem atuar. Vimos com a regra da minoria que o intolerante superará o tolerante; o câncer deve ser interrompido antes de sofrer metástase.

O salafismo é muito semelhante ao comunismo soviético ateu em seu apogeu: ambos têm controle total sobre toda a atividade e pensamento humanos, o que torna desprovidas de pertinência, precisão e realismo as discussões sobre se a religião ou os regimes ateus são mais assassinos.

CRENÇA VERSUS CRENÇA

Veremos no próximo capítulo que a "crença" pode ser epistêmica, ou simplesmente processual (ou metafórica), levando a confusões sobre quais tipos de crenças são crenças religiosas e quais não são. Pois, além do problema da "religião", há um problema com a crença. Algumas crenças são em grande medida decorativas, algumas são funcionais (ajudam na sobrevivência), outras são literais. E para voltar ao nosso problema do salafismo metastático: quando um desses fundamentalistas fala com um cristão, está convencido de que o cristão encara suas próprias crenças de forma literal, ao passo que o cristão está convencido de que o salafista tem os mesmos conceitos, muitas vezes metafóricos, que a pessoa que professa o cristianismo tem de levar a sério mas não ao pé da letra (e muitas vezes nem muito a sério). Religiões como o cristianismo, o judaísmo e, até certo ponto, o islamismo xiita evoluíram (ou melhor, deixaram seus membros evoluir no sentido do desenvolvimento de uma sociedade sofisticada) ao se afastar do literal. O literal não deixa espaço para adaptação.

Como Gibbon escreveu:

Os vários modos de adoração que prevaleceram no mundo romano foram todos considerados pelo povo como igualmente verdadeiros; pelo filósofo, como igualmente falsos; e pelo magistrado, como igualmente úteis. E assim a tolerância produzia não apenas a indulgência mútua, mas até mesmo a harmonia religiosa.

LIBERTARIANISMO E RELIGIÕES SEM IGREJA

Como mencionamos, o imperador romano Juliano, o Apóstata, tentou retornar ao paganismo depois que o primo de seu pai, Constantino, o Grande, fez do cristianismo a religião oficial do Império quase meio século antes. Mas cometeu um erro fatal de raciocínio.

Seu problema era que, tendo sido educado como cristão, ele imaginava que o paganismo exigia uma estrutura semelhante à da Igreja, *ce genre de trucs*. Então tentou criar bispos pagãos, sínodos e esse tipo de coisa. Ele não percebeu que cada grupo pagão tinha sua própria definição de religião, que cada templo tinha suas próprias práticas, que *por definição* o paganismo era distribuído em sua execução, rituais, cosmogonias, práticas e "crenças". Os pagãos não tinham uma categoria para o paganismo.

Depois que Juliano, um general brilhante e guerreiro valente, pereceu (heroicamente) em batalha, o sonho de retornar aos valores antigos morreu com ele.

Assim como o paganismo não pode ser classificado ou categorizado, o mesmo se aplica ao libertarianismo. Não se enquadra na estrutura de um "partido" político — apenas na de um movimento político descentralizado. O próprio conceito não permite a camisa de força de uma linha partidária forte e uma diretriz política unificada com respeito à, digamos, localização dos tribunais ou as relações com a Mongólia. Partidos políticos são hierárquicos, são planejados de maneira a substituir a tomada de decisões individual por um protocolo bem definido. Isso não funciona com os libertários. A *nomenklatura* que é necessária para o funcionamento de um partido não pode existir em um ambiente libertário repleto de pessoas insubmissas e fortemente independentes.

No entanto, nós, libertários, compartilhamos um conjunto mínimo de crenças, a principal delas substituir o império da lei (o Estado de direito) pelo domínio da autoridade. Sem necessariamente perceber, os libertários acreditam em sistemas complexos. E, uma vez que o libertarianismo é um movimento, ainda pode existir como facções fragmentadas e dissidentes dentro de outros partidos políticos.

A SEGUIR

Para concluir, tome cuidado com os rótulos quando se trata de questões associadas a crenças. E evite tratar as religiões como se fossem todas da mesma espécie. Mas há uma semelhança. O próximo capítulo nos mostrará como a religião não gosta de amigos da onça; ela quer comprometimento; exige que seus seguidores arrisquem a própria pele.

16. Não há adoração sem que se arrisque a própria pele

Simetria, simetria por toda parte — A crença cobra ingresso

É quando a pessoa quebra um jejum que ela entende a religião. Escrevo estas linhas enquanto estou chegando ao fim do período greco-ortodoxo da quaresma, que, na maioria das vezes, não permite o consumo de nenhum produto animal. Essa dieta é particularmente difícil de manter no Ocidente, onde as pessoas usam manteiga e laticínios em tudo. Mas quem enfrenta um jejum se sente no direito de celebrar a Páscoa; é como a alegria da água fresca quando se está com sede. Você pagou um preço.

Lembre-se da nossa breve discussão sobre a necessidade teológica de tornar Cristo um homem — ele teve que se sacrificar. Hora de desenvolver o argumento aqui.

A principal falha teológica na Aposta de Pascal é que a crença não pode ser uma opção gratuita. Isso implica uma simetria entre o que você paga e o que você recebe. De outra maneira as coisas seriam fáceis demais. Assim, as regras do arriscar a própria pele que são válidas entre os humanos também se aplicam ao nosso relacionamento de confiança e afinidade emocional com os deuses.

OS DEUSES NÃO GOSTAM DE SINALIZAÇÃO BARATA

Eu sempre me lembrarei, mesmo que eu viva até os 125 anos, do altar do mosteiro de São Sérgio (ou, no idioma vernáculo, *Mar Sarkis*), na cidadezinha de Maaloula, onde se fala aramaico. Visitei o mosteiro há algumas décadas, provocando uma obsessão por aquela língua antiga e negligenciada. Na época a cidade ainda falava a versão do aramaico ocidental que era usada por Cristo. Na época de Cristo, o Levante falava grego nas cidades costeiras e aramaico no interior. Para aqueles que têm interesse no Talmude, o aramaico ocidental corresponde a "Yerushalmi" ou "aramaico palestino", em oposição ao aramaico babilônico mais próximo do que é agora o siríaco. Era fascinante ver as crianças falarem, se provocarem e fazerem o que as crianças costumam fazer, só que em uma língua ancestral.

Quando uma cidade conserva os resquícios de uma língua antiga, é preciso procurar vestígios de uma prática antiga. E de fato havia um. O detalhe do qual me lembrarei para sempre é que o altar no mosteiro de São Sérgio tem um dreno para sangue. Ele havia sido reciclado de uma prática pré-cristã anterior. Os acessórios do mosteiro provinham de um templo pagão reconvertido usado pelos cristãos primitivos. Na verdade, sob o risco de incomodar algumas pessoas, não era *tão* reconvertido assim: os primeiros cristãos eram pagãos. A teoria-padrão é que antes do Concílio de Niceia (século IV), era comum os cristãos reciclarem altares pagãos. Mas acontece que lá há evidências de algo de que sempre suspeitei: *na prática*, cristãos e judeus não se diferenciavam muito de outros seguidores de cultos semíticos e compartilhavam lugares de culto uns com os outros. A presença de santos no cristianismo vem desse mecanismo de reciclagem. Não havia telefones, aparelhos de fax ou sites financiados por príncipes sauditas para homogeneizar religiões.

"Altar" em levantino e aramaico falado ainda é *madbach* (madbakh'), de DBH, "sacrifício ritual cortando-se a veia jugular". É uma tradição ancestral que deixou sua marca no islã: a comida *halal* requer tal método para o abate. E *qorban*, o vocábulo semítico QRB para "chegar mais perto (de Deus)", o que originalmente era feito via sacrifício, ainda é usado como uma palavra para o sacramento.

De fato, uma das principais figuras do islamismo xiita, o imame Hussein, filho de Ali, antes de sua morte dirigiu-se a Deus oferecendo-se em sacrifício: "Deixai-me ser o *qorban* para vós" — a suprema oferenda.*

E seus seguidores, até hoje, mostram (literalmente) que arriscam a própria pele durante a celebração de sua morte, o dia de Ashoura, submetendo-se à autoflagelação. A autoflagelação também está presente no cristianismo, como evocação do sofrimento de Cristo; embora popular na Idade Média, agora é uma prática extinta, exceto em alguns lugares da Ásia e da América Latina.

No mundo pagão (greco-semítico) do Mediterrâneo Oriental, nenhuma adoração era feita sem sacrifício. Os deuses não aceitavam papo furado. Tudo girava em torno de preferências reveladas. Além disso, as oferendas queimadas (holocaustos) eram destruídas pelo fogo precisamente para que nenhum humano as consumisse. Na verdade, não exatamente: o sumo sacerdote tirava seu quinhão; o sacerdócio era uma posição bastante lucrativa, já que no Mediterrâneo Oriental pré-cristão de língua grega os ofícios dos sumos sacerdotes eram frequentemente vendidos em leilão.

O sacrifício físico aplicava-se até mesmo ao Templo de Jerusalém. E inclusive para os judeus posteriores, ou os primeiros cristãos, os seguidores do cristianismo paulino. Hebreus 9:22: *Et omnia paene em sanguine mundantur secundum legem et sine sanguinis fusione non fit remissio.* "E quase todas as coisas, segundo a lei, se purificam com sangue; e sem derramamento de sangue não há remissão." Mas o cristianismo acabou abolindo a ideia de tal sacrifício sob a noção de que Cristo se sacrificou pelos outros. Mas quem visitar uma igreja católica ou ortodoxa no culto de domingo verá um simulacro. Tem vinho representando sangue, que, ao final da cerimônia, é vertido na *piscina* (o dreno). Exatamente como no altar de Maaloula.

O cristianismo usou a personalidade de Cristo para o simulacro; ele se sacrificou por nós.

---

* Taraktu'l k alqa tarran fi hawaka, ayatamtul xiyala likay araka/Falaw qataxani fil h·ubbi irban, lama malil fu'ada(ou) ila siwaka/fak uth ma s·u'ta ya mawlaya minni, ana lkurbanu wajjahani nidaka. No entanto, mais uma vez, talvez isso seja apócrifo.

O nosso Salvador instituiu na última Ceia, na noite em que Ele foi entregue, o sacrifício Eucarístico do Seu Corpo e do Seu Sangue para perpetuar pelo decorrer dos séculos, até Ele voltar.
— Sacrosanctum Concilium, 47

O sacrifício foi concluído tornando-se metafórico:

Rogo-vos, pois, irmãos, pelas misericórdias de Deus, que apresenteis os vossos corpos em sacrifício vivo, santo e agradável a Deus: que é este o vosso culto espiritual.
— Romanos 12:1

Essa progressão também ocorreu no judaísmo: após a destruição do Segundo Templo no primeiro século A. D., os sacrifícios de animais tiveram fim. Antes disso, a parábola de Isaac e Abraão marca a noção do progressivo abandono do sacrifício humano por parte das seitas abraâmicas, bem como uma insistência em arriscar a própria pele. Mas o sacrifício de animais continuou por algum tempo, embora sob termos diferentes. Deus testou a fé de Abraão com um dom assimétrico: sacrifique seu filho por mim — não era como em outras situações de simplesmente dar aos deuses parte de sua renda ou produção em troca de benefícios futuros e melhores colheitas, como nas dádivas comuns, com expectativas recíprocas tácitas. Foi a mãe de todos os presentes incondicionais para Deus. Não foi uma transação, a transação para dar fim a todas as transações. Cerca de um milênio depois, os cristãos tiveram sua última transação.

O filósofo Moshe Halbertal defende que, após o simulacro de Isaac, a conduta e as relações com o Senhor tornaram-se uma questão de troca de presentes recíproca. Mas então por que o sacrifício de animais continuou?

Os hábitos cananeus demoram para morrer. Maimônides explica por que Deus não proscreveu imediatamente a então comum prática do sacrifício de animais: a razão é que "obedecer a tal mandamento teria sido contrário à natureza do homem, que geralmente se apega àquilo a que está acostumado"; em vez disso, ele "transferiu para o Seu serviço aquilo que servira como uma adoração de seres criados e de coisas imaginárias e irreais". Assim, o sacrifício animal perdurou — em grande parte de forma voluntária —, mas, e esta é a marca da religião abraâmica, não a adoração de animais ou a propiciação de divindades por meio de propina. Esta última prática se estendeu até mesmo ao suborno de outras tribos e deuses alheios, como continuou sendo praticado na Arábia até o século VI. Depois, uma espécie de Organização das Nações Unidas, um mercado comunitário para mercadorias, relações internacionais e vários cultos bilaterais de adoração teve lugar em Meca.

Amor sem sacrifício é roubo (Procusto). Isso se aplica a qualquer forma de amor, particularmente o amor de Deus.

A EVIDÊNCIA

Para resumir, em um local de culto judaico-cristão, o ponto focal, onde fica o sacerdote, simboliza o risco. A noção de crença sem sacrifício, que é prova tangível, é nova na história.

A força de um credo não dependia da "evidência" dos poderes de seus deuses, mas se baseava na evidência de que seus adoradores arriscavam a própria pele.

17. O papa é ateu?

É perigoso ser o papa, mas a assistência médica que ele recebe é boa — Falar é só falar — A religião gerencia os rituais

Ao ser baleado em um atentado em 1981, o papa João Paulo II foi levado às pressas para a sala de emergência da Policlínica Universitária Agostino Gemelli, onde encontrou uma equipe com alguns dos médicos mais qualificados — e modernos — que a Itália poderia oferecer, em contraste com o hospital público vizinho, cujo atendimento era de qualidade inferior. A partir desse dia o hospital Gemelli tornou-se o destino preferido do pontífice ao primeiro sinal de um problema de saúde.

Em nenhum momento durante o momento crítico os motoristas da ambulância cogitaram levar João Paulo II a uma capela para uma oração, ou alguma forma equivalente de intercessão junto ao Senhor, para dar ao sagrado o primeiro direito de recusa do tratamento. E aparentemente nenhum dos sucessores do papa considerou dar primazia à negociação com o Senhor na esperança de alguma intervenção miraculosa no lugar das armadilhas modernas da medicina.

Isso não quer dizer que os bispos, cardeais, padres e meros leigos não tenham orado e pedido ajuda ao Senhor, tampouco que *acreditassem* que as orações não foram posteriormente respondidas, dada a extraordinária recuperação do santo homem. Mas permanece o fato de que ninguém no Vaticano quer correr riscos recorrendo primeiro ao Senhor, depois ao médico, e, o que é ainda mais surpreendente, ninguém parece ver um conflito com tal inversão da sequência lógica. Com efeito, a decisão oposta teria sido considerada loucura. Estaria em oposição aos dogmas da Igreja católica, pois seria tida como morte voluntária, o que é proibido.

Note-se que os supostos predecessores do papa, os vários imperadores romanos, tinham uma diretriz política semelhante de procurar em primeiro lugar tratamento médico e recorrer à teologia depois, embora alguns dos seus tratamentos fossem apresentados como ação do poder curativo das divindades, caso do deus grego da medicina Asclépio ou o seu equivalente romano, mais fraco, Vediovis.

Agora tente imaginar um poderoso líder de uma seita "ateísta", equivalente ao papa em termos de posição hierárquica, sofrendo uma emergência semelhante. Ele teria chegado ao Gemelli (não a um hospital de segunda categoria no Lácio) ao mesmo tempo que João Paulo II. Seria recebido por uma multidão parecida de benquerentes e simpatizantes "ateus", que para lá se encaminharam a fim de oferecer a ele algo chamado "esperança" (ou "votos" de uma boa recuperação) em sua própria linguagem ateísta, com alguma narrativa autoconsistente sobre o que eles gostariam de "desejar" que acontecesse ao seu homem mais notável. Os ateus vestiriam roupas menos coloridas; seu vocabulário seria um pouco menos ornamental também, mas suas ações teriam sido quase idênticas.

Claramente, há entre o Santo Padre e um ateu de nível equivalente muitas diferenças, mas elas dizem respeito a questões que não implicam ameaça à vida. Essas incluem sacrifícios. Sua Santidade desistiu de realizar certas atividades no quarto que não fossem ler e rezar, embora pelo menos uma dúzia de seus predecessores, o mais famoso dele Alexandre IV, tenha tido uma grande quantidade de filhos, pelo menos um quando já era sexagenário, e pelo método convencional, não pelo caminho imaculado. (Tem havido tantos papas mulherengos que as pessoas já estão entediadas com suas histórias.) Sua Santidade passa uma vasta quantidade de tempo orando, organizando cada minuto de sua vida de acordo com certas práticas cristãs. Por outro lado, no entanto, embora dediquem uma porção menor do seu tempo àquilo que acreditam não ser "religião", muitos ateus praticam ioga e atividades coletivas semelhantes, ou sentam-se em salas de concerto, impregnados de admiração e silêncio (não se pode nem sequer fumar um charuto ou berrar ao celular para fechar uma ordem de compra), gastando um tempo considerável para fazer o que aos olhos de um marciano pareceriam gestos rituais semelhantes.

Houve um período, conhecido como Cruzada Albigense, no século XIII, durante a qual os católicos se incumbiram da matança em massa de hereges. Alguns massacravam indiscriminadamente hereges e não hereges, num enfoque que visava economizar tempo e reduzir a complexidade. Para eles, pouco importava quem era quem, já que "o Senhor seria capaz de distingui-los". Esses tempos perderam-se no passado longínquo. A maioria dos cristãos (como eu, um cristão ortodoxo), quando se trata de situações médicas, éticas e de tomada de decisões, não age de forma diferente dos ateus. Aqueles que o fazem (a exemplo dos cientistas cristãos) são poucos. A maioria aceitou as armadilhas modernas da democracia, oligarquia ou ditadura militar, todos estes regimes políticos pagãos, em vez de buscar teocracias. Suas decisões acerca de questões primordiais são indistinguíveis das decisões de um ateu.

RELIGIOSAS EM SEU DISCURSO

Assim, definimos o ateísmo ou o secularismo em ações, pela distância entre as ações de uma pessoa e as de um indivíduo não ateu em uma situação equivalente, não suas crenças e outras questões decorativas e simbólicas (que, conforme mostraremos no próximo capítulo, não contam).

Façamos um balanço aqui. Existem pessoas que são

ateias nas suas ações, religiosas em seu discurso
(*a maioria dos cristãos ortodoxos e católicos*)

e outras que são

religiosas nas suas ações, religiosas em seu discurso
(*islâmicos salafistas e homens-bomba*)

mas não conheço ninguém que seja ateu tanto em ações quanto em discurso, completamente desprovidos de rituais, respeito pelos mortos e superstições (digamos, por exemplo, a crença na economia, ou nos poderes milagrosos do todo-poderoso Estado e suas instituições).

A SEGUIR

Este capítulo nos conduzirá com facilidade e tranquilidade à próxima seção: a) a racionalidade reside naquilo que a pessoa faz, não naquilo que ela pensa ou naquilo em que ela "acredita" (arriscando a própria pele), e b) a racionalidade diz respeito à sobrevivência.

Livro VIII

Risco e racionalidade

18. Como ser racional sobre a racionalidade

Restaurantes sem cozinhas — Ciência desde o túmulo — Não atire à esquerda dos pianistas — Mercadores de racionalidade

Meu amigo Rory Sutherland afirma que a verdadeira função das piscinas é permitir que a classe média fique sentada à toa em trajes de banho sem parecer ridícula. O mesmo acontece com os restaurantes de Nova York: você acha que a missão deles é alimentar as pessoas, mas não é isso que eles fazem. O negócio deles é cobrar o olho da cara por bebida destilada ou taças de vinho da Grande Toscana, e ainda assim atrair clientes servindo-lhes pratos com baixo teor de carboidratos (ou baixo teor de alguma coisa) a um custo mínimo (esse modelo de negócios, é claro, não funciona na Arábia Saudita.)

Assim, quando examinamos a religião e, até certo ponto, as superstições ancestrais, devemos levar em consideração a finalidade a que elas servem, em vez de enfocar a noção de "crença", crença epistêmica em sua definição científica estrita. Na ciência, crença é crença literal; é certa ou errada, nunca metafórica. Na vida real, a crença é um instrumento para fazer as coisas, não o produto final. Isso é semelhante à visão: o objetivo de nossos olhos é nos orientar da melhor maneira possível, e nos livrar de problemas quando necessário, ou ajudar-nos a encontrar uma presa à distância. Nossos olhos não são sensores projetados para capturar o espectro eletromagnético. A atribuição da função dos olhos não é produzir a representação científica mais precisa da realidade; antes, a representação mais *útil* para a sobrevivência.

ENGANO OCULAR

Nosso aparato perceptivo comete erros — distorções — a fim de nos levar a ações mais precisas: a percepção visual errônea, no fim fica claro, é uma coisa necessária. Arquitetos gregos e romanos deturpavam as colunas de seus templos, inclinando-as para dentro, a fim de nos dar a impressão de que as colunas são retas. Como Vitrúvio explica, o objetivo é "contrabalançar a recepção visual por uma mudança de proporções". Uma distorção tem o intuito de ensejar uma intensificação para a experiência estética do observador. O piso do Partenon na realidade é curvado, para que possamos vê-lo como reto. As colunas estão espaçadas de maneira desigual, de modo que possamos vê-las alinhadas como uma divisão russa em marcha num desfile militar.

Seria o caso de alguém apresentar uma queixa junto ao Ministério do Turismo grego alegando que as colunas não são verticais e que alguém está tirando proveito de nossos mecanismos visuais?

ERGODICIDADE EM PRIMEIRO LUGAR

O mesmo se aplica às distorções de crenças. Há alguma diferença entre a percepção visual e levar uma pessoa a acreditar no Papai Noel, se isso aumenta a experiência estética natalina dele ou dela? Não, a menos que cause dano.

Nesse sentido, nutrir superstições não é irracional por nenhuma métrica: ninguém conseguiu elaborar um critério para racionalidade baseada em ações que não arcam com custo algum. Mas ações que prejudicam uma pessoa são detectáveis, se não observáveis.

Veremos no próximo capítulo que, a menos que a pessoa tenha uma representação exagerada e muito irrealista (ao estilo de coluna grega) de alguns riscos de cauda, ela não consegue sobreviver — basta apenas um único evento para causar uma saída irreversível do sistema de Previdência Social. A paranoia seletiva é "irracional" se os indivíduos e populações que não a têm acabam morrendo ou extintos?

Uma declaração que nos orientará pelo restante do livro:

A sobrevivência vem em primeiro lugar; verdade, compreensão e ciência, depois.

Em outras palavras, ninguém precisa da ciência para sobreviver (nós sobrevivemos por várias centenas de milhões de anos ou mais, dependendo de como se define o "nós"), mas é preciso sobreviver para fazer ciência. Como diria sua avó, *é melhor prevenir do que remediar*. Ou, de acordo com a expressão atribuída a Hobbes: *Primum vivere, deinde philosophari* (Primeiro viver; depois filosofar). Essa precedência lógica é bem compreendida por traders e por pessoas no mundo real, conforme o truísmo de Warren Buffett, "para ganhar dinheiro, você deve primeiro sobreviver" — arriscar a própria pele novamente; aqueles de nós que assumem riscos têm suas prioridades mais firmes do que o vago pseudorracionalismo dos livros didáticos. Em termos mais técnicos, isso nos leva novamente à propriedade ergódica (que continuo prometendo explicar, mas ainda não estamos prontos): para que o mundo seja "ergódico", não é necessário haver nenhuma barreira absorvente, nem irreversibilidades substanciais.

E o que queremos dizer com "sobrevivência"? Sobrevivência de quem? A sua? A da sua família? A da sua tribo? Da humanidade? Note por enquanto que tenho uma vida útil limitada; minha sobrevivência não é tão importante quanto a sobrevivência de coisas que não têm uma expectativa de vida limitada, como a humanidade ou o planeta Terra. Por conseguinte, quanto mais "sistêmicas" as coisas são, mais importante a sobrevivência se torna.

Na superfície, a racionalidade não parece racionalidade — assim como a ciência não parece ciência, como já debatemos. Três rigorosos pensadores (e suas escolas) orientam meu pensamento acerca da questão: o cientista cognitivo e polímata Herb Simon, que foi pioneiro no campo da inteligência artificial; o psicólogo Gerd Gigerenzer; e o matemático, lógico e teórico da decisão Ken Binmore, que passou sua vida formulando os fundamentos lógicos da racionalidade.

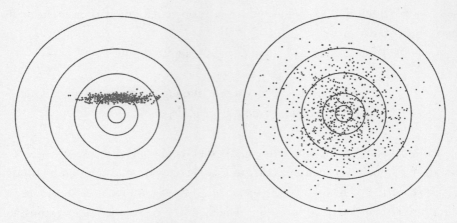

FIGURA 3. Uma ilustração do dilema viés-variância. Suponha que há duas pessoas (sóbrias) atirando em um alvo, digamos, no Texas. O atirador da esquerda tem um viés, um "erro" sistemático, mas, considerando tudo, ao fim chega mais próximo do alvo do que o atirador da direita, que não tem um viés sistemático, mas uma variância alta. Normalmente, não é possível reduzir um sem aumentar o outro. Quando frágil, a estratégia à esquerda é a melhor: mantenha uma distância da ruína, isto é, de atingir um ponto na periferia caso isso seja perigoso. Esse esquema explica por que, se você quiser minimizar a probabilidade de queda do avião, pode cometer erros impunemente, desde que diminua sua dispersão.

DE SIMON A GIGERENZER

Simon formulou a noção agora conhecida como *racionalidade limitada*: não podemos medir e avaliar tudo como se fôssemos um computador; portanto, produzimos, sob pressões evolutivas, alguns atalhos e distorções. Nosso conhecimento do mundo é fundamentalmente incompleto, por isso precisamos evitar encrencas imprevistas. E, mesmo que nosso conhecimento do mundo fosse completo, ainda seria computacionalmente quase impossível produzir uma compreensão precisa e imparcial da realidade. Um fértil programa de pesquisa sobre *racionalidade ecológica* surgiu do esforço para curar o problema de Simon; o principal responsável por sua organização e condução foi Gerd Gigerenzer (aquele que criticou Dawkins no capítulo 9), mapeando quantas coisas fazemos que aparentam ser, na superfície, ilógicas, mas têm razões mais profundas.

REVELAÇÃO DE PREFERÊNCIAS

Quanto a Ken Binmore, ele mostrou que o conceito informalmente chamado de "racional" é mal definido, na verdade tão mal definido que muitos usos do termo são apenas baboseira. Não há nada de particularmente irracional nas crenças em si (dado que elas podem ser atalhos e instrumentos para outra coisa): para ele tudo está na noção de "preferências reveladas".

Antes de explicar esse conceito, consideremos as seguintes máximas:

Julgar as pessoas por suas crenças não é científico.

Não existe algo semelhante à "racionalidade" de uma crença, o que há é racionalidade de uma ação.

A racionalidade de uma ação pode ser julgada apenas em termos de considerações evolutivas.

O axioma da *preferência revelada* (introduzido por Paul Samuelson, ou possivelmente pelos deuses semíticos), como o leitor há de se lembrar, afirma o seguinte: não será possível ter uma ideia sobre o que as pessoas *realmente* pensam, o que prevê as ações das pessoas, simplesmente perguntando a elas — elas próprias não necessariamente sabem. O que importa, no final, é o que as pessoas pagam pelas mercadorias, não o que dizem "pensar" sobre as mercadorias, ou as várias razões possíveis que elas apresentam, a quem lhes pergunta ou a si mesmas, para tanto. Pensando bem, veremos que isso é uma reformulação do conceito de arriscar a própria pele. Até mesmo os psicólogos entendem isso; em seus experimentos, seus procedimentos exigem que dólares de verdade sejam gastos para que um teste seja "científico". As cobaias da pesquisa recebem um valor monetário, e os psicólogos observam de que forma esses sujeitos formulam escolhas examinando como eles gastam o dinheiro. No entanto, uma grande fatia dos psicólogos deixa pra lá as preferências reveladas quando começam a discursar com pompa e grandiloquência sobre a racionalidade. Eles voltam a julgar as crenças em vez da ação.

Crenças são... papo furado. Pode haver algum tipo de mecanismo de tradução muito difícil para a nossa compreensão, com distorções no nível do processo de pensamento que são realmente necessárias para que as coisas funcionem.

Na verdade, por um mecanismo (tecnicamente chamado de dilema viés--variância) invariavelmente obtemos melhores resultados cometendo "erros", como quando o atirador aponta ligeiramente para longe do alvo ao disparar (ver figura 3.) Mostrei em *Antifrágil* que cometer alguns tipos de erros é a coisa mais racional a fazer, quando os erros são de baixo custo, pois eles levam a descobertas. Por exemplo, a maioria das "descobertas" médicas é acidental. Um mundo livre de erros não teria penicilina, nem quimioterapia... quase nenhum medicamento, e muito provavelmente nenhum humano.

É por isso que tenho sido contra o Estado nos ditando o que "deveríamos" estar fazendo: somente a evolução sabe se a coisa "errada" está realmente errada, desde que estejamos arriscando a própria pele para permitir a seleção.

DE QUE TRATA A RELIGIÃO?

Portanto, é minha opinião que a religião existe para impor o gerenciamento de risco de cauda através das gerações, já que suas regras binárias e incondicionais são fáceis de ensinar e impor. Nós sobrevivemos a despeito dos riscos de cauda; nossa sobrevivência não pode ser tão aleatória.

Lembre-se de que arriscar a própria pele significa que você não presta atenção ao que as pessoas dizem, apenas ao que elas fazem e até que medida arriscam o pescoço. Que a sobrevivência opere seus milagres.

Superstições podem ser vetores de regras de gerenciamento de risco. Há informações tão potentes que as pessoas que as possuem sobreviveram; para repetir, nunca ignore nada que lhe permita sobreviver. Por exemplo, Jared Diamond discute a "paranoia construtiva" dos moradores de Papua-Nova Guiné, cujas superstições os impedem de dormir debaixo de árvores mortas. Quer se trate de superstição ou de alguma outra coisa, alguma compreensão científica profunda da probabilidade que impede a pessoa de fazer algo, não importa, contanto que ela não durma sob árvores mortas. E para quem sonha em fazer as pessoas usarem probabilidade para tomar decisões, tenho algumas notícias: mais de 90% dos psicólogos que lidam com a tomada de decisões (incluindo pesquisadores como Cass Sunstein e Richard Thaler) não sabem nada sobre probabilidade, são incapazes de entendê-la e tentam atrapalhar as nossas eficientes paranoias naturais.

Incompletude, tomada de decisão sob a opacidade

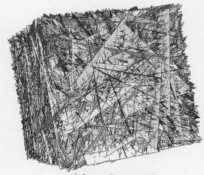

Mundo real

Ciência

É anticientífico usar a ciência fora de seus domínios estritamente delimitados.

A *própria* ciência limita e qualifica alegações em assuntos para os quais as evidências não são nem confiáveis nem suficientes, ou na presença de um alto grau de opacidade.

FIGURA 4. O clássico problema "mundo grande versus mundo pequeno". A ciência é atualmente incompleta demais para fornecer todas as respostas — e ela mesma afirma isso. Temos estado sob o ataque incessante de mercadores e fornecedores que usam a "ciência" para vender produtos que muitas pessoas, na mente delas, acabam confundindo com cientificismo. Ciência é principalmente rigor no processo.

Além disso, acho incoerente criticar as superstições de alguém se elas trazem alguns benefícios e, ao mesmo tempo, não ter problema nenhum com as ilusões de ótica nos templos gregos.

A noção de "racional", discutida e propagada por todos os tipos de promotores do *cientificismo*, não é suficientemente bem definida para ser usada para crenças. Para repetir, não há motivos justificados suficientes para discutir "crenças irracionais". Nós o fazemos com ações irracionais.

Estendendo essa lógica, podemos mostrar que muito do que chamamos de "crença" é uma espécie de mobília no pano fundo para a mente humana, mais metafórica do que real. Pode funcionar como terapia.

Lembre-se também, como vimos no capítulo 3, de que a racionalidade coletiva pode exigir alguns vieses individuais.

"PAPO FURADO" E "CONVERSA FIADA"

O primeiro princípio que inferimos:

Há uma diferença entre crenças que são decorativas e diferentes tipos de crenças, aquelas que planejam pormenorizadamente a ação.

Não há diferença entre elas em palavras, exceto que a verdadeira diferença se revela em assumir riscos, ter algo em jogo, algo que alguém possa perder caso esteja errado.

E a lição, reformulando-se o princípio:

O quanto você realmente "acredita" em alguma coisa pode se manifestar somente por meio do que você está disposto a arriscar por ela.

Mas isso merece continuação. O fato de haver esse componente decorativo na crença, a vida, essas estranhas regras seguidas fora dos hospitais Gemelli do mundo, merece ser discutido. Para que servem? Podemos realmente entender sua função? Estamos confusos a respeito da função delas? Confundimos a racionalidade delas? Podemos usá-las para *definir* racionalidade?

O QUE LINDY DIZ?

Vejamos o que Lindy tem a dizer sobre a "racionalidade". Embora as noções de "razão" e "razoável" estivessem presentes no pensamento antigo, principalmente embutidas na noção de precaução, ou *sophrosyne* (sofrósine), essa ideia moderna de "racionalidade" e "tomada de decisões racional" nasceu na esteira de Max Weber, com os trabalhos de psicólogos, filosofinhos e psicologuinhos. A *sophrosyne* clássica significa precaução, autocontrole e comedimento, tudo em um só. Foi substituído por algo um pouco diferente. A "racionalidade" foi forjada durante o período pós-iluminista, numa época em que pensávamos que compreender o mundo era algo que estava bem próximo. Pressupõe ausência de aleatoriedade, ou uma estrutura aleatória simplificada do nosso mundo. Além disso, claro, sem interações com o mundo.

A única definição de racionalidade que descobri que é rigorosa em aspectos práticos, empíricos e matemáticos é a seguinte: racional é o que permite a *sobrevivência*. Ao contrário das teorias modernas de psicologuinhos, ele delineia o modo de pensar clássico. Qualquer coisa que atrapalhe a sobrevivência em um nível individual, coletivo, tribal ou geral é, a meu juízo, *irracional*.

Daí o princípio da precaução e o robusto entendimento do risco.

O NÃO DECORATIVO NO DECORATIVO

Ora, o que chamei de decorativo não é necessariamente supérfluo, muitas vezes é o contrário. O decorativo pode ter apenas uma função acerca da qual não sabemos muita coisa. Poderíamos consultar o grande mestre da estatística, o tempo, por meio de uma ferramenta muito técnica chamada de função de sobrevivência, conhecida tanto por idosos quanto por estatísticas extremamente complexas. Vamos recorrer aqui à versão dos idosos.

O fato a ser considerado não é que as crenças tenham sobrevivido por muito tempo — a Igreja católica como uma administração beira os 24 séculos de existência (é, *grosso modo*, a continuação da República romana). O ponto é que as pessoas que têm religião — uma certa religião — sobreviveram.

Outro princípio:

> *Quando avaliar as crenças em termos evolutivos, não veja como elas competem umas com as outras, mas leve em consideração a sobrevivência das populações que as têm.*

Suponha um concorrente da religião do papa, o judaísmo. Os judeus têm quase quinhentas diferentes proibições alimentares. Esses interditos podem parecer irracionais para um forasteiro que define a racionalidade em termos do que ele pode explicar. Na verdade, é quase certo que pareçam irracionais. A *kashrut* judaica prescreve manter quatro conjuntos de pratos, duas pias, evitar a mistura de carne com laticínios ou simplesmente deixar que os dois entrem em contato, além de restrições sobre alguns animais: camarão, porco etc.

Essas leis podem ter um propósito *ex ante*. Pode-se culpar o comportamento insalubre dos porcos, exacerbado pelo calor no Levante (embora o calor no Levante não fosse acentuadamente diferente daquele que se verifica nas áreas consumidoras de suínos mais a oeste). Ou talvez uma razão ecológica: os porcos competem com os humanos ao comer os mesmos legumes e verduras, ao passo que as vacas comem o que não comemos.

Mas continua sendo verdade que, qualquer que seja seu propósito, as leis da *kashrut* sobreviveram por vários milênios não por causa de sua "racionalidade", mas porque as populações que as seguiram sobreviveram. Isso certamente trouxe coesão: as pessoas que comem juntas ficam juntas. (Definindo em termos técnicos, é uma heurística convexa.) Essa coesão de grupo também pode ser responsável pela confiança nas transações comerciais com membros distantes da comunidade, criando assim uma rede forte. Ou algum outro benefício; o importante é que os judeus sobreviveram apesar de uma história muito dura.

Isso nos permite resumir:

A racionalidade não depende de fatores explanatórios verbalistas explícitos; é só o que ajuda a sobrevivência que evita a ruína.

Por quê? Claramente, como vimos na discussão sobre Lindy:

Nem tudo o que acontece acontece por um motivo, mas tudo o que sobrevive sobrevive por um motivo.

Racionalidade é gerenciamento de risco, ponto final. O próximo capítulo apresentará o derradeiro argumento para corroborar esse princípio.

19. A lógica de correr riscos

O capítulo principal sempre vem por último — Sempre aposte duas vezes — Você conhece a sua hora de parar? — Quem é "você"? — Os gregos quase sempre estavam certos

Probabilidade de conjunto

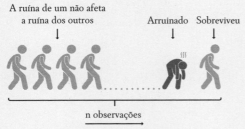

Probabilidade de tempo

FIGURA 5. A diferença entre cem pessoas indo a um cassino e uma pessoa indo a um cassino cem vezes, isto é, entre probabilidade dependente do caminho e compreendida convencionalmente. O erro persiste na economia e na psicologia desde tempos imemoriais. CRÉDITO ILUSTRAÇÃO: SHUTTERSTOCK

Hora de explicar a ergodicidade, a ruína e (novamente) a racionalidade. Lembre-se de que fazer ciência (e outras coisas boas) requer sobrevivência, mas não o contrário.

Considere o seguinte experimento mental. No primeiro caso, cem pessoas vão a um cassino para apostar determinada quantia cada uma no decorrer de determinado período de tempo e bebericam o gim-tônica que ganham de cortesia — como é mostrado no desenho na figura 5. Algumas delas podem perder, algumas podem ganhar, e no fim do dia podemos inferir qual é a "margem", ou seja, calcular os retornos simplesmente contando o dinheiro que sobra na carteira das pessoas que retornam. Assim, podemos descobrir se o cassino está avaliando corretamente as probabilidades. Agora suponha que o jogador de número 28 "quebre" e vá à bancarrota. O jogador de número 29 será afetado? Não.

Podemos calcular com segurança, a partir da nossa amostra, que cerca de 1% dos apostadores perderá tudo. E se o apostador continuar jogando e jogando a expectativa é a de que tenhamos mais ou menos a mesma proporção, 1% dos apostadores indo à falência, em média, na mesma janela de tempo.

Agora comparemos isso ao segundo caso do experimento mental. Uma pessoa, seu primo Theodorus Ibn Warqa, vai ao cassino durante cem dias seguidos, começando com uma quantia fixa. No dia 28, o primo Theodorus Ibn Warqa fica liso, sem dinheiro algum. Haverá o dia 29? Não. Ele atingiu a hora de parar; *não tem mais jogo*.

Não importa quanto seu primo Theodorus Ibn Warqa seja bom ou alerta, você pode calcular com toda certeza de que ele tem uma probabilidade de 100% de, no fim das contas, ir à falência.

As probabilidades de sucesso de um grupo de pessoas não se aplicam ao primo Theodorus Ibn Warqa. Vamos chamar o primeiro de probabilidade *de conjunto*, e o segundo de probabilidade *de tempo* (já que o primeiro diz respeito a um grupo de pessoas e o segundo concerne a uma única pessoa no decorrer do tempo). Agora, quando você ler material escrito por professores de finanças, gurus do mercado financeiro ou seu banco local fazendo recomendações de investimentos *com base nos retornos de longo prazo do mercado*, cuidado. Mesmo que as previsões deles fossem verdadeiras (não são), nenhum indivíduo pode obter os mesmos retornos que o mercado, a menos que tenha bolsos infinitos e não tenha hora de parar. Isso é fundir a probabilidade de conjunto e a probabilidade de tempo. Se mais dia, menos dia o investidor tiver de *reduzir* sua exposição por causa das perdas, ou por causa da aposentadoria, ou porque se divorciou para se casar com a mulher do vizinho, ou porque de repente desenvolveu um vício em heroína após sua hospitalização em decorrência de uma apendicite, ou porque mudou de ideia sobre a vida, seus retornos serão dissociados daqueles do mercado, ponto final.

Qualquer um que tenha sobrevivido no negócio de assumir riscos por alguns anos tem alguma versão do nosso agora já conhecido princípio de que "para ter sucesso, você deve *primeiro* sobreviver". O meu próprio princípio tem sido: "nunca atravesse um rio se ele tiver em média 1,20 metro de profundidade". Efetivamente organizei toda a minha vida em torno do fundamento de que a sequência é importante e a presença da ruína desqualifica as análises de custo--benefício; mas nunca me ocorreu que a falha na teoria da decisão fosse tão profunda. Até que do nada surgiu um artigo do físico Ole Peters, trabalhando com o grande Murray Gell-Mann. Eles apresentaram uma versão da diferença entre as probabilidades de conjunto e de tempo com um experimento mental semelhante ao que apresentei aqui, e mostraram que praticamente tudo nas ciências sociais que tem a ver com a probabilidade é falho. Profundamente falho. Profundissimamente falho. Terminalmente falho. Pois, no quarto milênio desde uma formulação inicial de tomada de decisão sob incerteza pelo matemático Jacob Bernoulli, que desde então se tornou padrão, quase todas as pessoas envolvidas no campo cometeram o grave erro de não compreender o efeito da diferença entre conjunto e tempo.* Todo mundo? Não é bem assim: todo economista talvez, mas nem todo mundo. Os matemáticos aplicados Claude Shannon e Ed Thorp, e o físico J. L. Kelly, do Critério de Kelly, entenderam direito. E conseguiram isso de uma maneira muito simples. O pai da atuária (a matemática do seguro), o matemático aplicado sueco Harald Cramér, também entendeu. E, há mais de duas décadas, praticantes como Mark Spitznagel e eu construímos toda a nossa carreira nos negócios em torno dessa diferença (misteriosamente, acertei em cheio nos meus textos e

---

* Assim como no meu projeto "caudas longas", os economistas talvez estejam cientes do problema conjunto-tempo, mas de maneira estéril. Além disso, insistem em dizer "nós sabemos sobre as caudas longas", mas de alguma forma não percebem que levar a ideia para o passo seguinte contradiz boa parte do seu trabalho. São as consequências que importam.

quando eu fazia transações no mercado financeiro e quando tomava decisões, e percebo bem no fundo quando a ergodicidade é violada, mas nunca entendi explicitamente a estrutura matemática de Peters e Gell-Mann — a ergodicidade é discutida inclusive em *Iludido pelo acaso*, de duas décadas atrás). Spitznagel e eu até abrimos uma empresa inteiramente devotada a ajudar investidores a eliminar a hora de parar de modo a poderem obter o retorno do mercado. Embora eu tenha me aposentado para perambular um pouco mundo afora, Mark continuou implacavelmente (e com sucesso) na sua [empresa de gerenciamento de riscos] Universa. Mark e eu ficamos frustrados por economistas que, sem compreender a ergodicidade, continuam dizendo que se preocupar com as caudas é "irracional".

A ideia que acabei de apresentar é muito, muito simples. Mas como é que ninguém, durante 250 anos, percebeu? Faltou arriscar a própria pele, obviamente.

Pois parece que é preciso ter muita inteligência para entender coisas probabilísticas quando não se arrisca a própria pele. Mas, para um não praticante superinstruído, essas coisas são difíceis de compreender. A menos que a pessoa seja um gênio, isto é, tenha a clareza mental para enxergar através da lama, ou tenha um domínio suficientemente profundo da teoria da probabilidade para romper à força a barreira de baboseiras. Agora, comprovadamente, Murray Gell-Mann é um gênio (é provável que Peter também). Gell-Mann descobriu as partículas subatômicas que ele mesmo chamou de quarks (o que lhe assegurou o Nobel). Peters disse que quando apresentou a ideia a Gell-Mann, "ele entendeu no mesmo instante". Claude Shannon, Ed Thorp, J. L. Kelly e Harald Cramér são, sem dúvida, gênios — posso pessoalmente pôr a mão no fogo por Thorp, que tem um inequívoco discernimento combinado a uma profundidade de pensamento que se destaca numa conversa. Essas pessoas seriam capazes de entender sem arriscar a própria pele. Mas economistas, psicólogos e teóricos da decisão não têm gênios entre suas fileiras (a menos que se conte o polímata Herb Simon, que trabalhou um pouco com psicologia por fora), e são grandes as chances de que nunca terão. Adicionar pessoas sem a perspicácia fundamental não resulta em clareza de visão; buscar clareza nesses campos é como procurar harmonia estética no cubículo de um hacker autônomo ou no sótão de um eletricista extremamente desorganizado.

ERGODICIDADE

Para fazer um balanço: uma situação é considerada não ergódica quando probabilidades passadas observadas não se aplicam a processos futuros. Há uma "parada" em algum lugar, uma barreira absorvente que impede que pessoas *que arriscam a própria pele* saiam dela — e para a qual o sistema invariavelmente tenderá. Vamos chamar essas situações de "ruína", já que não há reversibilidade fora da condição. O problema essencial é que, se houver uma possibilidade de ruína, as análises de custo-benefício não serão mais possíveis.

Consideremos um exemplo mais extremo do que o experimento do cassino. Suponhamos que um grupo de pessoas jogue roleta-russa uma única vez por 1 milhão de dólares — esta é a história central em *Iludido pelo acaso*. Cinco a cada seis pessoas ganharão dinheiro. Se alguém usasse uma análise de custo-benefício padrão, teria alegado que a pessoa tem uma chance de 83,33% de ganhos, para um retorno médio "esperado" por chance de 833.333 dólares. Mas, se a pessoa continuar jogando roleta-russa, vai acabar no cemitério. A expectativa de retorno dela é... não computável.

REPETIÇÃO DE EXPOSIÇÕES

Vejamos por que as declarações de "testes estatísticos" e "científicos" são extremamente insuficientes na presença de problemas de ruína e repetição de exposições. Se alguém alegasse haver "evidências estatísticas de que um avião é seguro", com um nível de confiança de 98% (estatísticas não têm sentido sem esses intervalos de confiança) e agisse em conformidade com essa diretriz, praticamente nenhum piloto experiente estaria vivo hoje. Em minha guerra contra a máquina da Monsanto, os defensores dos transgênicos insistiam em contra-argumentar golpeando-me com análises de benefícios (que muitas vezes eram espúrias e manipuladas), e não análises de risco de cauda para exposições *repetidas*.

Os psicólogos determinam nossa "paranoia" ou "aversão ao risco" submetendo uma pessoa a um único experimento — e depois declaram que os humanos são racionalmente incapazes, pois há uma tendência inata de "superestimar" pequenas probabilidades. Eles conseguem acreditar que seus sujeitos de pesquisa nunca mais assumirão qualquer risco de cauda! Lembre-se, pela leitura do capítulo sobre desigualdade, de que os acadêmicos em ciências sociais são... dinamicamente incapazes. Ninguém pôde ver a óbvia (tão evidente que salta à vista até das avós) inconsistência de tal comportamento com a nossa arraigada lógica de vida diária, que é acentuadamente mais rigorosa. Fumar um único cigarro é extremamente benigno, portanto uma análise de custo-benefício consideraria irracional desistir de tamanho prazer por tão pouco risco! Mas é o ato de fumar que mata, um certo número de maços por ano, ou dezenas de milhares de cigarros — em outras palavras, exposição repetida em série.

Mas as coisas são ainda piores: na vida real, cada pedaço de risco que a pessoa assume contribui para reduzir sua expectativa de vida. Se alguém escala montanhas e dirige uma motocicleta e pilota seu próprio avião e bebe absinto e fuma cigarros e pratica parkour nas noites de quinta-feira, sua expectativa de vida é consideravelmente reduzida, embora nenhuma ação isolada tenha um efeito significativo. Essa ideia de repetição torna a paranoia com relação a alguns eventos de baixa probabilidade, mesmo aqueles considerados "patológicos", perfeitamente racional.

Além disso, há uma guinada. Se a medicina está melhorando progressivamente a nossa expectativa de vida, precisamos ser ainda mais paranoicos. Pensar dinamicamente.

Se uma pessoa ficar sujeita a uma pequena probabilidade de ruína como um risco "único e ímpar", sobreviver e, em seguida, fizer a mesma coisa novamente (outro evento "que não se repete"), acabará falindo, com 100% de probabilidade. A confusão surge porque pode parecer que, se o risco "único" é razoável, *um adicional* também é razoável. Isso pode ser quantificado reconhecendo-se que a probabilidade de ruína se aproxima de 1 à medida que o número de exposições a riscos individualmente pequenos — digamos 1 em dez mil — aumenta.

A falha nos artigos de psicologia é acreditar que o sujeito de pesquisa não assume nenhum outro risco em qualquer lugar fora do experimento e, de maneira decisiva, nunca mais assumirá qualquer risco. A ideia nas ciências sociais de "aversão à perda" não foi examinada com a devida atenção — ela não é mensurável da maneira como foi medida (se é que de fato é mensurável). Digamos que você pergunte a uma cobaia quanto ela pagaria para pôr no seguro uma probabilidade de 1% de perder cem dólares. Você está tentando descobrir quanto a pessoa está "pagando em excesso" pela "aversão ao risco" ou algo ainda mais tolo, "aversão à perda". Mas você não pode ignorar todos os outros riscos financeiros que essa pessoa está assumindo: se ela tem um carro estacionado na rua e que pode ser arranhado, se tem uma carteira de investimentos passível de perder dinheiro, se tem uma padaria que talvez seja multada, se tem um filho matriculado numa faculdade que pode inesperadamente ficar mais cara, se pode ser demitido, se no futuro pode adoecer subitamente. Todos esses riscos se somam, e a atitude do sujeito reflete todos eles. A ruína é indivisível e invariante à fonte de aleatoriedade que pode causá-la.

Outro erro comum na literatura psicológica diz respeito ao que é chamado de "contabilidade mental". A teoria da escola de informação de Thorp, Kelly e Shannon exige que, para que uma estratégia de investimento seja ergódica e no fim das contas capture o retorno do mercado, os agentes aumentem seus riscos enquanto estiverem ganhando, mas reduzam e limitem a aposta após perdas, uma técnica chamada de "jogar com o dinheiro da casa". Na prática, isso é feito por limiar, pela facilidade de execução, não por regras complicadas: a pessoa começa apostando agressivamente sempre que tiver lucro, nunca quando tiver um déficit, como se um interruptor fosse ligado ou desligado. Esse método é praticado por provavelmente todos os traders que sobreviveram. Agora acontece que essa estratégia dinâmica é considerada inapropriada por econofastros comportamentais como o horripilante intervencionista Richard Thaler, que, muito ignorante acerca da probabilidade, chama essa "contabilidade mental"* de erro (e, é claro, convida o governo a nos "empurrar" para longe dela, e impedir que as estratégias sejam ergódicas).

Acredito que a aversão ao risco não existe: o que observamos é, simplesmente, um residual de ergodicidade. As pessoas estão, simplesmente, tentando

---

* A contabilidade mental refere-se à tendência das pessoas de colocar mentalmente (ou fisicamente) seus fundos em contas isoladas separadas, concentrando-se na fonte do dinheiro e esquecendo-se de que, como donos do lucro, a fonte não deveria importar. Por exemplo, alguém que não compraria uma gravata por ser cara e porque parece uma compra supérflua fica empolgado quando sua esposa lhe dá como presente de aniversário a mesma gravata, que ela comprou usando fundos de uma conta corrente conjunta. No caso em discussão, Thaler considera um erro a pessoa variar a estratégia dependendo se a fonte dos fundos é o lucro obtido na jogatina em um cassino ou a renda original. Claramente, Thaler, como outros psicologuinhos, ignora a dinâmica: os cientistas sociais não são bons com coisas que se movem.

evitar o suicídio financeiro e assumir certa atitude com relação aos riscos de cauda.

Mas não precisamos ser excessivamente paranoicos acerca de nós mesmos; precisamos mudar algumas das nossas preocupações para coisas maiores.

QUEM É "VOCÊ"?

Voltemos à noção de "tribo". Um dos defeitos que a educação e o pensamento modernos introduzem é a ilusão de que cada um de nós é único. Com efeito, entrevistei uma amostragem de noventa pessoas em seminários e perguntei: "Qual é a pior coisa que pode acontecer com você?". Oitenta e oito pessoas responderam: "Morrer".

Essa só pode ser a pior situação possível para um psicopata. Porque, depois disso, perguntei a quem julgava que o pior desfecho seria a própria morte: "A sua morte *mais* a morte dos seus filhos, sobrinhos, primos, gatos, cachorros, periquitos e hamsters (se tiver algum dos itens mencionados) é pior do que apenas a *sua* morte?". Invariavelmente, sim. "Sua morte *mais* a de seus filhos, sobrinhos, primos (...) *e mais* a de toda a humanidade é pior do que apenas a *sua* morte?". Sim, claro. Então, como pode a sua morte ser o pior cenário possível?*

> *A menos que você seja um rematado narcisista e psicopata — mesmo assim —, a sua pior situação possível jamais se limita à perda apenas de sua vida.*

Assim, vemos o argumento fundamental de que a ruína individual não é tão importante quanto a ruína coletiva. E, é claro, o ecocídio, a destruição irreversível do meio ambiente, é o grande tema com o qual devemos nos preocupar.

Para usar o arcabouço ergódico: minha morte na roleta-russa não é ergódica para mim, mas é ergódica para o sistema. O princípio da precaução, como formulei com alguns colegas, trata precisamente da camada mais alta.

---

* Na verdade, costumo fazer a piada de que minha morte *mais* o fato de alguém de quem eu não gosto sobreviver — o professor de jornalismo Steven Pinker, por exemplo — é pior do que apenas a minha morte.

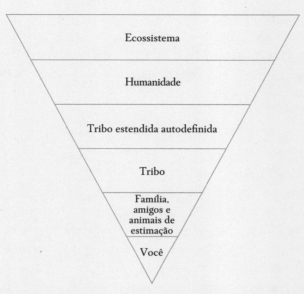

FIGURA 6. Assumir riscos pessoais para salvar o coletivo é "coragem" e "prudência", já que você está reduzindo os riscos para a coletividade.

Praticamente toda vez que discuto o princípio da precaução, algum especialista superinstruído sugere que "corremos riscos ao atravessar a rua", então por que se preocupar tanto com o sistema? Esse sofisma geralmente suscita em mim um pouco de fúria. À parte o fato de que o risco de ser assassinado na condição de pedestre é de menos de 1 em 47 mil anos, a questão é que minha morte nunca é a pior hipótese possível, *a menos* que se correlacione à morte de outros.

*Tenho uma vida útil finita, a humanidade
deveria ter uma duração infinita.*

Ou,

Eu sou renovável, a humanidade ou o ecossistema, não.

Pior ainda, como mostrei em *Antifrágil*, a fragilidade dos componentes do sistema (desde que sejam renováveis e substituíveis) é necessária para assegurar a solidez do sistema como um todo. Se os humanos fossem imortais, seriam extintos em decorrência de um acidente, ou de um acúmulo gradual de desajuste da forma física. Mas a vida útil mais curta para os seres humanos permite que as mudanças genéticas ao longo das gerações estejam em sincronia com a variabilidade do ambiente.

CORAGEM E PRECAUÇÃO NÃO SÃO OPOSTOS

Como é possível que tanto a coragem quanto a prudência sejam virtudes clássicas? A virtude, conforme apresentada na *Ética a Nicômaco* de Aristóteles, inclui: *sophrosyne* ($\sigma\omega\varphi\rho\sigma\sigma\acute{\nu}\nu\eta$), prudência, e uma forma de bom senso e sólido discernimento que ele chamou de forma mais ampla de *phrónesis* ($\varphi\rho\acute{o}\nu\eta\sigma\iota\varsigma$)* Estas não são inconsistentes com a coragem?

Em nosso arcabouço, não são nem um pouco. Na verdade são, como diria Tony Gordo, a mesmo *coiza*. Como?

Posso fazer uso da coragem para salvar um grupo de crianças do afogamento, colocando em risco a minha própria vida, e isso também corresponderia a uma forma de prudência. Se eu morresse, estaria sacrificando uma camada inferior na figura 6 para salvar a camada superior.

Coragem, de acordo com o ideal grego que Aristóteles herdou de Homero (e transmitido por Sólon, Péricles e Tucídides) nunca é uma ação egoísta:

> *Coragem é quando você sacrifica o próprio bem-estar em prol da sobrevivência de uma camada superior à sua.*

Coragem egoísta não é coragem. Um apostador tolo não está cometendo um ato de coragem, especialmente se estiver arriscando os fundos de outras pessoas ou se tiver uma família para alimentar.**

---

* Frônese, conceito que designa a sabedoria por ser a virtude do pensamento prático, sendo traduzido habitualmente como *sabedoria prática*. (N. T.)

** Para mostrar a inanidade das ciências sociais, eles têm que reunir o sensacionalismo dos "neurônios-espelho" para explicar o vínculo entre o individual e o coletivo. Fiar-se em neuro--alguma coisa é uma forma de cientificismo chamada "pornografia cerebral", discutida em *Antifrágil*.

RACIONALIDADE, DE NOVO

O último capítulo reformulou a racionalidade em termos de decisões reais, não do que se chama de "crenças", pois estas podem ser adaptadas para nos estimular da maneira mais convincente a evitar coisas que ameacem a sobrevivência sistêmica. Se a superstição é o que é necessário, não só não há absolutamente nenhuma violação dos axiomas da racionalidade aí, mas seria tecnicamente irracional atrapalhá-la ou impedi-la. Se a superstição é o que é necessário para satisfazer a ergodicidade, que seja.

Voltemos a Warren Buffett. Ele não ganhou seus bilhões por meio da análise de custo-benefício; em vez disso, ficou bilionário simplesmente estabelecendo um filtro alto, e depois escolhendo oportunidades que ultrapassassem esse limiar. "A diferença entre pessoas bem-sucedidas e pessoas realmente bem-sucedidas é que as pessoas realmente bem-sucedidas dizem *não* para quase tudo", declarou ele. Da mesma forma, nossa estrutura pode ser adaptada para "dizer não" ao risco de cauda. Pois há um zilhão de maneiras de ganhar dinheiro sem correr riscos de cauda. Há um zilhão de maneiras de resolver problemas (alimentar o mundo, por exemplo) sem tecnologias complicadas que acarretem fragilidade e uma possibilidade desconhecida de explosão de cauda. Sempre que ouço alguém dizer "precisamos correr riscos [de cauda]", sei que isso não saiu da boca de um praticante sobrevivente, mas de um acadêmico de finanças ou de um banqueiro — o último, nós vimos, quase sempre explode, geralmente com o dinheiro de outras pessoas.

Na verdade, não nos custa muito recusar algumas novas tecnologias de segunda categoria. Não me custa muito seguir a minha "paranoia refinada", mesmo que esteja errada. Tudo o que é necessário é que minha paranoia esteja certa uma única vez, e ela salva minha vida.

AME *ALGUNS* RISCOS

Antifrágil mostra como as pessoas confundem risco de ruína com variações e flutuações — uma simplificação que viola uma lógica mais profunda e mais rigorosa das coisas. Defendo a ideia de amar o risco, apresento argumentos a favor de sistemáticos ajustes e experimentações "convexos", e de se assumirem muitos riscos que não tenham riscos de cauda mas ofereçam lucros de cauda. Coisas voláteis não são necessariamente arriscadas, e o inverso também é verdadeiro. Saltar de cima de um banco de rua seria bom para você e seus ossos, ao passo que cair do vigésimo segundo andar nunca será. Serão benéficos os pequenos ferimentos, nunca os maiores, aqueles que têm efeitos irreversíveis. Espalhar medo alarmista com relação a algumas classes de eventos é alarmismo; com relação a outras classes de eventos, não é. Risco e ruína são *coizas* diferentes.

EMPIRISMO INGÊNUO

Os riscos não são todos iguais. Muitas vezes ouvimos que "o Ebola vem causando menos mortes do que o número de pessoas que se afoga na banheira" ou algo do tipo, com base em "provas". Essa é outra classe de problemas que sua avó consegue entender, mas os semi-instruídos não.

Nunca compare um risco multiplicativo, sistêmico e de cauda longa a um risco não multiplicativo, idiossincrático e de cauda curta.

Lembre-se de que me preocupo com a correlação entre a morte de uma pessoa e a de outra. Por isso precisamos nos preocupar com efeitos sistêmicos: coisas que, caso aconteçam, podem afetar mais de uma pessoa.

Uma revisão/atualização. Existem duas categorias nas quais se encaixam os eventos aleatórios: Mediocristão e Extremistão. O Mediocristão é de cauda curta e afeta o indivíduo sem correlação com o coletivo. O Extremistão, por definição, afeta muitas pessoas. Por conseguinte, o Extremistão tem um efeito sistêmico que o Mediocristão não tem. Riscos multiplicativos — como as epidemias — são sempre do Extremistão. Podem não ser letais (a gripe, por exemplo), mas continuam sendo do Extremistão.

Em termos mais técnicos:

Os riscos Mediocristãos estão sujeitos ao limite de Chernoff.

O limite de Chernoff pode ser explicado da seguinte maneira. A probabilidade de que o número de pessoas que se afogam na banheira nos Estados Unidos dobre no próximo ano — supondo que não haja mudanças na população nem nas banheiras — é de 1 por vários trilhões de vidas do universo. Isso não pode ser dito sobre a duplicação do número de pessoas mortas pelo terrorismo no mesmo período.

Jornalistas e cientistas sociais são patologicamente propensos a esse disparate — em especial aqueles que pensam que uma regressão e um gráfico são maneiras sofisticadas de abordar um problema. De forma mais simples, foram treinados com ferramentas para o Mediocristão. Então, muitas vezes vemos a manchete alardeando que o número de cidadãos norte-americanos que dormiram com Kim Kardashian é maior do que os que morreram por Ebola. Ou que mais gente morreu vitimada por seus próprios móveis do que por atos terroristas. A lógica da nossa avó tornaria ridículas essas afirmações. Basta apenas considerar que: é impossível que 1 bilhão de pessoas durma com Kim Kardashian (até mesmo ela), mas há uma probabilidade não zero de que um processo multiplicativo (uma pandemia) cause um número tão descomunal de mortes por Ebola. Ou mesmo se tais eventos não fossem multiplicativos, digamos, o terrorismo, há uma probabilidade de ações como poluir o suprimento de água, que podem causar desvios extremos. O outro argumento é de reação: se as baixas de terrorismo são pequenas, é por causa da vigilância (tendemos a revistar os passageiros antes do embarque em aviões), e o argumento de que essa vigilância é supérflua indica uma grave falha de raciocínio. A sua banheira não está tentando matar você.

Eu estava me perguntando por que essa questão parece ser antinatural para muitos "cientistas" (o que inclui os formuladores de políticas), mas natural para algumas outras pessoas, como o probabilista Paul Embrechts. Em termos simples, Embrechts olha para as coisas a partir da cauda. Embrechts estuda um ramo da probabilidade chamado de teoria do valor extremo, e faz parte de um grupo que chamamos de "extremistas" — um grupo restrito de pesquisadores que se especializam, como eu, em eventos extremos. Bem, Embrechts e seus colegas analisam a diferença entre processos para extremos, nunca para o comum. Não confunda isso com o Extremistão: eles estudam o que acontece nos extremos, que inclui tanto o Extremistão quanto o Mediocristão — acontece que o Mediocristão é mais ameno que o Extremistão. Eles classificam o que pode acontecer "nas caudas" de acordo com a distribuição generalizada do valor extremo. As coisas são muito — muito — mais claras nas caudas. E as coisas são muito — muito — mais claras em probabilidade do que em palavras.

RESUMO

Encerramos este capítulo com algumas frases à guisa de resumo.

Uma pessoa pode amar correr riscos, mas ser completamente avessa à ruína.

A assimetria essencial da vida é:

Em uma estratégia que implica a ruína, os benefícios nunca compensam os riscos.

Indo além:

A ruína e outras mudanças de condição são coisas muito diferentes.

Cada risco que você assume contribui para reduzir sua expectativa de vida.

Por fim:

Racionalidade é evitar a ruína sistêmica.

Epílogo
O que Lindy me ensinou

Agora, leitor, chegamos ao fim da jornada — e à quinta parte do projeto *Incerto*. Então, enquanto eu tentava sintetizar o livro, com a obrigatória destilação, vi o reflexo do meu rosto no espelho de um restaurante: dominado por uma barba esbranquiçada e um orgulho greco-fenício do Mediterrâneo Oriental, meio insolente e meio desafiador, de envelhecer. Foi há mais de duas décadas e meia que coloquei a caneta no papel para escrever o *Incerto*, antes que minha barba ficasse grisalha. Lindy estava me dizendo que, para uma certa classe de coisas, eu tinha menos a provar, menos a explicar e menos a teorizar. Eu tinha entreouvido alguém no restaurante dizer enfaticamente: "É o que é", e a frase ficou repetindo-se na minha cabeça.

Nenhum resumo desta vez, nenhum resumo mais. De acordo com Lindy:

Quando a barba (ou o cabelo) estiver preta, preste atenção ao raciocínio, mas ignore a conclusão. Quando a barba estiver cinza, considere o raciocínio e a conclusão. Quando a barba estiver branca, pule o raciocínio, mas dê importância à conclusão.

Então, permita-me terminar este livro com uma (longa) máxima, ao estilo *via negativa*:

Nada de músculos sem força,

amizade sem confiança,
opinião sem consequência,
mudança sem estética,
idade sem valores,
vida sem esforço,
água sem sede,
comida sem nutrição,
amor sem sacrifício,
poder sem justiça,
fatos sem rigor,
estatística sem lógica,
matemática sem prova,
ensino sem experiência,
polidez sem afeto,
valores sem corporeidade,
diplomas sem erudição,
militarismo sem moral,
progresso sem civilização,
amizade sem investimento,
virtude sem risco,
probabilidade sem ergodicidade,
riqueza sem exposição,
complicação sem profundidade,
fluência sem conteúdo,
decisão sem assimetria,
ciência sem ceticismo,
religião sem tolerância,

e, acima de tudo:

nada sem arriscar a própria pele.

E obrigado por ler meu livro.

Agradecimentos

Ralph Nader; Ron Paul; Will Murphy (editor, conselheiro, revisor, especialista e perito em sintaxe); Ben Greenberg (editor); Casiana Ionita (editora); Molly Turpin; Mika Kasuga; Evan Camfield; Barbara Fillon; Will Goodlad; Peter Tanous; Xamer 'Bou Assaleh; Mark Baker (também conhecido como Guru Anaeróbico); Armand d'Angour; Alexis Kirschbaum; Max Brockman; Russell Weinberger; Theodosius Mohsen Abdallah; David Boxenhorn; Marc Milanini; Participantes da ETH em Zurique; Kevin Horgan; Paul Wehage; Baruch Gottesman, Gil Friend, Mark Champlain, Aaron Elliott, Rod Ripamonti e Zlatan Hadzic (tudo sobre religião e sacrifício); David Graeber (Goldman Sachs); Neil Chriss; Amir-Reza Amini (carros automáticos); Ektrit Kris Manushi (religião); Jazi Zilber (particularmente Rav Safra); Farid Anvari (escândalo no Reino Unido); Robert Shaw (remessa e compartilhamento de riscos); Daniel Hogendoorn (Cambises); Eugene Callahan; Jon Elster, David Chambliss Johnson, Gur Huberman, Raphael Douady, Robert Shaw, Barkley Rosser, James Franklin, Marc Abrahams, Andreas Lind e Elias Korosis (tudo sobre papel); John Durant; Zvika Afik; Robert Frey; Rami Zreik; Joe Audi; Guy Riviere; Matt Dubuque; Cesáreo González; Mark Spitznagel; Brandon Yarkin; Eric Briys; Joe Norman; Pascal Venier; Yaneer Bar-Yam; Thibault Lécuyer; Pierre Zalloua; Maximilian Hirner; Aaron Eliott; Jaffer Ali; Thomas Messina; Alexandru Panicci; Dan Coman; Nicholas Teague; Iskander Magued; James Marsh; Arnie Schwarzvogel; Hayden Rei; John Mast-Finn; Rupert Read;

Russell Roberts; Viktoria Martin; Ban Kanj Elsabeh; Vince Pomal; Graeme Michael Price; Karen Brennan; Jack Tohme; Marie-Christine Riachi; Jordan Thibodeau; Pietro Bonavita. Peço desculpas pelas quase certas omissões.

Glossário

Rent-seeking: tentar usar regulamentações protetivas ou "direitos" para obter renda sem acrescentar coisa alguma à atividade econômica, sem aumentar a riqueza dos outros. Como Tony Gordo definiria, é como ser forçado a pagar pela proteção da máfia sem obter os benefícios econômicos de tal proteção.

Revelação de preferências: a teoria, originada com Paul Samuelson (inicialmente no contexto da escolha de bens públicos), de que agentes não têm acesso total ao raciocínio por trás de suas ações; as ações são observáveis, ao passo que o pensamento não é, o que impede que o último seja usado para investigações científicas rigorosas. Em economia, os experimentos requerem um gasto real por parte do agente. A síntese de Tony Gordo é "papo furado é sempre conversa fiada".

Captura regulatória: situações em que as regulamentações acabam sendo "manipuladas" por um agente, muitas vezes em divergência em relação à intenção original da regulamentação. Alguns burocratas e pessoas de negócios talvez devam parte de sua renda a regulamentações e franquias protetivas, e fazem lobby por elas. Observe que as regulamentações são mais fáceis de implantar do que corrigir e remover.

Cientificismo: a crença de que a ciência parece... ciência, com excessiva ênfase nos aspectos cosméticos, e não em sua maquinaria cética. Prevalece em domínios com administradores que avaliam contribuições de acordo com as métricas. Também predomina em domínios deixados para as pessoas que falam sobre ciência sem "fazer", como jornalistas e professores.

Racionalismo ingênuo: crença de que temos acesso ao que faz o mundo funcionar e de que aquilo que não entendemos não existe.

Intelectual Porém Idiota: um idiota.

Pseudorracionalismo: 1) focar a racionalidade de uma crença em vez de suas consequências, 2) o uso de modelos probabilísticos ruins para reprovar e depreciar ingenuamente a "irracionalidade" das pessoas quando elas se empenham em determinada classe de ações.

Problema de agência: desalinhamento de interesse entre o agente e o diretor, ou entre o vendedor de carros e você (o proprietário em potencial), ou entre o médico e o paciente.

Negócio de Bob Rubin: pagamento em um domínio distorcido em que os benefícios são visíveis (e recompensados com alguma compensação) e o prejuízo é raro (e impune devido a não precisar arriscar a própria pele). Pode ser generalizado para a política, qualquer coisa em que a penalidade seja fraca e as vítimas sejam abstratas e distribuídas (por exemplo, contribuintes ou acionistas).

Intervencionista: alguém que causa fragilidade porque acha que entende o que está acontecendo. Não está exposto ao filtro e à disciplina garantidos a quem arrisca a própria pele. Além disso, geralmente é desprovido de senso de humor.

Falácia da madeira verde: confundir a fonte de conhecimento importante ou, até mesmo, necessário — a cor da madeira — com outra, menos visível desde o exterior, menos maleável e manejável. Como os teóricos atribuem pesos errôneos ao que é preciso saber em determinado ramo de atividade ou, em termos mais genéricos, quantas coisas a que chamamos de "conhecimentos relevantes" não são tão relevantes assim.

Efeito de ensinar os pássaros a voar: inverter o vetor do conhecimento para a leitura da academia → prática ou educação → riqueza, de modo a fazer parecer que a tecnologia deve mais à ciência institucional do que de fato deve. Ver *Antifrágil*.

Efeito Lindy: quando uma tecnologia, ideia, corporação ou qualquer coisa não perecível tem um aumento na expectativa de vida a cada dia sobrevivido adicional — ao contrário de itens perecíveis (como humanos, gatos, cães, teorias econômicas e tomates). Assim, um livro que foi publicado há cem anos e ainda está disponível provavelmente permanecerá em circulação mais cem anos — contanto que suas vendas permaneçam relevantes.

Ergodicidade: em nosso contexto aqui, a ergodicidade ocorre quando um grupo de jogadores tem as mesmas propriedades estatísticas (particularmente expectativa) de um único jogador ao longo do tempo. As probabilidades de conjunto são semelhantes às probabilidades de tempo. A ausência de ergodicidade torna as propriedades de risco não diretamente transferíveis da probabilidade observada para a compensação de uma estratégia sujeita à ruína (ou qualquer barreira absorvente ou hora de parar) — em outras palavras, não é probabilisticamente sustentável.

Mediocristão: um processo dominado pela mediocridade, com poucos sucessos ou fracassos extremos (digamos, por exemplo, a renda de um dentista). Nenhuma observação única é capaz de afetar significativamente o agregado. Também chamado de "cauda curta", ou membro da família gaussiana de distribuições.

Extremistão: um processo em que o total pode ser compreensivelmente impactado por uma única observação (digamos, por exemplo, a renda de um escritor). Também chamado de "cauda longa". Inclui a família de distribuições fractais, ou da lei de potência.

Regra da minoria: uma assimetria pela qual o comportamento do total é ditado pelas preferências de uma minoria. Os fumantes podem estar em áreas livres de fumo, mas os não fumantes não podem estar nas áreas reservadas para fumantes, então os não fumantes prevalecerão, não porque são inicialmente uma maioria, mas porque são assimétricos. O autor defende que línguas, ética e (algumas) religiões se disseminam pelo domínio das minorias.

Via negativa: em teologia e filosofia, o foco naquilo que algo não é, uma definição indireta, considerada menos propensa a falácias do que a *via positiva*. Na ação, é uma receita para o que evitar, o que não fazer — a subtração, e não a adição, funciona melhor em domínios com efeitos colaterais multiplicativos e imprevisíveis. Na medicina, impedir alguém de fumar tem menos efeitos adversos do que dar comprimidos e tratamentos.

Escalabilidade: as qualidades das entidades mudam, muitas vezes abruptamente, quando ficam menores ou maiores: cidades são diferentes de grandes estados, continentes são muito diferentes de ilhas. O comportamento coletivo se altera quando o tamanho dos grupos aumenta, um argumento para o localismo e contra o globalismo irrestrito.

Monocultura intelectual: jornalistas, acadêmicos e outros escravizados que não arriscam a própria pele em determinado assunto ou ramo do conhecimento convergem para um modo "bem-pensante" que pode ser manipulado e muitas vezes resiste ao respaldo empírico. A razão é que a penalidade da divergência é frequentemente penalizada com rótulos como "putinista", "assassino de bebês" ou "racista" (crianças são sempre usadas por charlatães como um argumento sensacionalista). Isso é semelhante ao modo como a diversidade ecológica diminui quando uma ilha aumenta de tamanho (ver *A lógica do Cisne Negro*).

Mercantilização da virtude: a degradação da virtude quando é usada como uma estratégia de marketing. Classicamente, a virtude precisa ser mantida em âmbito particular, o que entra em conflito com as mensagens modernas do estilo "salvem o meio ambiente". Os mercadores da virtude são quase sempre hipócritas. Além disso, a virtude desprovida de coragem, sacrifício e riscos nunca é virtude. A mercantilização da virtude é semelhante à *simonia*, que na Idade Média permitia a uma pessoa de posses comprar posições eclesiásticas ou indulgências, expurgar seus pecados por meio de pagamento.

Regra de Ouro (simetria): Trate os outros da mesma maneira que você gostaria de ser tratado.

Regra de Prata (via negativa da Regra de Ouro): Não faça aos outros o que você não gostaria que fizessem a você. Note a diferença com relação à Regra de Ouro, uma vez que a de prata impede que os intrometidos tentem conduzir a sua vida.

Princípio da caridade: Exercer simetria em debates intelectuais; representar o argumento do oponente recorrendo à mesma precisão com que você gostaria que o seu fosse representado. O oposto do "homem de palha".

Notas

As notas aqui são organizadas por temas e não em ordem sequencial.

Ética: Taleb e Sandis (2013), Sandis e Taleb (2015). Ver também Nagel (1970), Ross (1939); para a filosofia de ação, Sandis (2010, 2012). Ética política: Thompson (1983). Incerteza e ética: Altham (1984), Williams (1993), Zimmerman (2008). Geral: Blackburn (2001), Broad (1930). Escalar a mesma montanha por lados diferentes: Parfit (2011). Ética e conhecimento: Pritchard (2002), Rescher (2009).
   Embora eu me incline para a ética da virtude, a virtude por si mesma, por razões existenciais, meu coautor Constantine Sandis e eu descobrimos, graças a *On What Matters*, de Derek Parfit (2011), que considera que todos eles estão escalando diferentes lados da mesma montanha, que arriscar a própria pele cai no ponto de convergência de três sistemas éticos principais: imperativos kantianos, consequencialismo e virtude clássica.

Principal agente e risco moral na economia: Ross (1973), Pratt et al. (1985), Stiglitz (1988), Tirole (1988), Hölmstrom (1979), Grossman e Hart (1983).

Tomada de decisão islâmica sob incerteza: manuscrito inédito de Farid Karkabi, Karkabi (2017), Wardé (2010). *Al gurm fil jurm* é o principal conceito.

Olho por olho não literal: A discussão em aramaico de que quando um homem pequeno machuca um homem grande não há equivalência é uma tradução incorreta. *Gadol* se refere a "herói" e não "grande", e *Qatan* diz respeito a "insignificante" em vez de "pequeno".

Racionalidade: Binmore (2008) e comunicação privada com K. Binmore e G. Gigerenzer no *festschrift* deste último no teatro Bielefeld em 2017.

Cristãos e pagãos: Wilkens (2003), Fox (2006), entre muitos. Ver Read e Taleb (2014).

Juliano: Amiano Marcelino, *História*, v. I e II, Clássicos Loeb, Harvard University Press. Ver também Downey (1939, 1959).

Ostrom: Ostrom (1986, 2015). Além disso, discussão no *podcast* Econtalk com Peter Boetke e Russell Roberts. Disponível em: <econtalk.org/archives/2009/11/boettke_on_elin.html>. Acesso em: 26 jun. 2018.

Assimetria e Escalabilidade: *Antifrágil*.

Gene egoísta: Wilson e Wilson (2007), Nowak et al. (2010). Declaração de Pinker sobre o debate entre Nowak, Wilson et al., e outros que apoiam o enfoque do "gene egoísta", deixando de perceber a escalabilidade, entre outras coisas. Disponível em: <edge.org/conversation/steven_pinker-the-false-allure-of-group-selection>. Acesso em: 26 jun. 2018. Bar-Yam e Sayama (2006).

Cercas fazem bons vizinhos: Rutherford et al. (2014).

Sacrifício: Halbertal (1980).

Desigualdade dinâmica: Lamont (2009), Rank e Hirshl (2014, 2015). Também Mark Rank, "From Rags to Riches to Rags", *The New York Times*, 18 abr. 2014.

Ergodicidade e apostas: Peters e Gell-Mann (2016), Peters (2011).

Desigualdade: Piketty (2015). Desapropriação já em Piketty (1995).

Cômputo errôneo da desigualdade: Taleb e Douady (2015), Fontanari et al. (2017).

Tributação por igualdade incompatível com caudas longas: Tal imposto, que significa punir o gerador de riqueza, é popular, mas absurdo e certamente suicida: uma vez que a recompensa é severamente reduzida no lado positivo, seria uma loucura correr riscos com apostas de pequena probabilidade, com ganhos de 20 (depois de impostos) em vez de 100, e em seguida desembolsar todas as economias progressivamente em imposto sobre grandes fortunas. A estratégia ideal seria, então, tornar-se um acadêmico ou funcionário público ao estilo francês, os antigeradores de riqueza. Para ver o problema transversal em termos temporais: compare alguém com renda irregular, digamos um empreendedor que ganha 4,5 milhões de dólares a cada vinte anos, a um professor de economia que ganha o mesmo total no período (225 mil dólares anuais em renda financiada pelo contribuinte). O empreendedor com a mesmíssima renda acaba pagando 75% em impostos, mais o imposto sobre a fortuna sobre o resto, ao passo que o acadêmico com estabilidade no emprego e praticante do *rent-seeking*, que não contribui para a formação de riqueza, paga apenas 30%.

Aposta de Kelly: Thorp (2006), McLean et al. (2011).

Satisficing: É errado pensar que os axiomas necessariamente levam alguém a "maximizar" a renda sem qualquer restrição (economistas acadêmicos usaram a matemática ingênua em seu pensamento e programas de otimização). É perfeitamente compatível "satisfazer" a riqueza deles, isto é, ter como meta uma renda satisfatória, além de maximizar sua aptidão para a tarefa, ou o orgulho emocional que eles podem ter ao ver os frutos de seu árduo trabalho. Ou não "maximizar" explicitamente nada, apenas fazer as coisas porque é isso que nos torna humanos.

Violência: Pinker (2011), Cirillo e Taleb (2016, 2018).

Renormalização: Galam (2008, 2012). Grupo de renormalização em Binney et al. (1992).

Sangue espesso: Margalit (2002).

Racionalidade limitada: Gigerenzer e Brighton (2009), Gigerenzer (2010).

Efeito Lindy: Eliazar (2017), Mandelbrot (1982, 1997); ver também *Antifrágil*.

Periandro de Corinto: em *Early Greek Philosophy and Early Ionian Thinkers, Part 1*.

Genes e regra da minoria: Lazaridis (2017), Zalloua, discussões privadas. As línguas se movem muito mais rapidamente que os genes. Os norte-europeus ficam surpresos ao ouvir que (1) os gregos antigos e modernos podem na verdade ser o mesmo povo, (2) "povos semíticos" como os fenícios são geneticamente mais próximos dos "indo-europeus" do que dos "semitas", embora linguisticamente distantes.

Referências bibliográficas

ALTHAM, J. E. J. "Ethics of Risk". *Proceedings of the Aristotelian Society*, nova série, n. 84, pp. 15-29, 1983-4.
BARBERIS, N. "The Psychology of Tail Events: Progress and Challenges". *American Economic Review*, v. 3, n. 103, pp. 611-6, 2013.
BAR-YAM, Yaneer; SAYAMA Hiroki. "Formalizing the Gene Centered View of Evolution". In: *Unifying Themes in Complex Systems*, pp. 215-22. Berlim: Springer-Verlag, 2006.
BINMORE, K. *Rational Decisions*. Nova Jersey: Princeton University Press, 2008.
BINNEY, James J.; DOWRICK, Nigel J.; FISHER, Andrew J.; NEWMAN, Mark. *The Theory of Critical Phenomena: An Introduction to the Renormalization Group*. Oxford: Oxford University Press, 1992.
BLACKBURN, S. *Ethics: A Very Short Introduction*. Oxford: Oxford University Press, 2001.
BROAD, C. D. *Five Types of Ethical Theory*. Londres: Kegan Paul, 1930.
CHISTYAKOV, V. "A Theorem on Sums of Independent Positive Random Variables and Its Applications to Branching Random Processes". *Theory of Probability and Its Applications*, v. 4, n. 9, pp. 640-8, 1964.
CIRILLO, Pasquale; TALEB, Nassim Nicholas. "The Decline of Violent Conflicts: What Do the Data Really Say?". Fundação Nobel, 2018.
_____. "On the Statistical Properties and Tail Risk of Violent Conflicts". *Physica A: Statistical Mechanics and Its Applications*, n. 452, pp. 29-45, 2016.
CRAMÉR, H. *On the Mathematical Theory of Risk*. Centraltryckeriet, 1930.
DOWNEY, Glanville. "Julian the Apostate at Antioch". *Church History*, v. 4, n. 8, pp. 303-5, 1939.
_____. "Julian and Justinian and the Unity of Faith and Culture". *Church History*, v. 4, n. 28, pp. 339-49, 1959.
ELIAZAR, Iddo. "Lindy's Law". *Physica A: Statistical Mechanics and Its Applications*, 2017.
EMBRECHTS, Paul, et al. *Modelling Extremal Events: for Insurance and Finance*. Heidelberg: Springer-Verlag, 1997.

EMBRECHTS, P.; GOLDIE, C. M.; VERAVERBEKE, N. "Subexponentiality and Infinite Divisibility". *Probability Theory and Related Fields*, v. 3, n. 49, pp. 335-47, 1979.

FONTANARI, Andrea; TALEB, Nassim Nicholas; CIRILLO, Pasquale. "Gini Estimation Under Infinite Variance", 2017.

FOX, R. L.. *Pagans and Christians: In the Mediterranean World from the Second Century A.D. to the Conversion of Constantine*. Londres: Penguin, 2006.

GALAM, Serge. "Sociophysics: A Review of Galam Models". *International Journal of Modern Physics C*, n. 3, v. 19, pp. 409-40, 2008.

_____. *Sociophysics: A Physicist's Modeling of Psycho-Political Phenomena*. Heidelberg: Springer-Verlag, 2012.

GEMAN, D.; Geman, H.,; TALEB, Nassim Nicholas. "Tail Risk Constraints and Maximum Entropy". *Entropy*, v. 6, n. 17, p. 3724, 2015. Disponível em: <www.mdpi.com/1099-4300/17/6/3724>. Acesso em: 14 jun. 2018.

GIGERENZER, G. "Moral Satisficing: Rethinking Moral Behavior as Bounded Rationality". *Topics in Cognitive Science*, v. 2, pp. 528-54, 2010.

_____; BRIGHTON, H. "Homo Heuristicus: Why Biased Minds Make Better Inferences". *Topics in Cognitive Science*, v. 1, n. 1, pp. 107-43, 2009.

GROSSMAN, S. J.; HART, O. D. "An Analysis of the Principal-Agent Problem". *Econometrica*, pp. 7-45, 1983.

HALBERTAL, M. *On Sacrifice*. Nova Jersey: Princeton University Press, 2012.

HÖLMSTROM, B. "Moral Hazard and Observability". *The Bell Journal of Economics*, pp. 74-91, 1979.

Isocrates. Três volumes. Clássicos Loeb. Boston: Harvard University Press, 1980.

KARKABY, Farid. "Islamic Finance: A Primer". Manuscrito inédito, 2017

KELLY, J. L. "A New Interpretation of Information Rate". *IRE Transactions on Information Theory*, v.3, n. 2, pp. 185-9, 1956.

LAMONT, Michèle. *The Dignity of Working Men: Morality and the Boundaries of Race, Class, and Immigration*. Boston: Harvard University Press, 2009.

LAZARIDIS, Iosif; et al. "Genetic Origins of the Minoans and Mycenaeans". *Nature*, v. 548, n. 7666, pp. 214-8, 2017.

MACLEAN, Leonard C.; THORP, Edward O.; ZIEMBA, William T. *The Kelly Capital Growth Investment Criterion: Theory and Practice*. v. 3. World Scientific, 2011.

MANDELBROT, Benoît. *The Fractal Geometry of Nature*. Londres: Freeman and Co, 1982.

_____. *Fractals and Scaling in Finance: Discontinuity, Concentration, Risk*. Nova York: Springer-Verlag, 1997.

_____; TALEB Nassim Nicholas. "Random Jump, Not Random Walk". In: HERRING, Richard (Org.). *The Known, the Unknown, and the Unknowable*. Nova Jersey: Princeton University Press, 2010.

MARCELLINUS, Ammianus. *History*, v. I e II. Clássicos Loeb. Boston: Harvard University Press.

MARGALIT, Avishai. *The Ethics of Memory*. Boston: Harvard University Press, 2002.

NAGEL, T. *The Possibility of Altruism*. Nova Jersey: Princeton University Press, 1970.

NOWAK, Martin A.; TARNITA, Corina E.; WILSON, Edward O. "The Evolution of Eusociality". *Nature*, v. 466, n. 7310, pp. 1057-62, 2010.

OSTROM, Elinor. "An Agenda for the Study of Institutions". *Public Choice*, v. 1, n. 48, pp. 3-25, 1986.

_____. *Governing the Commons*. Cambridge: Cambridge University Press, 2015.

PARFIT, Derek. *On What Matters*, v. 1-3. Oxford: Oxford University Press, 2011.

Periander of Corinth. In: *Early Greek Philosophy: Beginning and Early Ionian Thinkers, Part 1*. Biblioteca Clássica Loeb. Boston: Harvard University Press.

PETERS, Ole. "The Time Resolution of the St Petersburg Paradox". *Philosophical Transactions of the Royal Society of London A: Mathematical, Physical and Engineering Sciences*, v. 1956, n. 369, pp. 4913-31, 2011.

PETERS, Ole; Murray Gell-Mann. "Evaluating Gambles Using Dynamics". *Chaos: An Interdisciplinary Journal of Nonlinear Science*, v. 2, n. 26, pp. 023103, 2016. Disponível em: <aip.scitation.org/doi/full/10.1063/1.4940236>. Acesso em: 14 jun. 2018.

PIKETTY, Thomas. "Social Mobility and Redistributive Politics". *The Quarterly Journal of Economics*, v. 3, n. 110, pp. 551-84, 1995.

_____. *Capital in the Twenty-first Century*. Boston: Harvard University Press, 2015. [Ed. bras.: *O capital no século XXI*. Rio de Janeiro: Intrínseca, 2014.]

PINKER, Steven. *The Better Angels of Our Nature: Why Violence Has Declined*. Penguin, 2011. [Ed. bras.: *Os anjos bons da nossa natureza: Por que a violência diminuiu*. São Paulo: Companhia das Letras, 2017].

PITMAN, E. "Subexponential Distribution Functions". *Journal of the Australian Mathematical Society*, Series A, v. 3, n. 29, pp. 337-47, 1980.

PITMAN, J. W. "One-Dimensional Brownian Motion and the Three-Dimensional Bessel Process". *Advances in Applied Probability*, pp. 511-26, 1975.

PRATT, J. W.; ZECKHAUSER, R.; ARROW, K. J. *Principals and Agents: The Structure of Business*. Harvard Business Press, 1985.

PRICHARD, H. A. "Duty and Ignorance of Fact". In: *Moral Writings*. MACADAM, J (Org.). Oxford: Oxford University Press, 2002.

RANK, Mark Robert; HIRSCHL, Thomas. "The Likelihood of Experiencing Relative Poverty Over the Life Course". PLOS *One*, v. 7, n. 10, 2002.

_____; FOSTER, Kirk A. *Chasing the American Dream: Understanding What Shapes Our Fortunes*. Oxford: Oxford University Press, 2014.

READ, R.; TALEB, Nassim Nicholas. "Religion, Heuristics and Intergenerational Risk-Management". *Econ Journal Watch*, v. 2, n. 11, pp. 219-26, 2014.

RESCHER, N. *Ignorance: On the Wider Implications of Deficient Knowledge*. Pittsburgh: University of Pittsburgh Press, 2009.

ROSS, David. *The Foundations of Ethics*. Oxford: Clarendon Press, 1939.

_____. *The Right and the Good*. Ed. rev., 2002, ed. P. Stratton-Lake. Oxford: Clarendon Press, 1930.

ROSS, S. A. "The Economic Theory of Agency: The Principal's Problem". *The American Economic Review*, v. 2, n. 63, pp. 134-9, 1973.

RUTHERFORD, Alex; HARMON, Dion; WERFEL, Justin; GARD-MURRAY, Alexander S.; BAR-YAM, Shlomiya; GROS, Andreas; XULVI-BRUNET, Ramon; BAR-YAM, Yaneer. "Good Fences: The Importance of Setting Boundaries for Peaceful Coexistence". PLOS *One*, v. 5, n. 9, pp. e95660.

SANDIS, Constantine. *The Things We Do and Why We Do Them*. Basingstoke: Palgrave Macmillan, 2012.

_____; TALEB, Nassim Nicholas. "Leadership Ethics and Asymmetry". In: BOAKS, Jacqueline; LEVINE, Michael P. (Orgs.). *Leadership and Ethics*. Londres: Bloomsbury, 2015.

STIGLITZ, J. E. "Principal and Agent". In: *The New Palgrave Dictionary of Economics*, v. 3. Londres: Macmillan, 1988.

TALEB, Nassim Nicholas. "Black Swans and the Domains of Statistics". *The American Statistician*, v. 3, n. 61, pp. 198-200, 2007.

_____.; CIRILLO, P. "On the Shadow Moments of Apparently Infinite-Mean Phenomena". *arXiv preprint arXiv:1510.06731*, 2015.

_____.; DOUADY, R. "On the Super-Additivity and Estimation Biases of Quantile Contributions". *Physica A: Statistical Mechanics and Its Applications*, v. 429, pp. 252-60, 2015.

_____.; SANDIS, C. "The Skin in the Game Heuristic for Protection Against Tail Events" .*Review of Behavioral Economics*, v. 1, n. 1, 2013.

TEUGELS, J. L. "The Class of Subexponential Distributions". *The Annals of Probability*, v. 3, n. 6, pp. 1000-11, 1975.

THOMPSON, D. F. "Ascribing Responsibility to Advisers in Government". *Ethics*, v. 3, n. 93, pp. 546-60, 1983.

THORP, Edward O. "The Kelly Criterion in Blackjack, Sports Betting and the Stock Market". *Handbook of Asset and Liability Management*, v. 1, pp. 385-428, 2006.

TIROLE, J. *The Theory of Industrial Organization*. Boston: MIT Press, 1988.

WARDÉ, I. *Islamic Finance in the Global Economy*. Edimburgo: Edinburgh University Press, 2010.

WILKEN, R. L. *The Christians as the Romans Saw Them*. Connecticut: Yale University Press, 2003.

WILLIAMS, B. *Shame and Necessity*. Cambridge: Cambridge University Press, 1993.

WILSON, D. S.; WILSON, E. O. "Rethinking the Theoretical Foundation of Sociobiology". *The Quarterly Review of Biology*, v. 4, n. 82, pp. 327-48, 2007.

ZIMMERMAN, M. J. *Living with Uncertainty: The Moral Significance of Ignorance*. Cambridge: Cambridge University Press, 2008.

Índice remissivo

As páginas indicadas em itálico referem-se às figuras.

007 contra Spectre (filme), 139

"à prova de Lindy", 177, 186
academia: avaliação por pares, 178, 181; educação como artigo de luxo, 202; escrita de artigos, 196; pesquisa, 182-3, 185; publicação, 181; revisão por pares, 181; sistema de estabilidade, 125n
academias de musculação, 203-4
acadêmicos, como artesãos, 51
acidentes, 177
ações, 261, 263
ações irracionais, 263
administradores, 86
admissão de riscos: Aposta de Pascal, 151; médicos e, 19, 85-6; personalidades públicas, 183n; por líderes e imperadores, 22; sobre, 54, 62-3, 229; tomada de decisão e, 21
afinidade relacional, 73
Afonso X (O Sábio) (rei da Espanha), 178
Agostinho, Santo, 242
Ahiqar (sábio), 130, 186
Ahmad Sanjar (sultão), 212
Al-Akhtal (poeta árabe), 95
alarmismo, 278
al-Assad, Hafez, 214

aldeias, "arriscar a própria pele" em, 80
aleatoriedade, 36
Alemanha, 82
Alexandre IV (papa), 252
Alexandre, o Grande, 112, 133, 197
alimentos geneticamente modificados, 96-7, 99
alinhamento de interesses, 35
"Alma no jogo", 48-51, 53, 55-6, 59
Al-Qaeda, 19
alterações genéticas, 276
Amarga vingança (filme), 144
ameaças, 63
ameaças verbais, 212
amizades, 143
amor por riscos, 277
análise de benefícios, 271
anel de Giges, 216
Aníbal, 112
animais colaborativos, 234
anjos bons da nossa natureza, Os (Pinker), 172
Anteu, 17-8, 84
anticiência, 201
Antifrágil (Taleb), 18, 26n, 54n, 57, 60, 86, 111, 114, 177, 179n, 183, 194, 233, 262, 276n, 277
antifragilidade, 184, 187
Antípatro de Tarso, 72, 74, 76

Apologia (Platão), 139n
aposentadoria, 60
Aposta de Pascal, 151, 246
aprendizagem: por eliminação de peças, 26; por meio da dor, 18, 44; por meio da emoções e prazer, 45; por meio da repetição e convexidade, 61
Aquino, Santo Tomás de, 221
árabes, grego como língua franca, 102
Arábia Saudita, 136
aramaico, 102, 247
aramaico babilônico, 247
aramaico palestino, 247
áreas propensas a furacões e inundações, transferência de risco, 58n
argumentos homem de palha (falácia do espantalho), 221, 289
Ariès, Philippe, 238n
Aristóteles, 169, 276
arquitetura grega/romana, engano ocular (ilusão de óptica), 258
Arriscando a própria pele (Taleb): "A maior das assimetrias", 62, 89-117; "Estar vivo significa assumir certos riscos", 62-3, 147-88; "Lobos entre cães", 62, 119-45; "Mais fundo agência adentro", 63, 189-238; organização de, 62, 64, 65-6; "Religião, crença e arriscar a própria pele", 63, 239-54; "Risco e racionalidade", 63, 255-89; "Um primeiro olhar sobre a agência", 62, 67-87
"arriscar a própria pele": conflito de interesses, 84; distorções de, 84; faz coisas entediantes "deixarem de ser entediantes", 44; fotos e, 215; funcionários/empregados, 124; honra, 48-9; ideias e, 184; "Intelectual Porém Idiota" (IPI) e, 157; justiça, 56; médicos, 19, 84-6; nacionalidade sem, 53; natureza local de, 80; panorama geral de, 65-6; para homens-bomba, 143-4; problema inverso e, 39; religião, 245, 248-9; ressentimento com a riqueza, 162; significância da, 13, 15; sobre, 38, 41, 186, 205; sociedades do Mediterrâneo, 196
arrogância, 52
arrojados afeitos a riscos, 132, 150
artesãos, 49-51
Assad, Hafez al, 214
assassinato, 210, 212-3

assassinato político, 211
assimetria: assimetria cerveja-vinho, 100; conselhos e, 70; diferencial informacional entre pessoas em uma transação, 74; *gharar*, 75; lei talmúdica sobre, 77; na medicina, 85-6; regra da minoria, 62, 91-5, 106, 109, 111-2, 183, 287, 293; Sêneca sobre, 54n; *sharia* sobre, 75; sobre, 41, 57-8, 63, 113; sumário da, 65-6
assistentes, 51
Atanásio de Alexandria (bispo), 151
ateísmo, definição de, 253
ateus, 63, 253
Atos dos Apóstolos, 82
autocratas, 135
autoflagelação, cristianismo, 248
autômatos celulares, 116
autossimilaridade fractal, 98
avaliação, 201
avaliação por pares, 178, 180
avaliações de desempenho, 135, 137
aversão à perda, 186
aversão a riscos, 271, 273

Bar-Yam, Yaneer, 79, 116, 200
bem público, 81
bens comuns, 80-1
Bernanke, Ben, 31, 155
Bernoulli, Jacob, 269
Berra, Yogi, 12, 33
"Big Ag" (Gigantes do Agronégocio), 97, 141-2
Bildungsphilisters (filisteus culturais), 156
Binmore, Ken, 40n, 259
Blaine, David, 149
"boas cercas fazem bons vizinhos", 79n
"bom para você", 70
Bond, James (personagem de cinema), 139
Bossuet, Jacques-Bénigne, 186
Braudel, Fernand, 238n
Brighton, Henry, 198
Browning, Robert, 187
Buffett, Warren, 259, 277
burguês fidalgo, O (Molière), 93
Burke, Edmund, 96
burocracia, 23-4

Cambises (rei), 56, 84
Cameron, David, 217, 220

capital no século XXI, O (Piketty), 166
capital, pikettismo, 166-8
captação de recursos, por igrejas, 227
captura regulatória, 46, 285
caravanas do deserto, compartilhamento de risco em, 83
caridade, 222, 228, 289
carros de câmbio automático, 97
cartagineses, 112
Castiglione, Baldassare, 208
Catão, 142
Catarina, a Grande, 134
caudas longas, 163, 167, 168n, 269n, 287
causas globais, 226
Cavaleiros Templários, 213
caveat emptor, 74
cazares, escolhendo uma religião, 101
celibato, 139-40
cérebro, entendendo como funciona, 115
céticos, 42
Chopra, Deepak, 141
ciberataques e assédio virtual, 141
Cícero, 73-4, 187
cidadania, 52
cidadania estadunidense, 52
cidadãos livres, nas sociedades antigas, 78
cidades, 80-1, 170
ciência: cientificismo *vs.*, 155, 197, 200; como "propensa a Lindy", 184; como desconfirmadora, 184; como regra da minoria, 183; crença, 257; irreverência da, 112; modernismo e, 41-2; natureza da, 184; Popper sobre, 184; problema "mundo grande *vs.* mundo pequeno", 263; sobrevivência e, 267
ciência política, modelos de Galam, 100
ciências sociais, 114, 181, 186, 196, 276n
cientificismo, 41, 155, 196-7, 200, 263, 285
cientistas comportamentais, 185
cientistas sociais, 279
ciganos, 78, 144
Cíneas, 188
Cipriano, São, 105
Cirillo, Pasquale, 166, 172, 213, 236
cirurgia a laser, radioterapia *vs.*, 85
Cisnes Negros, 20, 23-4, 57, 202, 217, 237
"classicistas", 53
Cléon, 143

clientes, 71, 85
Clinton, Hillary, 225
clubes, 78, 80
Coase, Ronald, 127
código de Teodósio, 77, 242
colaboração, 180, 232, 237
coleção de unidades, 62
coletivismo, interesse próprio sob, 81
coletivo, 62, 228
Colette (escritora), 195
colunas, na arquitetura grega, 258
comércio, paz e, 236
comida: alimentos geneticamente modificados, 96-7, 99; escolhendo o que comer, 100, 206-7, 209; leis dietéticas judaicas, 92-5, 107, 110, 112, 265-6; pessoas que comem juntas permanecem juntas, 266; simplicidade e, 205-7
comida orgânica, 97
companhias de seguros, agência, 36
compartilhamento de informações, 11
compartilhamento de riscos, 62, 82-3
"compatível com Lindy", 177, 184, 193, 222
complexidade, 128, 201
componentes, grupos diferem da agregação dos componentes, 115, 155
comportamento civil/ético, fotos para incentivar, 215
comportamento coletivo, 288
compra e venda de opções, 35, 45, 131-2
comunidade, 80-1
comunismo soviético, 243
concorrência, conhecimento e, 181
"conexão de volta ao mundo real", 38
confiabilidade, 124
confiabilidade do conhecimento, 11
confiança, 36
conflito, 141-2
conflito de interesses, 84
conhecimento, 11, 17-8, 181
conselhos, 70, 72, 185-6
conselhos negativos (*via negativa*), 26, 32, 48, 50, 187, 235, 238n, 281, 288
Constantino XI Paleólogo (imperador bizantino), 22
Constituição dos Estados Unidos, Primeira Emenda, 33
contabilidade mental, 273

Contra Keynes e Cambridge (Hayek), 221
Contra os Professores (Sexto Empírico), 42
contratos, Coase sobre, 127
conversação, 208, 241
convexidade, 57, 61, 184
coptas, 104, 242n, 243
coragem, 53, 135n, 230, 276
coragem egoísta, 276
coragem teimosa, 113
corporações, regulamentos, 46-7
cortesia, 223
Courtesans and Fishcakes (Davidson), 238n
covardia, 48
Cramér, Harald, 269-70
crenças, 244-5, 258-65
crenças irracionais, 263
cristianismo, 242-4, 247-8, 253
Cristo *ver* Jesus
Critério de Kelly, 269
Cruzada Albigense, 253

D'Angour, Armand, 83
D'Souza, Dinesh, 225
dados, 171-2
Dalmatus, Ioannis, 22
dano colateral, 213
Davidson, James, 238n
Dawkins, Richard, 116, 198, 260
de Beauvoir, Simone, 166
de La Bruyère, Jean, 169
De Rerum Natura [*Da natureza das coisas*] (Lucrécio), 188
decisões médicas, 19, 85-6
decorativo, 265
democracia: assassinato como, 214; coragem e, 135n; em Atenas, 77; sobre, 21, 33; sufrágio universal, 135n; tolerância de inimigos, 110
denunciantes/delatores, 138-9
dependência, 62
desacordo, ética do, 220-1
descentralização, 23, 56, 106
descoberta da França, A (Robb), 238n
desconto do tempo, 187
desigualdade: ascensão da, 166; cálculo errôneo da, 292; caudas longas e, 167; dinâmica, 164, 292; em risco e em salário, 62; estática, 163; medida da, 167; riqueza e, 168; tipos de, 160-2

desigualdade de incerteza, 75
desordem, 176
detecção de baboseira e papo-furado, 12, 60, 63, 195, 203
Diamond, Jared, 262
Dignity of Working Men, The [*A dignidade dos trabalhadores*] (Lamont), 161
dilema cão *vs.* lobo, 130
dilema viés-variância, 260, 262
dilemas éticos, 139-40
dimensionamento, 34, 62, 77-8, 82, 171, 207
Diocleciano, 215
Diógenes, 72-3, 76, 133
direito: Estado de direito, 245; *haram*, 107, 110; lei da *sharia*, 75; lei de responsabilidade civil, 58; Lei de Rodes, 83; no mundo antigo, 242; sobre, 58, 74
direito comum, 47
direitos civis, 107
"discordando de si mesmo" (parábola), 217
dissonância cognitiva, 136, 186
distribuição: caudas longas, 163, 167, 168n, 269n, 287
ditadores, 134-5
divergência, 220
divergência de pior cenário possível, 100n
diversidade, 220
domínio da autoridade, 245
dor, aprendizagem por meio da, 18, 44
Douady, Raphael, 99, 166
Duby, Georges, 238n
duelos, 48
Dumas, Alexandre, 50

Ebola, vírus, 279
ecocídio, 274
economia, 115n, 181, 291
economia comportamental, 115n
economia do conhecimento, 166
economistas, 128, 163, 167, 182
educação: como artigo de luxo, 202; *ver também* academia
efeito de "veto", 100
efeito de ensinar os pássaros a voar, 287
Efeito Lindy, 39, 62-3, 175-6, 178, 184, 206, 226, 281, 287
efeitos sistêmicos, 278

Eliazar, Iddo, 175
Embrechts, Paul, 279
empatia, 171
empreendedores, 51, 161, 230
empresas: denunciantes, 138-9; funcionários expatriados, 129; longevidade de grandes empresas, 126; propriedade de escravos por, 129, 134; teoria da empresa, 127-8; *ver também* negócios
empréstimos estudantis, 202
enfoque de campo médio, 116
engano ocular (ilusão de óptica), 258
Ênio, 187
envelhecimento, 177
Epicarmo de Cós, 187
eponímia, 52
Erasmo de Roterdã, 186-7
ergodicidade, 64, 163-4, 165n, 270-1, 273, 287
ergodicidade imperfeita, 165n
ergodicidade perfeita, 165
ergódico, 40, 274
escalabilidade, 288
escolha: assimetria cerveja-vinho, 100; de alimentos, 99-100, 205-7, 209; efeito de "veto", 100; paradoxo de, 187
escravidão na vida moderna, 62, 128-9, 135
escritores, 49-50
Esopo, 130, 186
especialistas em "paz", 63
especialistas julgando os especialistas, 174, 176
especialização, 43
esse quam videri, 227
estado absorvente, 164-5
Estado de Direito, 245
estado-nação, 243
"Estar vivo significa assumir certos riscos" (Taleb), 62, 147-88
estatinas, 86
estatísticas, 172
estoicismo, 54
ética: cargo público usado para enriquecimento pessoal, 173; da virtude, 33, 291; de dar conselhos, 70, 72; do desacordo, 220-1; do funcionalismo público, 173-4; independência moral e, 49; legal *vs*., 73; natureza local da, 80; obrigações familiares e, 139-40; sobre, 11n, 58, 291; universalista e, 78; vender algo sabendo que o preço vai cair, 72
Ética a Nicômaco (Aristóteles), 276
ética judaica, 76, 78
eventos aleatórios, 278
eventos extremos, 279
evolução, 26, 179n
exercício, 204
exibicionismo, 182
expectativa de vida, 177, 272
experimento de pensamento da *máquina da experiência*, 151
extinção, 275
Extremistão, 167n, 278-9, 287
extremistas, 279

falácia da madeira verde, 193-4
falsificação, 184
família, 80, 139-40, 143-5
família real britânica, assunção de riscos por parte da, 22
fazedor / fazendo, 37, 42
federalismo, 79
feedback, 20
Festinger, Leon, 186
Feyerabend, Paul, 184
Feynman, Richard, 112
financiamento, negócios e, 195
Fontanari, Andrea, 166
fotos, para mudar comportamentos, 215
fragilidade, 39, 175,-6, 201
fragmentação, 56
França, 165-6, 214
fraternidade, 80
Friedman, Thomas, 18
Fritzsche, Peter, 108
funcionalismo público, ética do, 173-4
funcionários expatriados, 129
funcionários/empregados: aparências e, 191-3; avaliação profissional, 135, 137; emergências e, 136; função de, 136; homem de empresa, 126-7; liberdade de, 122-4; lobos entre cães, 131-3; risco de cauda, 125; tomada de decisão por, 135-6; vendedores, 71, 131; xingar, 132-3
fundos hedge, 24

Galam, Serge, 99
Galois, Évariste, 48
ganhar, 179, 181
Gawker, história do, 220n
Geithner, Tim, 174
Gell-Mann, Murray, 269, 270
General Motors, 142
genes, 102, 293
geopolítica, 231-2, 237
gerenciamento de riscos: por meio da racionalidade, 266; superstições, 262-3
Gersbach, Hans, 82
gharar, 75
Gigerenzer, Gerd, 198, 259
giróvagos, 121
globalismo, 62, 288
globalização, 55
gnósticos, 104, 106n
Gode, Dhananjay, 117
Gödel, Kurt, 110
Goldman Sachs, 78
golpe fraudulento, 207
governança, 78, 82
governo, papel do, 156
Graeber, David, 78
gráficos, 172
Graham, Geoff, 81
Graham, Vince, 81
Greene, Graham, 195
grupos, 81, 114-5, 155
grupos de renormalização, 97, 98, 99, 107, 114, 293
grupos terroristas, 211
guerra, 234, 236
Guerra do Vietnã, 136
Guerra Libanesa, 233, 238
guerra na Síria, 229

halal, alimentos, 95, 107, 247
Halbertal, Moshe, 249
Hama, "massacre" de (1982), 214
Hamurabi, Código de, 29-32, 59, 144
haram, 107, 110
Harris, Sam, 221
Hayek, Friedrich, 117, 221
Hércules (Héracles), 17
hereges, matança de, 253

Heródoto, 56
heurística convexa, 266
Hilel, o Ancião (rabino), 32n
Hinchcliffe, Brian, 180n
hindus, religião hoje, 243
história, 63, 233-4, 236
História da vida privada (Veyne, Ariès & Duby), 238
Hobbes, Thomas, 259
Holland, Tom, 178
Holmes, Sherlock, personagem, 140
homem da empresa, 126-7
homens-bomba, 143-5
Homero, 276
honra, 48-9
honrarias, prêmios, 180n, 183
hora de parar, 287
hotéis, reutilização de toalhas em, 226
Hussein (imame), 248

IBM, 126-7, 180n
ideias, 39, 183-4
Igreja católica, 242
Igreja Ortodoxa Grega, 151, 197, 237, 243
igrejas, simonia, 227-8
igualdade dinâmica, 164
Iludido pelo acaso (Taleb), 57, 61n, 141n, 155, 165n, 236n, 270-1
imóveis, escolha de casas, 207
imperadores romanos, 22, 215, 252
imperativo categórico, 32-3
imposto sobre grandes fortunas, 170n
improvisação, 18
incentivos, 55, 58
incerteza, 11, 75, 85
Incerto (Taleb), 35, 42, 57, 61, 155, 217, 281
incompetência em série, 155
independência financeira, dilemas éticos e, 140
individual, 62
indivíduos, definidos, 81
indulgências, 227
insultar pessoas, 224
intelecto, 197
intelectuais: incompetência em série de, 155
Intelectual Porém Idiota (IPI), 62, 156-8, 169, 198, 231, 286

intelectualismo, 41
Inteligência do Tempo, 39
intenções, transparência de, 76
interesse próprio, 55, 81
interesses municipais, 81
interesses nacionais, 81
intervenção, princípio da, 21
intervencionistas, 18-20, 25, 41, 79, 224, 231, 286
intervenções, soluções complicadas, 198-9
inveja, 169-71
Iraque, 18, 79n
irracionalidade, 39
Isaacides, Salomon ver Rashi
islamismo: alimentos halal, 95, 107, 110; casamento e conversão, 104; haram, 107, 110; muçulmanos sunitas, 242n; salafista, 105-6, 110, 137, 142, 144, 212, 244; wahhabistas, 106, 137; xiita, 211-2, 248
Isócrates, 32, 58
Israel, 243

janízaros, 140
Jesus, 62, 150, 242, 248
João Paulo II (papa), 251
jornalismo: autodestruição, 220n; confiabilidade e, 219; definido, 236-7; discordar de si mesmo, 218; Efeito Lindy e, 219; insegurança de, 220
jornalistas, 63, 83, 279
judaísmo: estado-nação e, 243; leis da kashruth / alimentação kosher, 92-3, 95, 107, 110, 265-6; religião hoje, 242; sacrifício físico, 248; sobre, 104
judeu: definição de, 243; ver também judaísmo
juízes e julgamento, 178-81, 180n, 261
Julgamento de Cambises, 56, 84
Juliano, o Apóstata, 22, 105, 244
justiça, 56, 145

Kakutani, Michiko, 61
Kant, Immanuel, 31, 33
Kardashian, Kim, 279
Kelly, J. L., 269-70
Keynes, John Maynard, 221
kosher, alimentação, 92-3, 95, 107, 110, 112, 265-6

Kosinski, Jerzy, 50
Kotcher, Ray, 97
Kristol, Bill, 18
Krugman, Paul, 169

La Fontaine, Jean de, 130, 186
Ladurie, Emmanuel Le Roy, 238n
Lamont, Michelle, 161, 169
lei de responsabilidade civil, 58, 75
Lei de Rodes, 83
leis da *kashruth* (leis alimentares judaicas), 92-3, 95, 107, 110, 265-6
leis dietéticas (judaicas) *ver* leis da *kashruth*
leis do "limão", 74
leis morais, violação de, 107-8
leitura, literatura clássica, 53-4
Levítico, 31, 32n
Lex Rhodia (Lei de Rodes), 83
lex talionis (Lei de Talião), 30
Líbano, 142
liberdade, 122, 129, 132, 135, 179
libertarianismo, 244-5
libertarismo deôntico, 47
Líbia, 18, 19
Licurgo, 223
líderes, assunção de riscos por, 22
limite de Chernoff, 278-9
limonada, status kosher da, 92
Lindy's, delicatéssen, 175
língua franca, 101-2
língua francesa, 101-2
língua inglesa, como língua franca, 101
línguas antigas, 247
línguas, genes e, 102-3, 293
lista negra, 107
literatura clássica, 53, 185-6
Lívio (Tito Lívio), 186
Livro do Cortesão (Castiglione), 208
Livro dos ofícios (*De Officiis*, Cícero), 73
livros: compreensão, 61n; envelhecimento de, 177; proibição de, 107; releitura, 60; sobre, 60-1; "vendendo o peixe", 83-4
"Lobos entre cães" (Taleb), 62, 119-45
local da Comunidade das Nações, 47
localismo, 288
lógica do Cisne Negro, A (Taleb), 34, 42, 57, 157, 171-2, 202, 218, 233

loucura das multidões, 187
Lucrécio, 188

macroeconomia, 181
Madoff, Bernie, 157
madrassa, 61
Mahabharata, 32n
Maimônides, 249
"maior das assimetrias, A" (Taleb), 62, 89-117
maioria, tolerância de inimigos, 110
"Mais fundo agência adentro" (Taleb), 63, 189-238
maldição da dimensionalidade, 115
Malvinas, Guerra das (1982), 22
mandarins, 166-7
Mandelbrot, Benoît, 223
manipulação de mercado, 84
mão invisível, 117
Maquiavel, Nicolau (Niccolò Machiavelli), 227
marketing, assassinato como, 213
"maximização" da renda, 51
McDonald's, escolha de comer no, 100
Mead, Margaret, 113
médicos, "arriscar a própria pele", 19, 85-6
Mediocristão, 167n, 278-9, 287
Mediterrâneo e o Mundo do Mediterrâneo na Era de Felipe II, O (Braudel), 238n
"menos é mais", 187
mercado livre, Coase sobre, 128
mercados, 111-2, 114, 117
mercados de inteligência zero, 117
Mercúrio (deus), 69
método científico, 184
métricas, 85, 201
midrash, 61
"milionário da casa ao lado", 193
minoria cristã, no Levante, 243
minoria intolerante, 111
minoria intransigente, 94, 98
mishnah, 61
Mitterand, François, 214
mitzvá, feito secretamente, 226
mobilidade, 164
modernidade, 179n
modernismo, 41-7
monarcas, assunção de riscos por, 22
monasticismo, 121, 122

mongóis, 214
monocultura intelectual, 288
Monsanto, 138, 156, 229
Montaigne, Michel de, 186, 188
Montaillou Village Occitan (Ladurie), 238n
morte heroica, de terroristas, 144n
morte, como pior situação possível, 274-6
Moussa, Amr, 79n
muçulmanos: alimentos *halal*, 95, 107, 110; casamento e conversão, 104; *ver também* islamismo
Munger, Charlie, 227

nacionalidade, sem arriscar a própria pele, 53
Nader, Ralph, 30, 47n, 58, 140, 142, 224
Nader, Rose, 142
não frágil, 39
natureza humana, 114, 150, 186, 188
nazistas, origem da linguagem e, 103
negociações no mercado financeiro, 236n
negócio de Bob Rubin, 23, 29, 52, 57, 86, 137, 286
negócios: aparências e, 191-3; *caveat emptor*, 74; denunciantes, 138-9; empresas além do estágio empreendedor, 51; financiamento e, 195; funcionários expatriados, 129; homem da empresa, 126-7; julgamento de empresários por outros, 178; longevidade de grandes empresas, 126; manipulação de mercado, 84; paz e, 236; perdendo uma discussão, 133-4; pessoa da empresa, 127; pessoa empregável, 127; planos de negócios, 195; produtos defendidos pelos usuários, 84; regalias para gerentes, 127n; simplicidade, 198; teoria da empresa, 127-8; venda de propriedade para estrangeiros, 55n; vendedores, 71, 131; "vendendo o peixe", 83-4; vender algo sabendo que o preço vai cair, 72; xingar, 132, 133; *ver também* empresas
neurociência, 115
neurônios-espelho, 276n
Nietzsche, Friedrich, 77, 156, 187
nó górdio, 197-8
Norman, Joe, 200
notícias, disseminação de, 219
Novo Testamento, Parábola do Servo Inclemente, 33n

Nowack, Martin, 116

Obama, Barack, 24, 137, 173, 192
"olho por olho", 30, 31, 291
On What Matters (Parfit), 291
opacidade, 20
opacidade causal, 39
opcionalidade, 54n
opções financeiras, 35, 45
organismos geneticamente modificados (OGMs), 96-7, 157, 200-1, 271
Oriente Médio, 78n
Oriente Próximo, propagação de religiões no, 103-4, 106
Ostrom, Elinor, 34, 77, 80-1
otomanos, 79, 140

paganismo, 244
Paleólogo, Constantino XI, 22
Paleólogo, Teófilo, 22
palestinos, 231
papas, 252
Papiniano, 242
Parábola do Servo Inclemente (Novo Testamento), 33n
paradoxo da escolha, 187
paradoxo do progresso, 187
paranoia, 271, 277
paranoia construtiva, 262
paranoia refinada, 277
Pareto, Vilfredo, 157n
Parfit, Derek, 291
Partenon, 258
partidos políticos, 245
pathemata mathemata, 18, 44
Paul, Ron, 178
paz, no mundo de hoje, 232
"pedras no sapato", 213
pensamento estático, 19
pensamento multidimensional, 20
pensamento unidimensional, 20
perdendo uma discussão, 133-4
perecibilidade, 177
Periandro de Corinto, 178, 293
Péricles, 276
pesquisa, 182-5
pesquisa clínica, 185

pessoa da empresa, 127
pessoa empregável, 127
pessoas cumpridoras da lei, 107
Peters, Ole, 269-70
Petraeus, David, 134
"picador de gelo transpassando a mão" (parábola), 149-50
Piketty, Thomas, 166-9, 292
"piloto" (parábola), 123-4
Pinker, Steven, 116, 158, 172, 213, 274n, 292
pior situação possível, 274-6
Pirro (general grego), 188
pizza, escolha de comer, 100
planos de negócios, 195
Platão, 216
platonificação, 34
poderoso chefão, O (filme), 210-1
polícia do pensamento, 33
Polônia, antissemitismo, 108
Pontifex Maximus, 242
Popper, Karl, 110, 112, 184, 221
população estadunidense *ver* público norte-americano
"pornografia cerebral", 276n
povo cigano, 78
Powers, Jimmy, 195
prazer, aprendizagem por meio do, 45
precaução, 264
predadores, 234
preferências reveladas, 37-8, 261
preferências, ações em vez de palavras, 37-8
prêmios, 180n, 183
previsão, 38
Primeira Emenda (Constituição dos EUA), 33
"primeiro olhar sobre a agência, Um" (Taleb), 62, 67-87
princípio da caridade, 222, 289
princípio da intervenção, 21
princípio da precaução, 64, 218, 265, 274
"privilégio de classe", 225
probabilidade: de conjunto, 267, 268-9, 287; de tempo, 267, 268-9, 287; ergodicidade, 64, 163-4, 165n, 270-1, 273, 287; sobre, 262, 268-70
problema "mundo grande *vs.* mundo pequeno", 263

problema da agência (problema do principal-agente), 36, 63, 218-9, 220n, 286
problema inverso, 39
problema israelense-palestino, 21, 231
processos judiciais, 47
Procusto, 250
produtos, defendidos pelos usuários, 84
progresso, 187, 209
proibição de livros, 107
"propensa a Lindy", 184
propriedades "emergentes" do todo, 91
propriedades de escala, 207
protecionismo, 54-5
protestantes, religião hoje, 243
Proverborum Arabicorum (Scaliger), 187
pseudorracionalismo, 286
psicologia, 185-6, 272
público norte-americano, 161-3
Públio Siro, 187
Pútin, Vladímir, 134

quarks, 270

racionalidade: de crença, 261; de uma ação, 261; decisões e, 264, 277; definição de, 39, 63, 265; gestão de risco por meio da, 266; Lindy sobre, 264; ruína e, 280; sobre, 11-2, 254, 259, 264, 280, 291; teoria da, 40n
racionalidade ecológica, 260
racionalidade limitada, 260
racionalismo, 286
racionalismo ingênuo, 286
radioterapia, cirurgia a laser *vs.*, 85
Rashi (sábio judeu), 76
Reagan, Ronald, 192
reciprocidade, 11-2
reconhecimento, 180n, 183
redes sociais, 219
regimes ateus, 243
regra da maioria, 109
regra da minoria: ciência como, 183; descentralização, 106; estabilidade de, 108-9; genes e, 293; limiar de 3%, 106, 113n; minoria intolerante, 111; resultados sob, 109; sobre, 62, 91-5, 112, 287
Regra de Ouro, 32-3, 187, 289
Regra de Ouro Negativa, 32

Regra de Prata, 32, 36, 111, 187, 223, 289
regras de abate, 95
regras de Bento de Núrsia (Benedito da Nórcia), 121
regras legais, violação de, 107-8
régua de Wittgenstein, 141
regulamentações, nos negócios, 46, 47n
Reino Unido, 95, 170n
relação transacional, 73
releitura de livros, 60
religião: ações *vs.* palavras, 253; arriscar a própria pele, 245, 248-9; crenças, 244-5, 257-8, 261, 263, 265; libertarianismo, 245; paganismo, 244; propósito da, 257, 262; sobre, 63, 103-5, 106n, 110, 241-5, 246-9; tomada de decisão ética, 252-3; uso do termo, 242-3
"Religião, crença e arriscar a própria pele" (Taleb), 63, 239-54
religiões no Oriente Próximo, 103-4, 106
religiões sem igreja, 244
rent-seeking, 24, 230, 285
repetição de exposições, 271-4
República, A (Platão), 216
resenhistas de livros, 61
residência permanente, 52
resistência, 176
resistência a ataques a bomba suicidas, 145
restaurantes, 205-9, 220, 257
resultados, sob o jugo das minorias, 109
Retórica (Aristóteles), 169
revelação de preferências, 261, 285
revisão por pares, 181
Rheault, Jean-Louis, 102
ricos, como exemplos de vida e de comportamento, 161
riqueza: como soma zero, 161n; conversação e, 208; desigualdade e, 166, 168n; educação e, 202; escolhas de comida, 100, 205-7; escolhas imobiliárias, 207; número de opções e, 208; pessoas ricas em cargos públicos, 173; utilidade negativa, 209
risco: amar *alguns* riscos, 277; "arriscar a própria pele", 45; de cauda, 29, 40, 125, 262, 271-2, 277; de cauda curta, 278; de cauda longa, 278; desigualdade de, 62; liberdade e, 130, 132; multiplicativos, 278; na negociação de opções, 45; para salvar o coletivo, 275; re-

petição de exposições, 271-3; sobre, 45, 51, 63; transferência de, 24-5, 58, 86
"Risco e racionalidade" (Taleb), 63, 255-89
risco financeiro, 23-4
riscos multiplicativos, 278
rituais, 197
Robb, Graham, 238n
robusto / robustez, 26n, 32, 39, 73, 175-6, 179, 185
roleta-russa, 202, 271
Roma: código de Teodósio, 77; Holland sobre, 178; imperadores de, 22, 215, 252; vida cotidiana e costumes, 238n
rótulos políticos, 82
roubo, 250
Rousseau, Jean-Jacques, 187
Rubin, Bob, 23, 29, 52, 57, 86, 137, 286
Rubinstein, Ariel, 42
ruína, 260, 266, 268-74, 277, 280, 287
Runciman, David, 61
Russell, Bertrand, 107, 178n

sacrifício de animais, 249
sacrifício, religioso, 247-8
Safra, Rav, 76
Saladino (governante da Síria), 213
salário, disparidade de, 62
Samuelson, Paul, 261, 285
samurais, 139
Sandis, Constantine, 58, 291
Sanjar (sultão), 212
São Paulo, *Atos dos Apóstolos*, 82
São Sérgio, mosteiro de, 247
satisficing, 293
Schelling, Thomas, 116
secularismo, definição de, 253
Sêneca, 54n, 187, 206
senescência, 177
sequenciamento de DNA, 116
sequenciamento genético, 115
Séralini, Gilles-Éric, 138
serviço público, ética do, 173-4
Sexto Empírico, 42
Shalhoub, Mikhael Demetri, 104
Shannon, Claude, 269-70
sharia, lei da, 75
Sharif, Omar, 104

sicários (zelotes extremistas), 211
Simenon, Georges, 195
simetria: alinhamento de interesses, 35; moral, 31, 32; negociação de opções, 35; Parábola do Servo Inclemente, 33n; problema de agência, 36; Regra de Ouro, 31-3, 187, 289; regras de, 31-2; sobre, 11-2, 28-56, 62
simetria moral, 31, 32
Simon, Herb, 259-60, 270
simonia, 227-8
simplicidade, 44, 100, 198-9, 206-7
sinalização de virtude, 226, 230
Síria, "massacre" de Hama (1982), 214
Sisamnés (juiz persa), 56, 84
sistemas complexos, 91-2
sistemas, aprendizagem por eliminação de peças, 26
situação não ergódica, 271
soberba, 27
sobrevivência, 176, 259, 266
socialismo, 81
sociedades secretas, 78
Sócrates, 139, 216, 241
Sólon, 276
soluções complicadas, 198-9
Sontag, Susan, 223-4
sophrosyne (sofrósine), 264, 276
Spitznagel, Mark, 269
Stiglitz, Joseph, 169
suborno, implícito, no serviço público, 174
sucesso, definido, 48
sufrágio universal, 135n
suíços, 30, 55n, 79, 82, 161
"suíços", 73, 76-7, 171
Suma Teológica (Santo Tomás de Aquino), 221
Sunder, Shyam, 117
Sunstein, Cass, 155, 262
superintelectualização da vida, 198-9
superstições, 262-3
Sutherland, Rory, 100, 133n, 257

Talmude, 30, 77, 221
tartarugas (parábola), 69
"tartarugas até lá embaixo" (Russel), 178n
tecnologia, 42
tempo, 39, 176, 179
Teófilo Paleólogo, 22

Teógnis de Mégara, 187
Teorema de Coase, 127
teoria da complexidade, 163
teoria da empresa, 127, 128
teoria da fragilidade, 175
teoria do gene egoísta, 116, 292
teorias raciais, linguagem e, 103
terrorismo, 136, 144, 211
terroristas islâmicos, 136, 144
terroristas, "arriscar a própria pele" para homens-bomba, 143-5
Thaler, Richard, 155, 262, 273
theōsis, 151
Thorp, Ed, 269-70
toalhas, reutilização nos hotéis, 226
tomada de decisão: assunção de riscos e, 21; família e, 140; por funcionários, 135-6; racional, 264, 277; religião e, 252-3
Tony Gordo, 24n, 35, 37, 40, 58, 77, 153, 276, 285
trabalho, separado do fruto do trabalho, 43, 56
traders, 131-2, 172, 180n
"tragédia dos bens comuns", 80-1
transações comerciais, 46-7
transações comerciais, abordagem legal, 47
transações marítimas, lei de Rodes, 83
transferência de riscos, 24-5, 58, 86
transgênicos, 201, 271
transparência, 76
tribos, 79-81, 274
tribos gitanas (ciganos espanhóis), 144
tributação, 52, 292
Trindade (cristianismo), 150
Trump, Donald, 62, 152, 153n, 162, 221
Tucídides, 276

Ulpiano, 242
"um bispo para o Dia das Bruxas" (parábola), 196
União Europeia, 243
universalismo, 33-4, 62, 79n, 81, 225
universalismo político, 81
Universidade de Nova York, 141
universidades de elite nos Estados Unidos (Ivy League), 202

universidades *ver* academia
utilidade negativa, 209
"uvas verdes", 186

Valeriano, 22
valores morais, formação de, 107
Vardi, Yossi, 50
variação, 179n
venda em pânico, 112
vendedores, 71, 131
"vendendo o peixe", 83, 84
"veneno ingere-se em taças de ouro", 206
verdade, 229
"véu da ignorância" de Rawls, 165n
Veyne, Paul, 238n
via negativa, 26, 32, 48, 50, 187, 235, 238n, 281, 288
via positiva, 32, 235, 288
vício, 45
vida, superintelectualização da, 198-9
videri quam esse, 227
violência, 172, 210, 213-4, 243, 293
virtude, 33, 224-30, 288
Vitrúvio, 258
vulnerabilidades, escondidas, 141-2

wahhabistas, 106, 137
Weber, Max, 264
Weil, Simone, 224
Weisenborn, Mark, 213, 236
Weldon, Fay, 50
What Do You Care What Other People Think? (Feynman), 112
Williams, Joan C., 161
Wilmott, Paul, 52
Wilson, E. O., 116

xingar, 132-3

Yerushalmi, aramaico, 247
Yitzhaki, Shlomo (rabino) *ver* Rashi

Zalloua, 102

A maioria dos livros do **Grupo Companhia das Letras** está disponível a preços especiais quando adquiridos em quantidade para uso corporativo e educacional. A editora oferece também edições exclusivas da obra que, em grandes tiragens, incluem: capas personalizadas, mensagens dirigidas e o logotipo da empresa. Essas edições são sujeitas à prévia autorização do autor da obra. Para mais informações, ligue para (11) 3707-3583 ou (11) 3707-3590 ou envie um e-mail para: vendascorporativas@companhiadasletras.com.br.

1ª EDIÇÃO [2018] 12 reimpressões

ESTA OBRA FOI COMPOSTA PELA ABREU'S SYSTEM EM INES LIGHT
E IMPRESSA EM OFSETE PELA LIS GRÁFICA SOBRE PAPEL PÓLEN
DA SUZANO S.A. PARA A EDITORA SCHWARCZ EM MAIO DE 2025

A marca FSC® é a garantia de que a madeira utilizada na fabricação do papel deste livro provém de florestas que foram gerenciadas de maneira ambientalmente correta, socialmente justa e economicamente viável, além de outras fontes de origem controlada.